"十二五"职业教育国家规划教材
经全国职业教育教材审定委员会审定

汽车电气结构与拆装

主　编　肖　宏
副主编　徐　杨　刘　岩
参　编　陈　彬　刘贤金　徐海慧
　　　　洪　丽　徐庆文　于姝娜　李芳丞

U0737899

机械工业出版社
CHINA MACHINE PRESS

本书是经全国职业教育教材审定委员会审定的"十二五"职业教育国家规划教材,是根据教育部最新颁布的教学标准,同时参考汽车修理工国家职业资格标准编写的。本书根据汽车电气设备的学习进程和特点,将教学过程分成了八个项目,主要内容包括汽车电气设备检修基础训练,电源系统的结构与拆装,照明系统的结构与拆装,仪表、报警系统及附属电气设备的结构与拆装,舒适、安全及音响系统的结构与拆装,汽油机点火系统的结构与拆装,发动机起动系统的结构与拆装,空调系统的结构与拆装。每个项目都是以案例引导的工作任务进行编写的,充分体现了从实际出发完成知识学习和实践技能训练的学习过程。每个任务后有"检测评价"和"考核练习",旨在帮助学生巩固学习成果及对实践技能的理解,并方便任课教师对学生进行考核管理。

　　本书可作为中等职业学校汽车类专业教材,也可作为汽车维修行业岗位培训教材以及汽车电气设备维修人员的学习用书。

　　为方便教学,本书配有电子课件和习题答案,凡选用本书作为授课教材的教师均可登录 www. cmpedu. com 注册下载,或拨打 010- 88379375 电话咨询。

图书在版编目（CIP）数据

　　汽车电气结构与拆装/肖宏主编. —北京：机械工业出版社，2016.6
（2024.2 重印）
　　"十二五"职业教育国家规划教材
　　ISBN 978-7-111-53625-3

　　Ⅰ.①汽…　Ⅱ.①肖…　Ⅲ.①汽车-电气设备-结构-中等专业学校
-教材 ②汽车-电气设备-装配（机械）-中等专业学校-教材
Ⅳ.①U463.6

　　中国版本图书馆 CIP 数据核字（2016）第 084885 号

机械工业出版社（北京市百万庄大街 22 号　邮政编码 100037）
策划编辑：曹新宇　责任编辑：师　哲
责任校对：佟瑞鑫　封面设计：张　静
责任印制：张　博
北京建宏印刷有限公司印刷
2024 年 2 月第 1 版第 5 次印刷
184mm×260mm · 16 印张 · 395 千字
标准书号：ISBN 978-7-111-53625-3
定价：48.00 元

电话服务　　　　　　　　　　网络服务
客服电话：010- 88361066　　机　工　官　网：www.cmpbook.com
　　　　　010- 88379833　　机　工　官　博：weibo.com/cmp1952
　　　　　010- 68326294　　金　书　网：www.golden-book.com
封底无防伪标均为盗版　　机工教育服务网：www.cmpedu.com

前　言

本书是根据教育部《关于中等职业教育专业技能课教材选题立项的函》（教职成司 [2012] 95 号），由全国机械职业教育教学指导委员会和机械工业出版社联合组织编写的"十二五"职业教育国家规划教材，是根据教育部最新颁布的教学标准，同时参考汽车修理工国家职业资格标准编写的。

本书主要通过工作任务介绍较为丰富、全面的现代汽车电气设备基本理论知识和拆装检查技术，旨在使学生通过学习和实践掌握现代汽车电气系统的基本技术理论和实践能力。本书编写过程中力求体现以下特色。

（1）执行新标准。本书依据最新教学标准和课程大纲的要求，依据汽车电气系统的用途特征划分八个项目，每个项目以工作任务的学习模式展开，力求对接职业标准和岗位要求。

（2）体现新模式。本书突出"从实际中来，到实际中去"的职业教育特色，重点放在训练学生掌握汽车电气设备拆装技术能力及相关检查方法上，编写过程中力求展现真实的拆装检查操作过程，注重工作任务的完整性、严谨性，培养学生独立思考与解决问题的能力。

（3）本书主要面向培养中等职业技能人才的要求，以大量真实图片图文并茂地进行了介绍，其涵盖的知识面及实际操作非常适合中等职业学校学生的学习训练以及有汽车维修意愿的人员和汽车初级维修工的入门学习。

通过对本书的学习，学生应能在基础理论和操作技能上达到如下要求。

1）了解并熟悉汽车电气维修的基本常识及维修工具和仪表。

2）了解汽车电气维修技巧及安全常识和环保意识。

3）了解现代汽车常见电气设备的结构及基本工作原理。

4）能够读懂汽车电路图并学会分析技巧，学会应用电路图并结合实际来解决有关问题。

5）具备基本的电路系统检查、测量能力。

6）掌握常见电气设备的拆装方法。

7）培养正确的维修规范意识。

本书在内容处理上主要有以下几点说明：①结合中等职业学校学生的学习能力和岗位要求，使理论知识简洁易懂，避免烦琐又不切实际的理论分析；②以适合中等职业学校学生学习技术的经济型轿车如别克凯越、丰田威驰、桑塔纳等轿车作为教学背景；③将现代汽车电气设备技术发展的应用充分编入到了理论知识和实际操作中；④本书建议学时为 96 学时，各项目教学学时分配建议见下表。

序　号	项 目 名 称	建 议 学 时
项目一	汽车电气设备检修基础训练	9
项目二	电源系统的结构与拆装	10
项目三	照明系统的结构与拆装	12
项目四	仪表、报警系统及附属电气设备的结构与拆装	13
项目五	舒适、安全及音响系统的结构与拆装	21
项目六	汽油机点火系统的结构与拆装	8
项目七	发动机起动系统的结构与拆装	7
项目八	空调系统的结构与拆装	10
机　动		6
合　计		96

　　本书由肖宏任主编，徐杨、刘岩任副主编。具体编写分工如下：徐杨、徐海慧编写项目一，刘贤金、徐庆文编写项目二，于姝娜、李芳丞编写项目三，刘岩编写项目四，肖宏编写项目五、六，王磊、洪丽编写项目八，陈彬编写项目七。本书经全国职业教育教材审定委员会审定，评审专家对本书提出了宝贵的建议，在此对他们表示衷心的感谢！编写过程中，编者参阅了国内外出版的有关教材和资料，在此一并表示衷心感谢！

　　由于编者水平有限，书中不妥之处在所难免，恳请读者批评指正。

编　者

目 录

汽车电气设备检修基础训练

项 目 描 述

　　汽车电气设备是汽车上非常重要的一个组成部分，可分为发动机电气设备、底盘电气设备和车身电气设备。汽车电气设备的主要应用如图1-1所示。

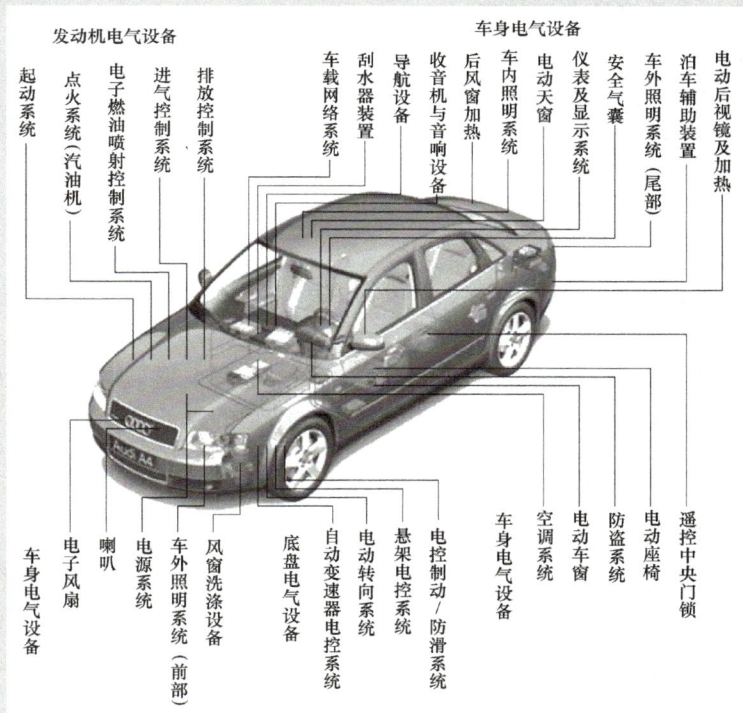

发动机电气设备　　　　　　　　车身电气设备

起动系统
点火系统（汽油机）
电子燃油喷射控制系统
进气控制系统
排放控制系统
车载网络系统
刮水器装置
导航设备
收音机与音响设备
后风窗加热
车内照明系统
电动天窗
仪表及显示系统
安全气囊
车外照明系统（尾部）
泊车辅助装置
电动后视镜及加热

遥控中央门锁
电动座椅
防盗系统
电动车窗
车身电气设备
空调系统
电控制动/防滑系统
悬架电控系统
电动转向系统
自动变速器电控系统
底盘电气设备
风窗洗涤设备
车外照明系统（前部）
电源系统
喇叭
电子风扇
车身电气设备

图 1-1　汽车电气设备的主要应用

本项目由两个任务模块构成，通过任务学习和实践你会学到汽车电气设备的相关知识和对元件的初步认知，以及如何正确地使用检修工具和检测仪表，并且懂得安全操作常识。

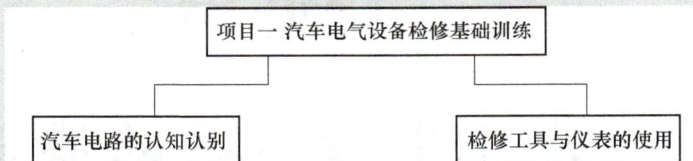

```
            项目一 汽车电气设备检修基础训练
          ┌──────────────────┴──────────────────┐
    汽车电路的认知认别                       检修工具与仪表的使用
```

任务一　汽车电路的认知识别

任务目标

1. 知识目标

1）初步了解汽车基本信息的获取、识别及维修信息的获取方法。

2）了解汽车上的用电及特点。

3）了解汽车电气设备主要的功能元件。

4）初步学会识读电路图。

5）了解线路常见故障的名词解释。

2. 技能目标

1）学会怎样做维修前的准备工作。

2）学会查找汽车基本信息，尤其是生产年代的识别方法。

3）学会检查电路基本元件。

任务描述

顾客咨询：如何确定汽车是哪个年款的？汽车电路中的熔丝和继电器在什么地方？怎么检查?

任务说明：现代汽车上电气设备的应用越来越多，电路也越来越复杂。因此，必须具备扎实的汽车电气基础知识与检修技能才能为顾客提供满意的服务。

知识储备

1. 车辆维修信息

（1）车辆基本信息的识别　车辆识别包括对汽车品牌、车型、生产年款等项目的识别。对于电气维修技工来说车辆识别非常重要，因为同品牌车型不同生产年款其电气系统（如电路）也会有变化，有的车系如宝马技术信息系统需要输入车辆识别号码后几位代表的该车出厂序列号才能完成车辆信息查询。

车辆信息识别可以通过车型标志和生产铭牌获得，一个重要的获取来源是"车辆识别号码（英文 Vehicleident-ification Number 缩写为 VIN）"。

车辆识别号码是由 17 位字母和数字组成的编码，又称 17 位识别代码、车架号或 17 位号。主要位于轿车车前风窗玻璃下角、发动机舱车架、前悬架与车身连接处及车门中柱等处，如图1-2所示。

第1位：生产国家代码，下面是世界一些主要汽车生产国代码。

1 美国　J 日本　K 韩国　L 中国

4 美国　S 英国　T 瑞士　V 法国

5 美国　W 德国　Y 瑞典　Z 意大利

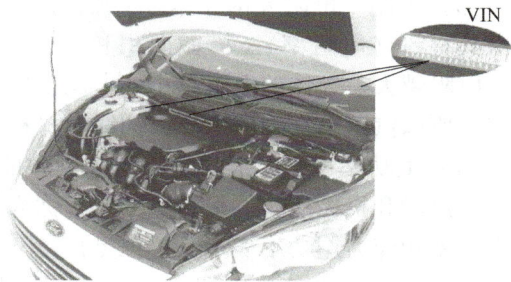

图1-2　车辆信息识别码位置示意图

第2位到第9位分别代表生产厂家代码、车型类别代码、发动机型号代码、车型代码、车型与型号代码、系列/级别代码、车身类型代码和VIN检验数代码，这些信息有的可以依据车型标志等看出来，对于一般的维修并不十分重要。

第10位：生产年款代码，由数字1到9及21个英文字母（按照A、B、C……顺序排列，但除去IJOQZ五个字母）构成30年的汽车生产年款循环。例如：1980年生产的汽车用A表示，30年后A表示2010年生产的车辆，以此类推。

汽车生产厂几乎每年都印发相关年款车型的维修手册或电子版维修信息，因此第10位对于查询维修资料信息，进行车辆维修特别重要。

第11位：装配厂代码。

第12~17位：汽车出厂序列号。

例：一辆凯越轿车前风窗玻璃左下角VIN信息为LSGJS52U44S253977。

其中主要表达的信息是前三位L：中国；S：上海；G：通用公司；第10位4：2004年生产。

（2）维修资料　维修资料是维修技术人员获得各种维修信息的主要途径。维修资料包括维修手册、电子维修信息、维修技术通报和互联网汽车技术网站等。

1）维修手册。汽车维修手册通常仅含有一年内生产的一种或几种汽车的技术信息，但其具有最详尽的维修技术信息（特别是生产厂提供的原厂维修手册），该信息是车辆维修最主要的信息来源。

2）电子维修信息。电子维修信息是汽车生产厂商通过网络或CD-ROM光盘形式提供给特约维修站的技术信息。例如大众/奥迪公司的DIS（诊断信息系统）和ELSA（电子服务信息查询系统），宝马公司的DIS（诊断信息系统）和TIS（技术信息系统）等。

3）维修技术通报。维修技术通报是汽车制造厂只向特约维修站技术人员提供的通报车辆维修技术问题及解决方法。

4）互联网汽车技术网站。互联网有很多汽车技术网站，可以以付费等方式查询维修信息。

2. 汽车上的用电及特点

（1）电流　在电工电子技术基础课中，我们知道电是一种能量，存在于原子中的质子和电子之中，其中质子带正电荷，电子带负电荷。对于构成某些物质的原子，例如铜、铁、铝等由于其最外层的电子可以自由运动而形成电流，因此由这些物质构成的物体称为导体。由于电学上规定正电荷移动方向为电流方向，所以是电子流动的相反方向，电流的单位是安培（A）。

（2）电压　导体中电流的形成需要在导体两端有电位差，称之为电压。电压的单位是伏特（V）。产生电位差的设备称之为电源，汽车上的电源是蓄电池和发电机。

（3）电阻　电阻表示导体对电流的阻碍作用。电阻的计量单位是欧姆（Ω）。导体的电阻与其材料（电阻率）、横截面积和长度有关，对同一导体而言，横截面积越小、长度越长、电阻越大。导体的电阻越小，电流损失越小，由于铜具有柔软、电阻率小、价格低廉等特点，所以汽车电气线路主要以铜线做材料。

（4）电功率　汽车上的电气元件例如照明灯泡、喇叭、风扇电动机等是将电能转化为光能、声能和机械能，能量转化的过程称为做功，如果一个照明灯泡越亮说明它做功的能力越大，做功能力用功率表示，单位是瓦特（W）。

在电工电子技术基础课中，大家知道电按照电压大小分高压电和低压电，按照电流（或电压）方向及大小的改变特征分交流电和直流电，高压交流电主要用于工农业生产和居民生活用电，汽车上的绝大部分电气设备均采用低压稳定的直流电。

汽车电气线路的特点是供电线路连接电源正极，车架及发动机等汽车金属部分连接电源负极，电气设备可以用其金属壳体直接与汽车金属部分相连或经线路就近与车身或发动机金属部分连接（称为"搭铁"）构成回路。

3. 汽车电路中的电气元件

（1）导线　用电器需要通过导线与电源连接，汽车电气线路中的导线主要是由绝缘塑胶管包裹的多股铜丝线构成，其特点是柔软，可以承受反复弯曲和运动，而且多股线要比同样截面积的单股线允许通过的电流更大，如图1-3所示。根据允许通过电流的大小，导线有不同的规格。导线规格以其铜线横截面积（mm²）尺寸大小来表示。

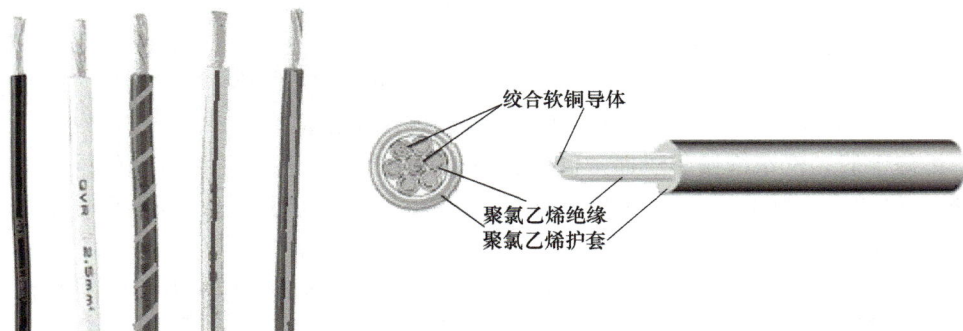

图1-3　多股铜导线

1）导线的颜色。汽车导线的另一特点是有很多种颜色，一方面可以进行区分；另一方面对电路故障的诊断十分有利，因为依据电路图从颜色即可知道导线的用途（一些特殊导线的颜色有其特定的用途，如我国和美国汽车以黑色导线作为搭铁导线，德系大众汽车以棕色导线作为搭铁导线，日系丰田汽车以白色带黑条导线作为搭铁导线，掌握了这些特点有助于在电路维修中更方便地解决问题）。导线颜色有两种类型，一种是单一颜色；另一种是一个基本颜色（主色）加上标识色（线条或线环），如图1-3所示。在电路图中导线颜色标记规定是主色/标识色，例如紫/绿，表示导线是基本色紫色带绿色标识色条的导线。国际上大部分汽车电气维修电路图中导线颜色用其颜色单词的其中两个英文字母表示。表1-1为美国通用别克车系导线颜色的中英文对照。

表 1-1　美国通用别克车系导线颜色中英文对照表

导 线 颜 色	图示上的缩写	导 线 颜 色	图示上的缩写
深绿色	D-GN（深绿色）	浅蓝色	L-BU（浅蓝色）
浅绿色	L-GN（浅绿色）	红　色	RD（红色）
深蓝色	D-BU（深蓝色）	黑　色	BK（黑色）
棕　色	BN（棕色）	粉红色	PK（粉红色）
橙　色	OG（橙色）	白　色	WH（白色）
黄　色	YE（黄色）	紫　色	PU（紫色）
灰　色	GY（灰色）		

2）线束。汽车电气线路网络中，敷设设计以有序规整为目的。根据汽车上各区域中电气元件的分布，将导线集中捆扎起来形成线束分布走向，构成主线束及分支线束，不仅规整美观，而且有利于线路安全。整车主线束一般分为发动机舱线束、仪表板线束（图1-4）、车门线束和车后部线束等。

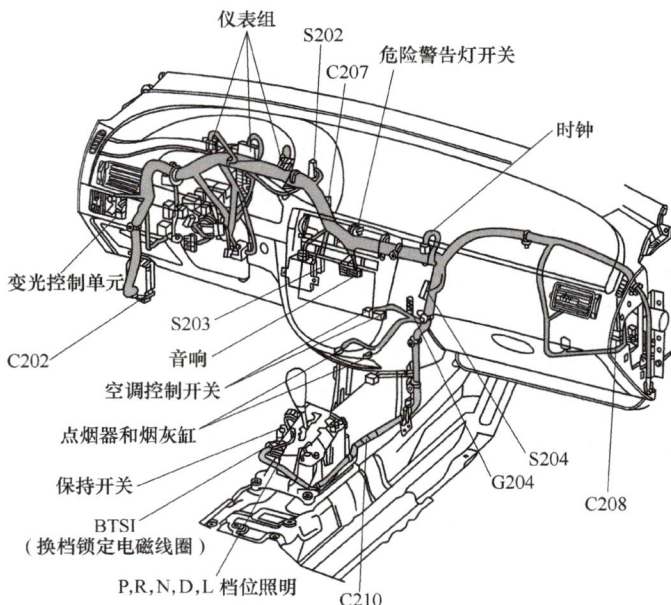

图 1-4　仪表板线束布线（元器件位置）图（别克凯越轿车）

线束用黏性塑料胶带包扎，外层用波纹套管包裹（波纹套管有扒开缝，用于拆装导线），线束的两端用金属片形成端子用于插接器接续，如图1-5所示。

（2）熔断器及其他电路保护元件

1）熔断器。熔断器又称熔丝，俗称保险丝。其作用是避免导线因线路短路或用电器过载等因素导致的电流过大，烧损导线的后果。熔断器是一种电路保护器件。汽车上常用的熔断器是片状式熔断器，如图1-6所示。熔断器顶部的数字及塑料壳的颜色均表示其最大允

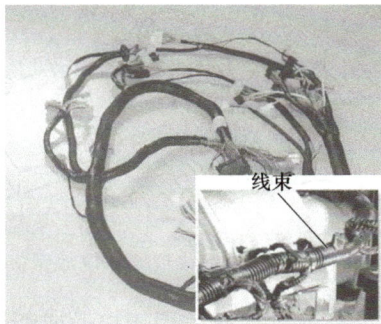

图 1-5　汽车线束结构图

5

许电流值（安培）。当电路中电流超过最大允许电流值时，熔断器内锡（或铅锡合金）导线会迅速熔化使电路断开。

还有一种平板状熔断器又称慢熔熔丝（延时保险丝），如图1-7所示。用于较大电流，如后窗除雾电路、冷却风扇电动机电路、电动车窗电路的过载保护及短路保护。

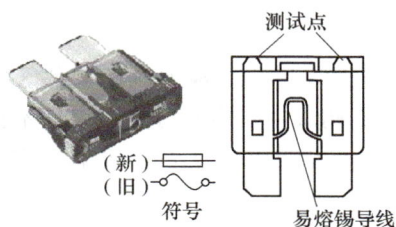

图1-6　片状熔断器

图1-7　延时保险丝

2）其他电路保护元件。

① 易熔线。易熔线也是与熔断器作用相同的一种电路保护元件。它是由一短截易熔材料用不同规格、不同颜色的绝缘护套包裹，主要用于保护主干电路，因此，通常安装在蓄电池正极输出端电路上，如图1-8所示。

如果易熔线熔断，外表起泡（也可能看不出异常），可以用手拉伸易熔线观察是否伸长或用试灯或用万用表检查。

② 断路器。断路器是防止因用电器过载而使导线电流过大引起过热损坏的一种电路保护元件。图1-9为一种双金属片式断路器及其结构示意图。双金属片用两片线膨胀系数不同的金属材料制成，当负载电流超过限定值时双金属片受热变形，使触点分开，切断电路从而保护了用电器及导线。双金属片式断路器按其能否自动复位分为一次作用式和多次作用式两种。在汽车电路中常用于电动车窗电路和刮水器电路中。

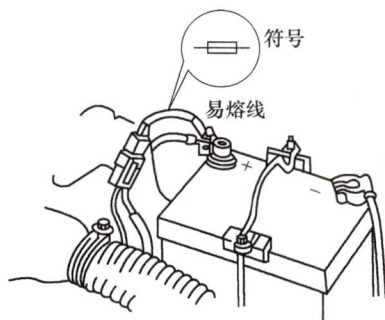

图1-8　易熔线位于蓄电池正极附近

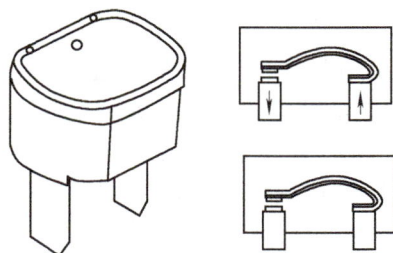

图1-9　双金属片式断路器

③ 开关。开关用于接通或断开电路而控制电气设备工作，其主要结构是由一对分别连接两端电路的触点（一个固定，一个活动）和操纵组件构成，如图1-10所示。汽车电路中

安装了许多开关，如通过钥匙操作的运行/起动开关（点火开关）以及灯光开关、喇叭开关和各种辅助电气开关等。按操纵方式不同，汽车开关有旋转式、推拉式、顶杆（按压）式、拨动式、翘板式及组合式等。

④ 线路端子与插接器。汽车线路中导线的末端采用紧固器件用于导线与导线、导线与电气元件的连接，这种紧固器件称为线路端子，线路端子是一种插接件，由两部分构成，尖状的部分称插针（头），带孔的部分称插孔（座），装配于盒状塑料器件中，因此，这种盒状塑料器件称为插接器（又称为连接器）。插接器有保证可靠连接、保护、密封和便于线路识别与拆装的作用。如图 1-11a 所示，插接器由插头和插

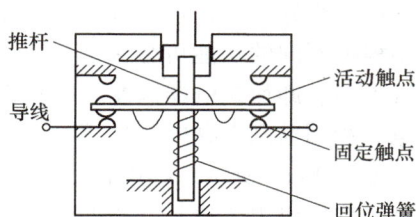

图 1-10　按压式开关结构图

座两部分构成，大部分插接器都带有锁止结构，通过锁止片和卡槽将两部分紧密连接在一起。拆开时需要向内（有的向外）压下锁止片（或掰开卡槽）才能将其分离。安装时应准确对位安装并听到锁止到位声响（或手感觉到落位振动）表明安装牢固。为便于维修时线路识别，插接器上的端子都进行编号，如图 1-11b 所示。

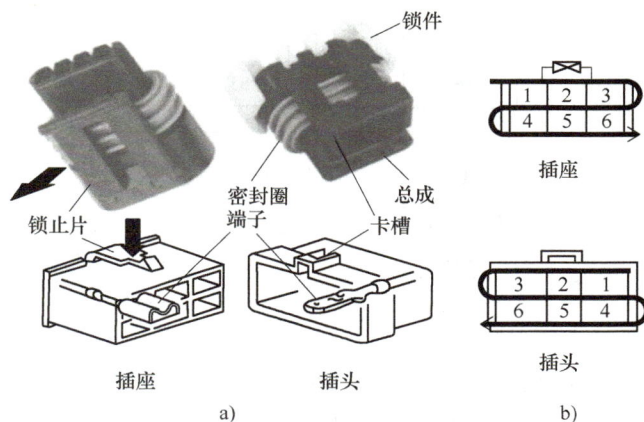

a)　　　　　　　　　　　　　　b)

图 1-11　线路端子与插接器示意图

一些连接端子数量较多的大型插接器（如电子控制模块电气插接器）有较复杂的锁止机构，拆卸时应按正确的方法拆卸，以免损坏插接器，如图 1-12 所示。

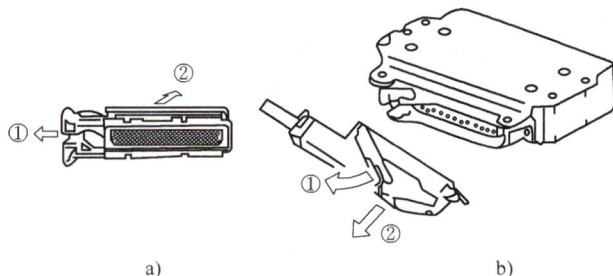

a)　　　　　　　　　　　　　　b)

图 1-12　发动机 ECU 模块插接器拆卸方法示意图

⑤ 继电器。汽车上有些电气设备需要很大的工作电流，而一种称为继电器的电气元件就具有用小电流控制大电流的功能。它是一种电磁开关，具有开合动作迅速的优点，可以很好地保护控制开关和用电设备。在汽车电气系统中根据不同的功能可分为起动继电器、喇叭继电器、照明继电器、卸荷继电器以及一些特定功能的继电器（闪光继电器和间歇刮水继电器）等。

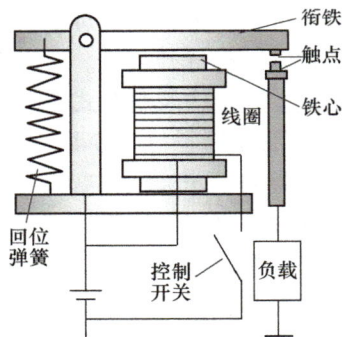

图 1-13　继电器结构
原理示意图

如图 1-13 所示，继电器由触点开关和控制机构组成，控制机构主要由电磁铁（线圈和铁心）、衔铁和回位弹簧等组成。其工作原理是当控制开关（或控制元件）接通线圈电路时，线圈产生磁场通过铁心吸引衔铁使开关触点接合（或分开），很大的工作电流经触点流向电气设备（或与用电设备断开）。

继电器符号与端子标号如图 1-14 所示。

功能	外形	连接图	电路符号		端子说明
普通开关继电器				30	负载电路输入
				87	负载电路输出
				86	控制电路（+）
				85	控制电路（−）
做转换器用继电器				87	负载电路转换输出
				87a	负载电路输出
				86	控制电路（+）
				85	控制电路（−）

图 1-14　继电器符号与端子标号

⑥ 电气中心。电气中心也称中央接线盒/熔丝盒，如图 1-15所示，主要是将汽车电路中的熔断器及继电器等集中安装在一块或几块配电板上，以便于车辆检修。电气中心主要位于汽车发动机舱内一侧、仪表板左侧或右侧杂物箱后面，如图 1-16所示。在盒盖上或内侧贴有熔丝等元件位置及名称说明图示。

4. 汽车电路图

（1）电路图与符号　大部分汽车电气设备的电路是很复杂的，而且布置在汽车狭小的车身内，给检修带来很大的困难，因此，电路图是汽车维修技术人员和工人查找电气问题的重要信息来源。

图 1-15　熔丝盒

电路图表达了不同汽车生产企业对所生产对应年款车型的电气线路元器件布置、相互连接关系、电路在何处接到电源、导线颜色等相关信息。由于缺少统一的国际标准，所以不同国家汽车生产企业在维修手册里提供的电路图表示方法不尽相同，因而需要维修人员必须掌握手册提供的电路图电气符号说明知识（本书主要以通用别克凯越车型电路图为主介绍电路方面的知识）。表 1-2 为通用车型电路图电气符号及说明。

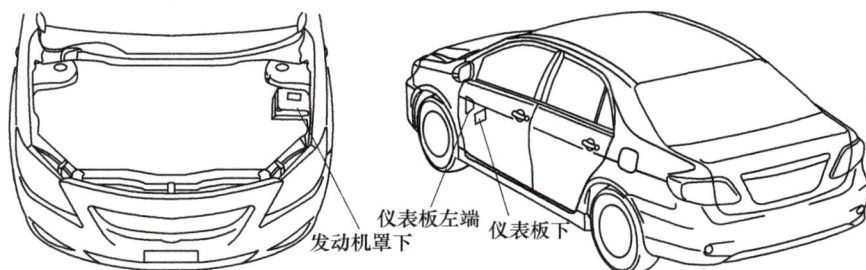

仪表板左端
仪表板下
发动机罩下

图 1-16　汽车电气中心常见安装位置

表 1-2　通用公司车型电路图电气符号及说明

符　号	说　明	符　号	说　明	符　号	说　明
	附加充气式保护装置（SIR）或附加保护系统（SRS）图	S100	导线接合点		可变电阻器
B+	电压指示器框指示	G100	搭　铁		位置变阻器
运动/起动	何时熔丝上有电压		单丝灯泡		加热电阻
	局部部件 部件或导线未完全表示		壳体搭铁		二极管
	完整部件 部件或导线完全表示	Ⓜ	电动机		发光二极管
	熔　丝		电磁阀		屏　蔽
12	部件上连接的插接器		蓄电池		常开触点继电器
12	带引线的插接器	⊗	灯　泡		转换功能继电器
	带螺栓或螺钉连接孔的端子	E	开　关		
C100 12	直列式线束插接器		电阻器		

由于现代汽车安装的电气设备非常多，所以很难用一张图画出全车电路的全部信息，而

是分系统分别表述。例如图 1-17 为上海通用别克凯越轿车车外照明（牌照灯和驻车灯）系统电路图。

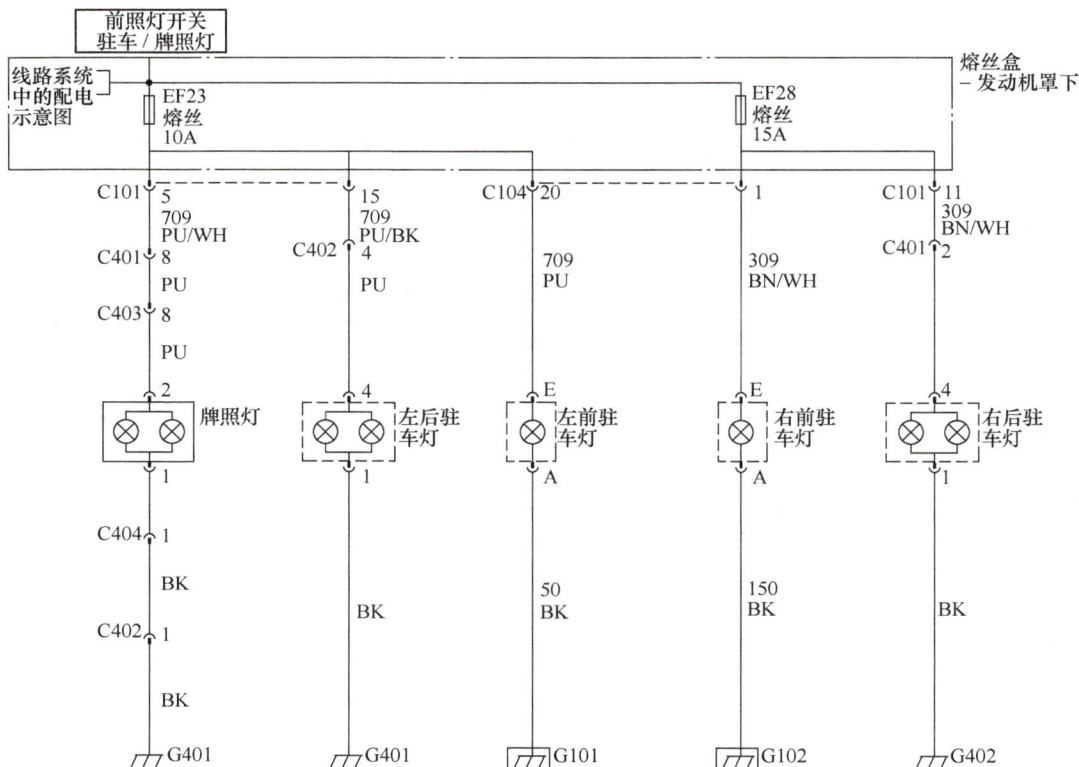

图 1-17　上海通用别克凯越轿车车外照明灯（牌照灯和驻车灯）系统电路图（2012）

（2）电路图识读与分析　通过对某个系统的电路图识读明确该电气系统主要电气部件（如熔断器、插接器、开关、用电器和搭铁螺栓等）的安装位置、结构数量、导线颜色及特殊信息，作为检修时判断及查找的依据；也可以通过电路图对电流路径进行分析，熟知电气系统的工作过程和连接端子编号，为进一步解决疑难故障做好准备。

例：凯越轿车牌照灯电路识读及电流路径分析（图 1-17）。

1）电路信息识读。电路图左上角 ▭ 内标注的文字前照灯开关驻车/牌照灯表示凯越轿车牌照灯受驻车/牌照灯开关控制，两个熔丝位于发动机罩下熔丝盒内。牌照灯供电侧导线间有两个插接器 C401 和 C403，搭铁侧导线间有两个插接器 C401 和 C402，搭铁点 G401。具体位置通过继续查找维修资料中的线束布线（元器件位置）图确定。左前、左后驻车灯及牌照灯供电导线为紫色，搭铁线为黑色；右前、右后驻车灯供电导线为棕色带白条，搭铁线为黑色。

技术提示：数字 100～199 表示位于发动机舱内；200～299 表示位于仪表板下；300～399 表示在乘员舱内；400～499 表示位于行李舱位置；500～599、600～699、700～799、800～899 表示分别位于左前、右前、左后、右后车门内。

2）分析电流路径。驻车/牌照灯开关→熔丝 EF23→插接器 C101（5）→插接器 C401（8）→

插接器 C403（8）→牌照灯（2→1）→插接器 C404（1）→插接器 C402（1）→搭铁 G401。

5. 电路故障

电路是由金属导线将电气、电子等元器件与电源连接在一起构成的回路，即电流所流经的路径。如果电流流通并按功能要求经过用电器件，那么电路正常；如果电流不流通或未按功能要求经过用电器件称为电路故障，常见电路故障有断路、短路和接触不良等。

（1）断路　又称开路，是电路某一处断开造成电流不流通的一种故障。断路将导致用电设备无法工作。

（2）短路　短路是指电路因绝缘层损坏而发生了非正常短接，使电流不能或不是按规定要求通过用电器件。汽车电路的短路有接地（搭铁）短路、对电源短路和两个电路之间短路等类型，如图 1-18 所示。

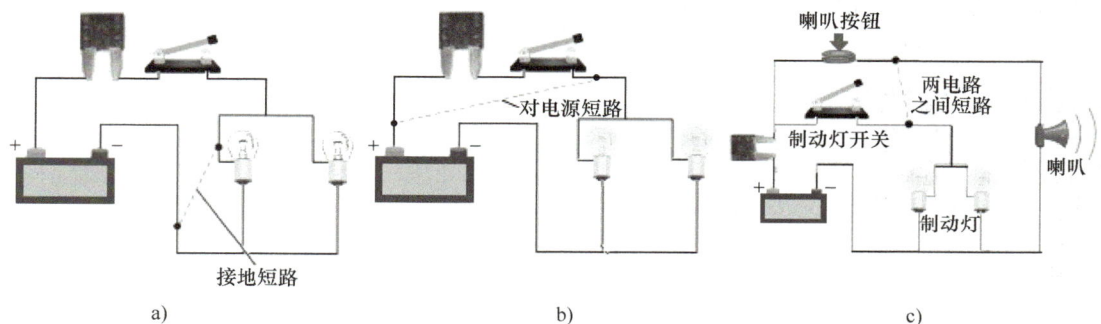

图 1-18　三种短路类型
a）接地短路　b）对电源短路　c）两个电路之间短路

接地（搭铁）短路通常是指电流没有经过电路中需要经过的元器件之前在电路的某处即发生与车身或发动机金属相接而使电流返回蓄电池负极。发生接地（搭铁）短路时电流瞬间增大使线路导线过载发热，会引燃导线塑料绝缘层引发火灾，因此，电路中都串联安装有电路保护器（熔断器），接地（搭铁）短路时熔断器会熔断。

（3）接触不良——电压降损失　电路中电源与供电电缆、导线与元器件连接的插接器、开关触点和接地螺栓等处，由于连接不紧密或表面氧化锈蚀等因素而产生接触电阻 R，根据欧姆定律 $U = IR$，在其两端将会产生电压，这个电压称为损失电压，所有各因素导致的损失电压之和称为电压降，电压降如果过大，将造成用电器供电不足，使之工作能力下降甚至不能工作，这种故障也称之为接触不良。

6. 汽车电子器件

（1）电阻器　电阻器是具有一定电阻的器件。汽车的一些电气及电子装置使用电阻器控制电路中电流的大小，例如鼓风机出风量的控制等。电阻器的形状和标识如图 1-19 所示。还有一种电阻是可变的电阻器，电流流过电阻器时，通过一个接触滑片可以提供不同的输出电压，例如应用在发动机电控系统中的节气门位置传感器。普通的固定电阻电阻器通过色环标识可以知道其阻值的大小。

（2）电容器　电容器具有快速存储电荷的作用，在电路中它可以允许交流电通过而阻止直流电通过，因此，用于电子电路中以及用于旁路电路中的交流干扰，例如用于汽车计算机网络系统及音响中和汽车交流发电机中使用的电容器。

（3）半导体器件

1）二极管。在电工电子技术基础课中我们已经知道了二极管的作用及原理，在汽车电气设备中二极管也有应用，例如利用二极管单向导电性将交流发电机发出的交流电转换成直流电。

还有一些特殊功能的二极管如稳压二极管、发光二极管和光敏二极管等。稳压二极管由于具有随电压升高（到一定值）后反向击穿而使电压不在继续上升的作用，所以用在仪表稳压电路以及用于保护电子元件电路中，其外形如图1-20所示。

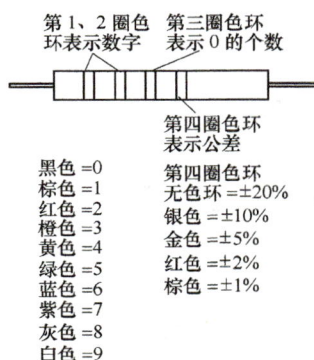

第1、2圈色环表示数字　第三圈色环表示0的个数

第四圈色环表示公差

第四圈色环
无色环 =±20%
银色 =±10%
金色 =±5%
红色 =±2%
棕色 =±1%

黑色 =0
棕色 =1
红色 =2
橙色 =3
黄色 =4
绿色 =5
蓝色 =6
紫色 =7
灰色 =8
白色 =9

图 1-19　电阻器的形状和标识

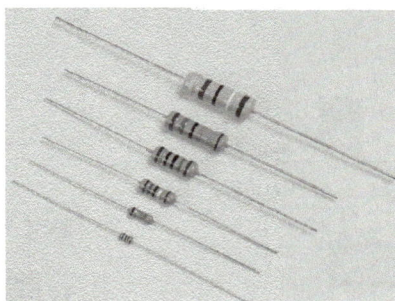

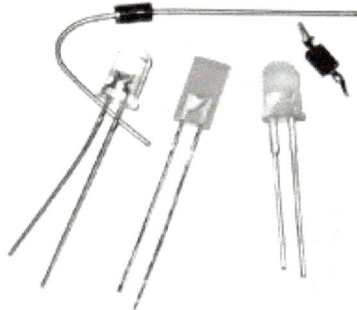

图 1-20　稳压二极管

发光二极管英文缩写 LED。发光二极管通电后能发出红、白、黄、绿、橘黄和蓝色等光线，在汽车照明系统中应用越来越广泛，用于指示灯、警告灯、前部日间行车灯、尾灯、制动灯和仪表照明灯等。发光二极管的工作电压只有 1.5 ~ 3V，所以电路中必须串联一个电阻，否则蓄电池电压过高会将其烧坏。

光电二极管是在光线作用下输出电压的半导体元件，用于车辆刮水器系统的雨量传感器。

2）半导体电阻。

① 光敏电阻。光敏电阻在光照下电阻减小，无光照时电阻变大，因此可以作为控制前照灯的变光继电器。

② 热敏电阻。热敏电阻有负温度系数（NTC）电阻和正温度系数（PTC）电阻。

负温度系数（NTC）电阻随温度升高电阻下降，在汽车电气系统上用作各种温度传感器；正温度系数（PTC）电阻随温度升高电阻升高，这样可以限制电路中的电流，在汽车电气系统上用于加热电路，如后风窗玻璃加热装置和柴油发动机进气预热塞等。

3）晶体管。晶体管俗称"三极管"，外形如图1-21所示。它是许多汽车电子电路模块的核心组成部分，晶体管具有电气开关作用及电流放大作用，因此，在汽车电气系统中用于控制继电器、电磁阀、燃油泵、电子点火装置及电压调节器等。现代汽车电子装置更多将一个电路的晶体管及二极管等半导体元器件集成于一块半导体晶片上，称为集成电路（IC）。集成电路用塑料壳封装，叫做芯片，外形如图1-22所示。

图 1-21 晶体管及符号

a）晶体管符号 b）普通晶体管 c）大功率晶体管

图 1-22 集成电路

4）汽车计算机。汽车计算机通常被称为"控制模块"，也叫做电子控制单元，英文缩写 ECU（Electronic Control Unit）。它由中央处理器（CPU）、存储器（ROM、RAM）、输入/输出接口（I/O）、模数转换器（A/D）以及整形驱动等大规模集成电路组成。它通过将获取的输入信号（传感器和开关等）进行处理后，输出驱动指令给执行器件。它是汽车发动机、底盘、车身电气及电子控制系统的核心，用一句简单的话来形容就是"ECU 就是汽车的大脑"。图 1-23 为汽车发动机电子控制单元（ECU）及原理结构图。

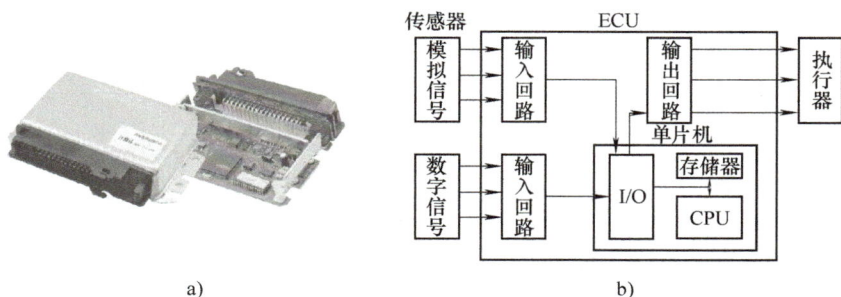

图 1-23 汽车发动机电子控制单元（ECU）及原理结构图

a）电子控制单元（ECU） b）原理结构图

任务实施

1. 准备工作

1）工装穿着整洁，戴好工作手套。

2）车辆进入工位（本次任务示例轿车别克凯越轿车 2012 年款）并可靠停驻（由指导教师操作）。

3）准备好工具器材。

4）准备好车辆（本次任务示例轿车为别克凯越轿车，2012 年款）维修手册。

2. 操作步骤（注：以下操作步骤均在指导教师指导下进行）

示 例 图	操作步骤及方法
1. 检修车辆基本准备工作	
	1）使用遥控器钥匙开启车门，打开发动机舱盖

（续）

示　例　图	操作步骤及方法
	2）检查变速杆位于空档（自动变速器位于"P"位），驻车制动杆拉紧
	3）铺好发动机舱周围车身防护套及驾驶人座位周围防护套
2. 车辆识别	
	1）阅读车辆 VIN 码，记录第 10 位并换算年款 2）阅读车辆铭牌，记录生产年份 提示：查询维修手册或从电子版维修手册找到车辆识别信息的标志位置
3. 熔断丝（熔丝）及继电器安装位置的查询及检查	
	1）发动机舱中央电气盒（熔丝盒） 2）仪表板下中央电气盒（熔丝盒） 提示：查询维修手册或从电子版维修手册找到相关信息
	3）拆卸熔丝盒 4）拆卸熔丝，直观检查熔丝状况

（续）

示　例　图	操作步骤及方法
4. 继电器的认知	1）拆卸继电器，观察继电器端子编号 2）装复
5. 观察发动机舱线束	1）结构 2）布置 3）拆开局部波纹管，观察线束组成
6. 拆卸插接器并查询端子编号信息及对应导线的颜色 左前照明灯总成连接器视图	例：左前照灯插接器 1）压下锁舌，拆离前照灯插接器 2）与图 1-16 牌照灯和驻车灯电路图对照查询左前驻车灯对应颜色导线及端子
7. 查询搭铁点和插接器	例：查找并对照资料图示找到左前驻车灯搭铁点 G101，同时可参照图示查询图中其他标注的插接器
8. 车辆恢复	整理清洁，填写检测评价记录

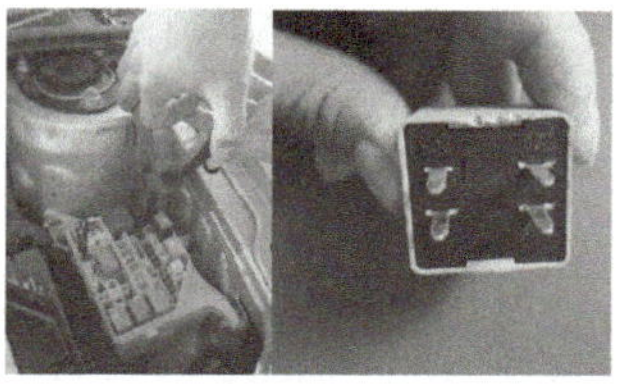

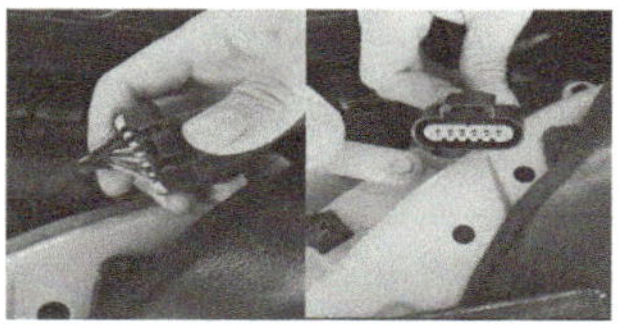

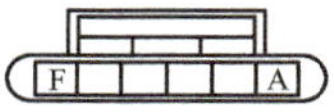

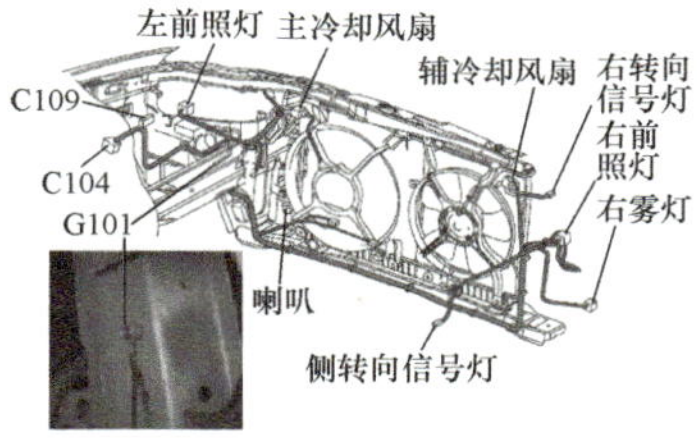

检测评价

质 量 检 查		
项　　目	完 成 情 况	解 释 说 明
1）检查变速杆及驻车制动杆	是□　　否□	
2）按要求铺好防护套	是□　　否□	
3）查找 VIN 并记录生产年代	是□　　否□	
4）查询熔丝盒和对应的熔丝	是□　　否□	
5）拆卸熔丝继电器并做直观检查	是□　　否□	
6）进行车辆整理，卫生清洁，填写检测评价记录	是□　　否□	
小组综合评价		
学生自我评价		
教师评价		

注：1. 每项工作完成后在"是"后面□内打√，未做或未完成在"否"后面□内打√。

　　2. 如果项目未做或未完成在"解释说明"中说明原因。

考核练习

一、理论知识

1. 对于汽车电气线路上使用的导线，修理工小王说导线越长电阻越大；修理工小张认

为导线越粗电阻越小。哪个人的说法正确？（　　　）

A. 小王对　　　　　B. 小张对　　　　　C. 他们都对　　　　　D. 他们都不对

2. 汽车上所有的电气元件都是能量转化元件。（　　　）

A. 正确　　　　　B. 错误

3. 国产品牌和中美合资品牌汽车搭铁导线颜色为_____，中德合资品牌汽车搭铁导线颜色为_____。

4. 汽车电路保护元件有哪些？

5. 简述车辆识别的意义。

6. 简述车辆识别码的含义。

二、实训操作

简述本次工作任务实施前的准备工作有哪些。

拓展与提高

1. 大众轿车电路图识读知识简介

例：桑塔纳 3000 轿车刮水器电路识读（见图 1-24）

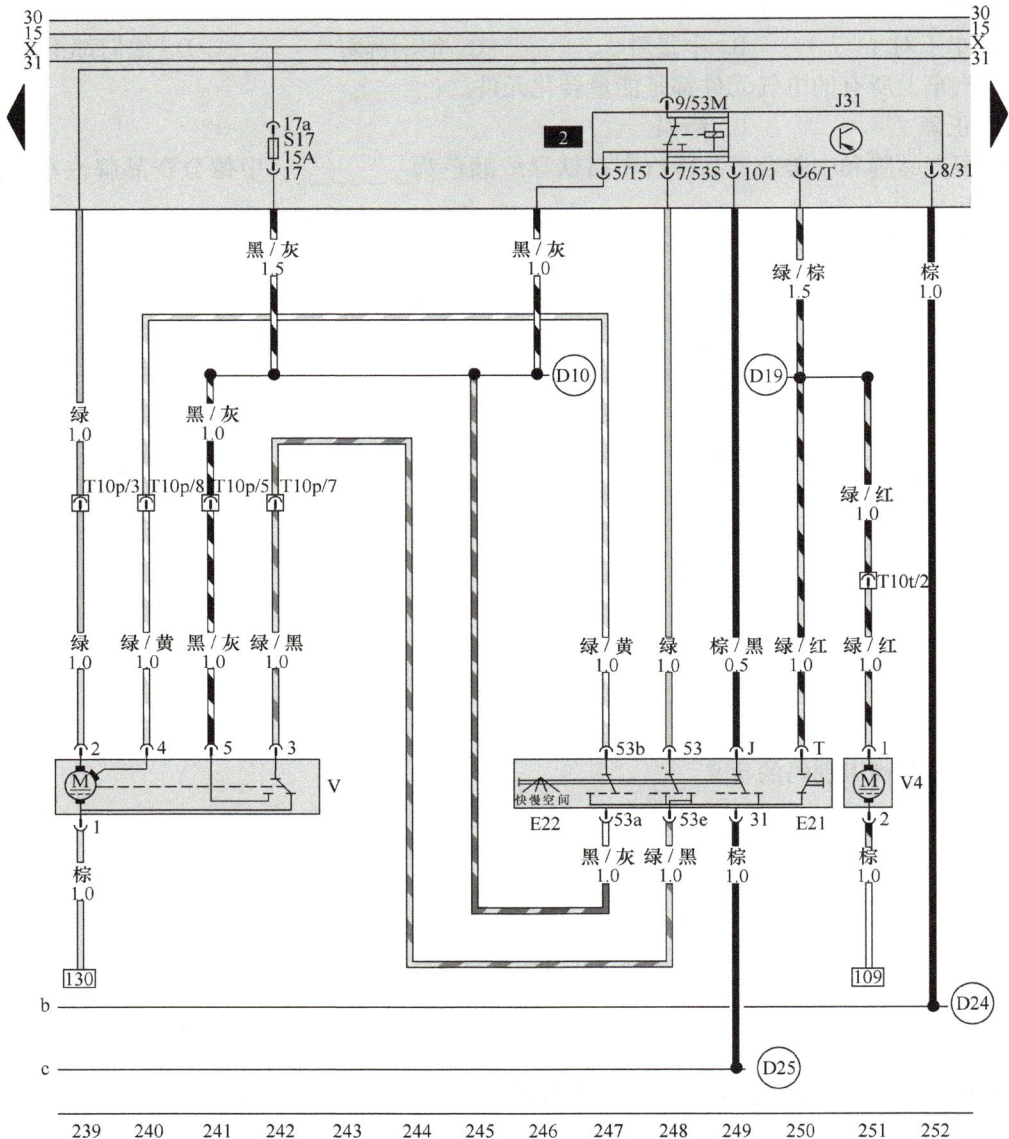

E21 —— 前风窗清洗泵开关
E22 —— 前风窗刮水器开关
J31 —— 刮水继电器，在继电器 – 熔丝支架上 2 号位 (19 继电器)
S17 —— 熔丝 17，15A，在继电器 – 熔丝支架上 2 号位 (19 继电器)
T10p —— 10 针插头，在继电器 – 熔丝支架顶面上 (G 号位)
T10t —— 10 针插头，在继电器 – 熔丝支架顶面上 (K 号位)
V —— 前风窗刮水器电动机
V4 —— 前风窗清洗泵

(D10) —— 正极连接线，在仪表板线束内

(D19) —— 连接线，在仪表板线束内

(D24) —— 接地连接线，在仪表板线束内

(D25) —— 接地连接线，在仪表板线束内

图 1-24　桑塔纳 3000 轿车刮水器电路

刮水器电路供电来自 X 端导线，X 端接自卸荷继电器（卸荷继电器受点火开关控制），当点火开关接通时通电，点火开关置起动档时断电。30 端接自蓄电池正极，15 端接自点火开关运行档（ON 档），31 端接自蓄电池负极电缆，电路图最下部区域表示电流路径，数字标号 239～252 表示前风窗清洗泵、前风窗刮水器电动机、前风窗清洗泵开关、前风窗刮水器开关、刮水器继电器的电流路径。

2. 丰田轿车电路图识读知识简介

图 1-25 为丰田威驰轿车刮水器洗涤系统电路。

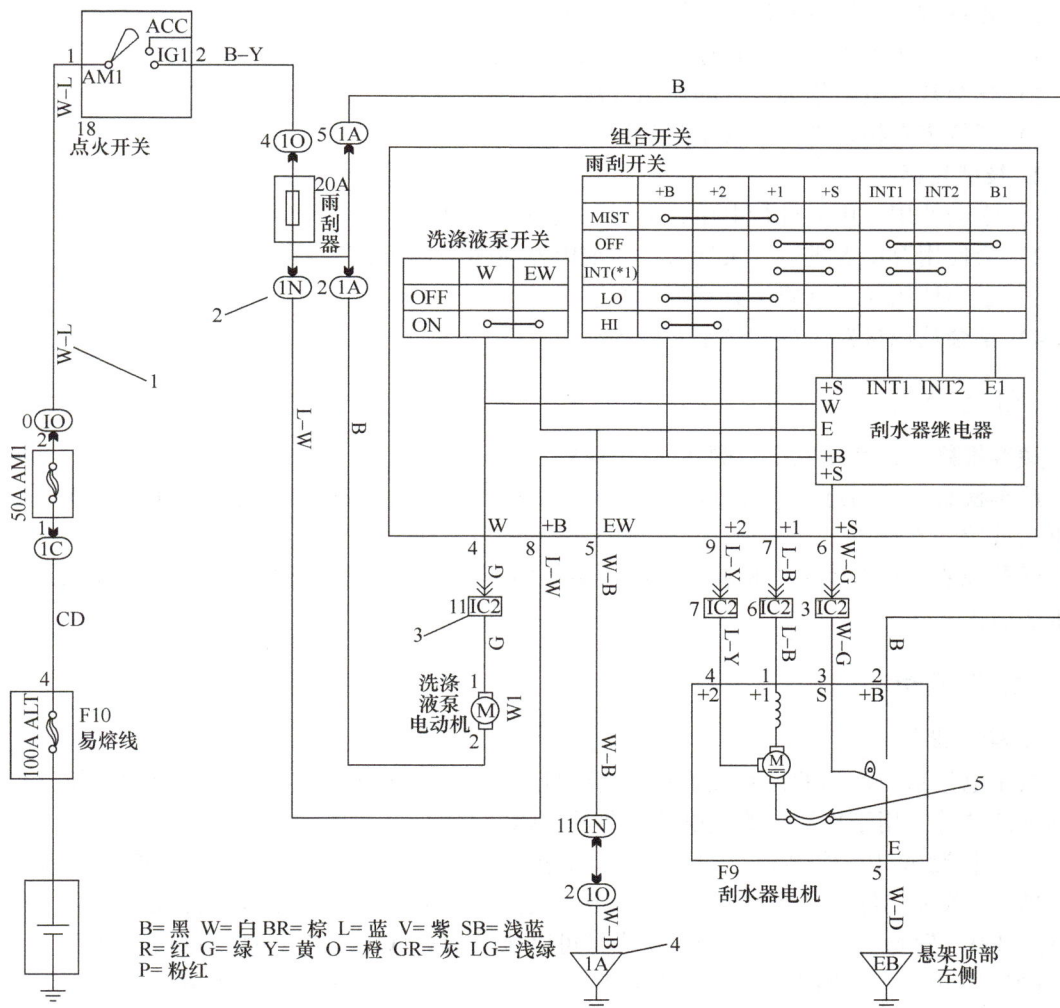

图 1-25　丰田威驰轿车刮水器洗涤系统电路

"1"：导线颜色。单色导线由一或两个对应颜色的英文字母缩写表示，双色号导线用"－"分开，前面的是主色，后面是条纹颜色；"2"：继电器盒号码，1 表示 1 号继电器盒；"3"：表示线束和线束的插接器。箭头（∨）表示该侧插接器为插头，左侧数字为插接器端子号；"4"：搭铁位置；"5"：断路器。

任务二　检修工具与仪表的使用

任务目标

1. 知识目标

1）了解常用检测设备的适用范围及使用方法。

2）熟悉数字万用表的外部结构及使用方法。

3）了解金属紧固件和塑料连接件知识。

4）学会常用电路修理工具的使用方法。

5）了解废弃物处理工作安全与防护。

2. 技能目标

1）学会使用万用表进行电压、电阻、电流的检测。

2）会使用万用表进行开关导通性、继电器线圈等检测。

3）学会使用导线维修工具修复导线。

4）学会从插接器中拆卸端子并修理。

任务描述

顾客报修：顾客私家车一侧转向灯不亮。

接车检查：转向灯导线被维修过，由于维修质量不好，抗拉力不足，在车辆振动的过程中再次被拉开。

任务说明：在车辆电气检修过程中，会使用工具并掌握正确的修理技能是保证维修质量的重要前提。

知识储备

1. 检测设备

汽车电气系统常用的检测设备有检测试灯、万用表、诊断仪、蓄电池测试仪、尾气检测仪和示波器等，用于检测电路及电气设备的故障及性能。

（1）检测试灯　检测试灯（图 1-26）是利用发光效果检查电路通断的一种简单快捷的检测工具，由发光元件、探针和接地线等组成。发光元件可以是一种 LED 元件或小灯泡（12V，2W）。LED（发光二极管）测试灯的优点是可以检测 12V 电气线路也可以检测电子电路。

（2）万用表　万用表是用于测量电压、电流、电阻等电气参数的测量仪表。万用表有指针式（模拟式）和数字式两种类型，如图 1-27 所示。由于现代汽车大量应用电子元器件，所以汽车电路检测应采用内阻高的数字式万用表。为便于测量汽车电路特有的电气参数，汽车电路检测常用汽车专用数字万用表，它除具备一般万用表的功能外，还可以测量发动机的转速、频率、温度、脉冲宽度和点火闭合角等参数。

1）数字万用表。

① 汽车主要电气参数测量方法。数字万用表控制面板结构如图 1-27b 所示，测量汽车电路电压时，选择 V $=$（DCV）20，黑色电缆插入 COM 插孔，红色电缆插入 VΩ 插孔。测

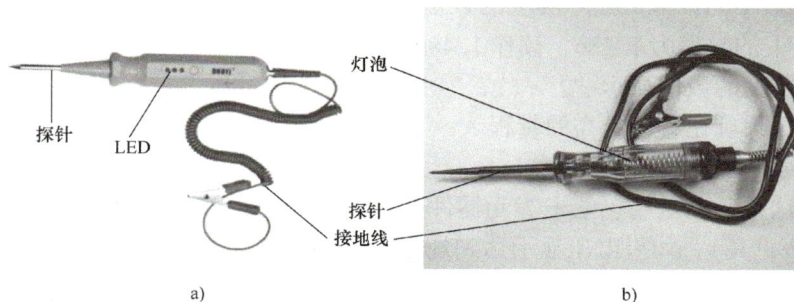

图 1-26　笔式检测试灯
a）LED 测试灯　b）普通灯泡测试灯

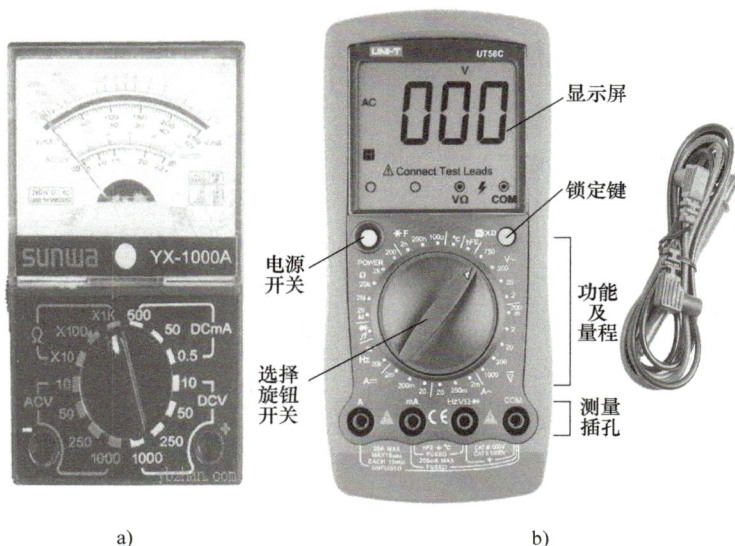

图 1-27　万用表
a）指针式万用表　b）数字式万用表

量时黑表笔连接用电器搭铁回路或接地；红表笔连接用电器正极或电路供电端。测量电流时，选择 A ⎓（DCA）合适的量程，黑色电缆插入 COM 插孔，红色电缆插入 A 或 mA 插孔。测量时黑表笔连接电流输出端；红表笔连接电流输入端。测量电流时，应用串联方法测量，汽车电路中电流测量可用于汽车电气设备关闭下蓄电池放电测量，以查找有故障的用电器。测量电阻时，选择 Ω 功能区段，测量未知阻值的电阻或元器件时应从较大量程开始测量，如果被测电阻值超出所选择量程的最大值，万用表屏幕最高位将显示数字"1"，这时应选择更高的量程，测量前被测元件应拆下或电路必须断电。当测量开关导通性或电路通断（如导线通断及搭铁）状态时，宜选择蜂鸣档。

②量程与单位。数字万用表功能及量程选择面板上的数字表示量程，即该档位最大测量值。例如欧姆（Ω）量程 200 表示最大测量值在 200Ω 以内。超过 1000Ω 使用量程 kΩ，如果超过 100 万 Ω 使用 MΩ 量积。

③ 显示屏数字的读取。显示屏上的数值与所选量程和单位有关，例如选择电阻测量量程2k，显示屏上的数值为1.486，读作1.486kΩ。

如果显示屏上的数值显示"1"（或"OL"），表示超过所选择量程（或电路断路），应将功能及量程选择旋钮置于更高的量程。

例1：断路的检查

检查的方法是：在电气、电子等元器件的供电侧用万用表（或测试灯）检查电压参数（或测试灯是否点亮），如果电压显示达到规定电压则电路正常；如果电压为0（或测试灯不亮），则可判断为供电侧有断路故障。在元器件的搭铁侧用万用表欧姆档（或蜂鸣档）或有源试灯检查电阻（或鸣响），如果电阻为∞（或不鸣响）或测试灯不亮，则可判断为搭铁侧有断路故障，如图1-28所示。

例2：短路检查方法

① 测试灯方法。在已熔断的熔丝插座上连接一个测试灯，如图1-29所示。接通开关，由电路后端向前逐一分开电路插接器或元器件，当分开某个插接器或元器件时灯灭，说明短路就在这段电路中。

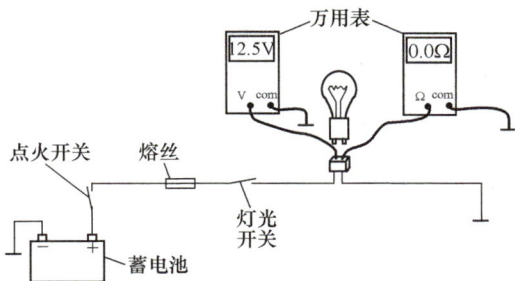

图1-28 用万用表检查用电器处断路故障示意图

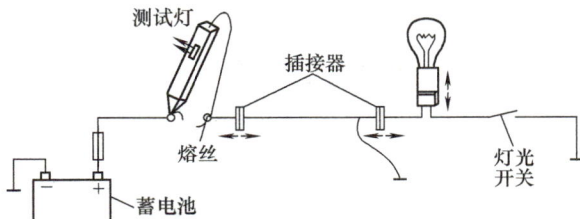

图1-29 用测试灯检查短路方法示例图

② 万用表（欧姆档或蜂鸣档）方法。选择万用表的欧姆档（低量程）或蜂鸣档，将万用表连在已熔断的熔丝插座与搭铁之间，如图1-30所示。如果有短路，万用表显示0（或接近0）或鸣响；由电路后端向前逐一分开电路连接器或元器件，当分开某个插接器或元器件时万用表显示无穷大（或数值很高）或鸣响消失，说明短路就在这段电路中或元器件上。

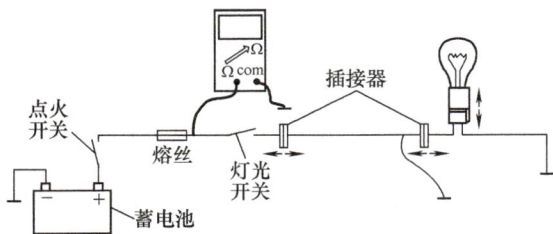

图1-30 用万用表检查短路方法示例图

2）交/直流夹钳式数字万用表（图1-31）。这种仪表测量时无须事先断开电路，测量时只需将钳口夹跨于导线上，直接读取电流值或转换的电压值等，电流量程可以在0.1~1000A。

3）诊断仪。汽车诊断仪是对汽车发动机、底盘、车身电气及电子系统进行性能和故障检测的重要电子仪器，它是利用与汽车电子计算机进行交互联系取得计算机内提供的各种存储信息来反映汽车各相关系统工作情况的，是检测汽车电气系统的一种重要检测设备，如图1-32所示。

图1-31　夹钳式数字万用表

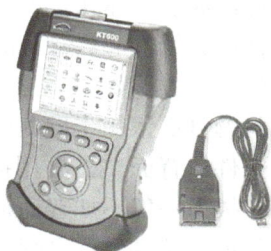

图1-32　汽车诊断仪

4）示波仪。示波仪也称示波器，是一种通过显示屏直接显示电压随时间变化波形的仪器，通过实际波形与正常的标准波形对比，并通过技术分析来诊断电气电子设备故障。可以诊断汽车电气系统的一些较复杂故障，但需要一定的技术知识能力和经验才能很好地运用，如图1-33所示。

2. 紧固件和连接件

（1）金属紧固件　金属紧固件主要是螺栓、螺母和螺钉，用于汽车上部件之间的连接。螺栓是应用最多的连接件，主要用于汽车机械及较大的电气部件之间的连接，如图1-34所示。螺栓由头和杆两部分构成，螺栓头部主要有六角形和内六角形两种形状，还有少量特殊头部形状的螺栓；螺栓杆部加工有螺纹，在拧入后通过螺纹作用力使螺杆产生弹性变形形成拉紧作用。绝大部分螺栓都是顺时针旋入的，在拧入时，为避免螺纹产生损伤，应尽可能用手旋入到位再使用安装工具按规定扭力拧紧。

图1-33　汽车专用示波器

图1-34　螺栓

螺钉常用的有开槽（一字槽）螺钉、十字槽螺钉和内六角形螺钉等；还有一种用于连接板材及塑料件的螺钉，称为自攻螺钉，拧入时螺钉本身可在未预先钻孔的板材内自行切出螺母螺纹，如图1-35所示。

（2）塑料（尼龙）连接件　汽车内外饰件及塑料板件与车身钣金件（金属板件）的连接多处采用塑料连接件，常见类型有塑料铆钉等（也称塑料卡扣），如图1-36所示。塑料铆钉分单体式塑料铆钉和分体式塑料铆钉，单体式塑料铆钉只有一个部件，而分体式塑料铆钉

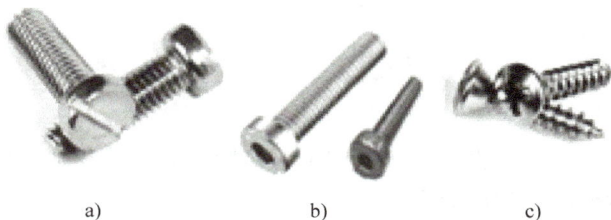

a)　　　　　　　b)　　　　　　　c)

图1-35　螺钉

a) 开槽螺钉　b) 内六角形螺钉　c) 十字自攻螺钉

一般由两个部件组成。分体式塑料铆钉在使用过程中更加便于拆卸，可以重复使用，其铆合原理一般是钉件撑大铆件起到铆合的作用。分体式铆钉件一般有推式和螺纹式两种结构。分体式塑料铆钉的拆装方法如图1-37所示。

　　单体式塑料铆钉更依赖于尼龙材料本身的弹性而起到铆合作用。有些单体式塑料铆钉安装于汽车内外饰件的背面，需要用撬板类工具或用手适当用力将其撬开。塑料（尼龙）连接件的缺点是拉拔力一般不如普通铆钉和螺钉，而且拆卸后易变形损坏，重新安装时有时需更换新件才能保证连接部件配合强度。

图1-36　塑料铆钉（塑料卡扣）

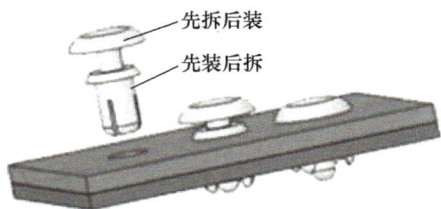

先拆后装
先装后拆

图1-37　分体式塑料铆钉的拆装方法

3. 常用维修工具

（1）线路维修工具

1）钳子。钳子是一种用于夹持、固定加工工件或者扭转、弯曲、剪断金属丝线的手工工具。电工常用的钳子有钢丝钳（克丝钳）和尖嘴钳等，如图1-38所示，还有一些特殊用途的如剥线钳和压接钳等。

① 剥线钳。剥线钳是电工常用的工具之一。用于剥除电线头部的表面塑料绝缘层，如图1-39所示。剥线时，如果无法确定剥线孔径，应从较大孔径开始进行。

图1-38　钢丝钳（上）和尖嘴钳（下）

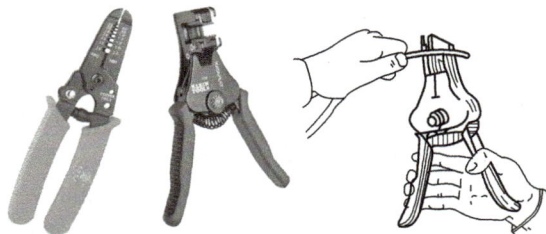

图1-39　剥线钳

② 压接钳。压接钳用于压接导线或导线与端子压接的工具，如图1-40所示。压接时应选择正确的压接钳口。

2）电烙铁及焊锡。电烙铁是电工常用焊接维修工具，主要用途是焊接元件及导线。汽车电路维修常用内热式小功率电烙铁，如图1-41a所示。焊接时需要的材料有低熔点焊锡和助焊剂，如图1-41b所示。

　　焊锡是由锡、铅和锑等元素组成的低熔点（185～260℃）合金。为了便于使用，焊锡常制成条状和盘丝状。

助焊剂是保证焊接过程顺利进行和获得致密接头的辅助材料。同时还能起清除污物和抑制工件表面氧化的作用。

图1-40　压接钳

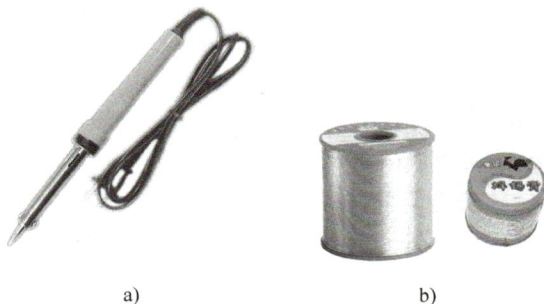

图1-41　电烙铁、焊锡丝和助焊剂

导线焊接修复方法：

首先把两根导线需焊接处处理干净，正确连接，涂上助焊剂。将电烙铁预热，用烙铁头蘸取适量焊锡，接触焊点，待导线上的焊锡熔化并浸入导线后，电烙铁头沿着导线的切线方向轻轻往上一提离开焊点，如图1-42所示。

正确　　　　错误　　　　　　导线焊接

图1-42　导线连接及电烙铁焊接方法

（2）常用拆装工具

1）螺钉旋具。螺钉旋具（又称螺丝刀）用于螺钉的拆卸和紧固，根据端头的形状主要分一字和十字两种类型。

螺钉旋具规格：一字螺钉旋具的型号表示为刀头宽度×刀杆长度。例如$2 \times 75mm$，则表示刀头宽度为$2mm$，杆长为$75mm$，如图1-43所示。

2）扳手。扳手是一种常用的拆卸与安装工具，利用杠杆原理拧转螺栓、螺钉、螺母的手工工具。扳手有呆扳手、活扳手、棘轮扳手、T字扳手和内六角L形扳手等。使用时沿螺纹旋转方向在柄部施加外力，就能拧转螺栓或螺母。

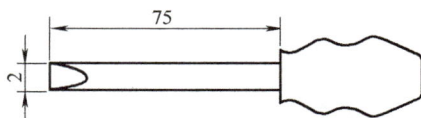

图1-43　$2 \times 75mm$一字螺钉旋具

3）套筒工具头。一种常用的拆卸与安装工具，需要与棘轮扳手或其他杆式扳手配合使用。

4）内饰拆卸工具。轿车的内饰件一般是指轿车车厢的隔板、门内装饰板、仪表板总成、扶手、地毯等零部件和材料，起到覆盖、减振、隔热、吸音、遮音、美观等功能，对轿车的舒适性起到十分重要的作用。由于车内电气部件被内饰件部分或全部覆盖，所以检查或更换有故障的电气部件时必须拆卸车内饰件。由于许多轿车的内饰件已经逐步使用 PP（聚丙烯）材料（一种工程热塑材料），拆卸过程中需采用专用的拆卸工具撬开内饰件，以保护其不受损伤。内饰拆卸工具如图 1-44 所示。

4. 废弃物的处理

废旧电池及导线应做回收处理，不能随便丢弃，特别是丢弃蓄电池将造成严重污染。

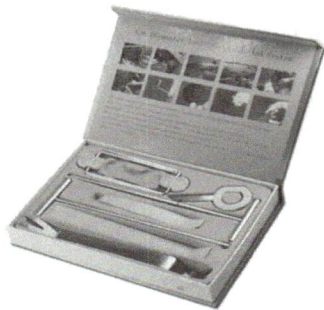

图 1-44　内饰件拆卸工具

5. 工作安全与防护

（1）作业须知

1）始终安全工作，严格遵守安全操作规章，防止伤害的发生。

2）正确使用机器或工具，防止由于机器或工具出现故障而造成事故。

（2）工作着装

1）工作服及安全鞋：工作时必须穿工作服及安全鞋，并应保持整洁。

2）工作手套：对于普通的维修工作并非必须戴手套。根据你要做的工作类型决定是否必须戴手套。

（3）维修车间一般操作规范

1）应始终保持工作场地干净整洁。

2）把工具或零件放置在工作架或工作台上，并养成良好的习惯。

3）不要在开关、配电盘或电动机等附近使用可燃物，以免因火花造成火灾。

4）按维修手册规范要求戴好护目镜。

5）操作旋转的工具或者工作在一个有旋转运动的地方时，不要戴手套。手套可能被旋转的物体卷入而伤及手。

6）用举升机升起车辆时，首先提升到轮胎稍微离开地面，然后轻轻压下车辆，确认车辆牢固地支撑在举升机上。升起后，应进行锁止。

（4）防火措施

1）应知道灭火器放在何处及如何使用。

2）不要在正在充电的蓄电池附近使用明火或产生火花，因为充电状态的蓄电池会产生氢气。

3）正确使用强电电气设备，如果发现电气设备有任何异常，立即关掉开关并报告。

4）如果电路中发生短路而造成意外火灾时，在进行灭火步骤之前首先关掉开关。

任务实施

1. 准备工作

1）工装穿着整洁，戴好工作手套。

2）准备好测试车辆。

3）准备好修理导线、继电器、电烙铁、焊锡、焊料、夹线钳、剥线钳、热缩管、胶带、端子拆卸工具、测试灯、万用表、测试电阻、试验开关和二极管。

2. 技术规范及标准

1）在规定时间内完成工作。

2）正确拆装相关功能元件。

3. 操作步骤

示　例　图	操作步骤及方法
1. 使用检测灯（笔）检查一个电路熔丝的状况	
	打开点火开关及相应电路开关，将检测灯夹子一端接地，笔尖一端分别触及两个测试点，如果其中一个测点灯亮，另一个不亮，说明熔丝内易熔锡导线熔断
2. 使用万用表检查一个电路熔丝的状况	
	将万用表选择 20V 档位量程，黑表笔一端接地，红表笔一端分别触及两个测试点，如果其中一个测点显示蓄电池电压，另一个显示为 0，则熔丝内易熔锡导线熔断
3. 分别使用检测灯和万用表检测继电器 30 端子的供电状况	
	将万用表选择 "V =" 档，黑表笔连接蓄电池负极，红表笔插入继电器 30 端子插孔内（插孔太小可接辅助测试导线），打开开关 12V：正常
4. 使用万用表检查蓄电池电压	
	1）空载（关闭所有用电设备）电压 2）带负荷（打开前照灯及最大出风）电压 记录数值
5. 使用万用表检查继电器线圈电阻	
	检查继电器导通性能 1）将万用表选择欧姆（200Ω）档，红黑表笔连接继电器线圈（85、86）两端，读出阻值 正常：60～90Ω 2）将万用表选择欧姆（或蜂鸣）档，红黑表笔连接继电器 30、87 端，85、86 端接蓄电池 0 或鸣响：正常

（续）

示　例　图	操作步骤及方法
6. 使用万用表测量电阻	
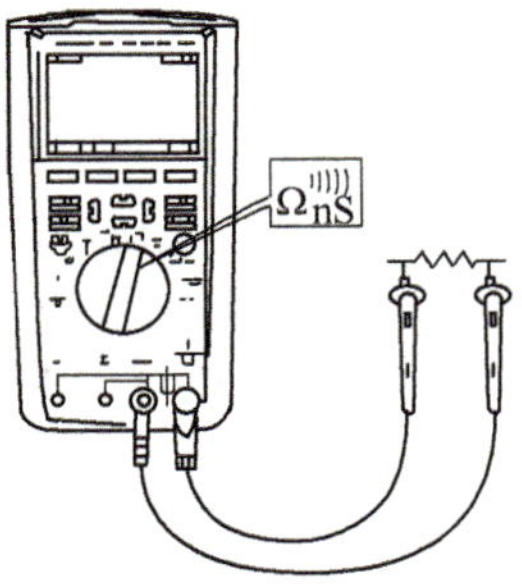	正确读出阻值
7. 使用万用表测量二极管，判断二极管好坏	
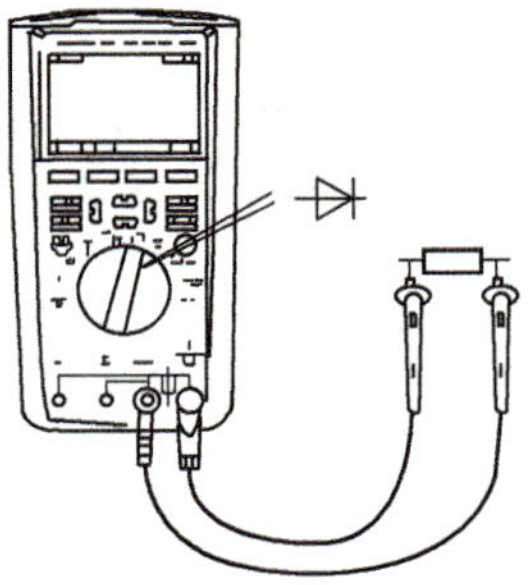	将万用表选择 ▷⊢ 档，将红黑表笔连接二极管两端正反各一次 一次数值很大（屏幕显示"1"或"OL"），一次很小（0.5～0.7V）：二极管良好 若正反两次均为"1"（或"OL"）；二极管损坏
8. 使用万用表测量试验开关导通情况	
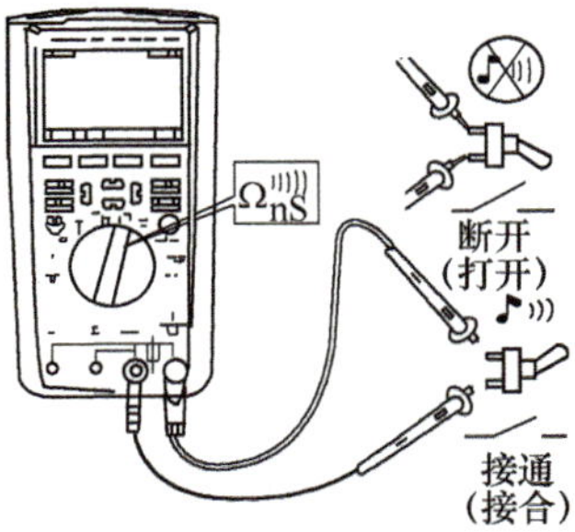	将万用表选择欧姆（或蜂鸣）档，红黑表笔分别连接开关两端，闭合开关 0 或鸣响：正常 提示：在电路测试前先断开电源
9. 导线修理	
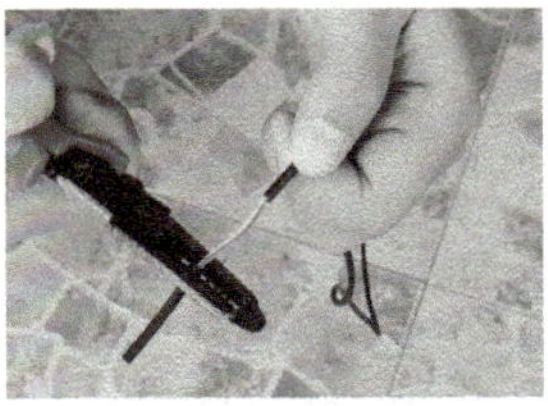 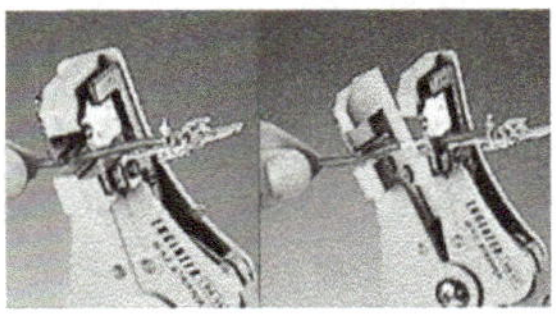	（1）练习使用剥线钳剥开导线绝缘塑料（图示为两种剥线方式） 1）根据缆线的粗细选择相应的剥线刀口 2）将准备好的电缆放在剥线工具的刀刃中间，选择好要剥线的长度 3）握住剥线工具手柄，将电缆夹住，缓缓用力使电缆外表皮慢慢剥落

（续）

示　例　图	操作步骤及方法
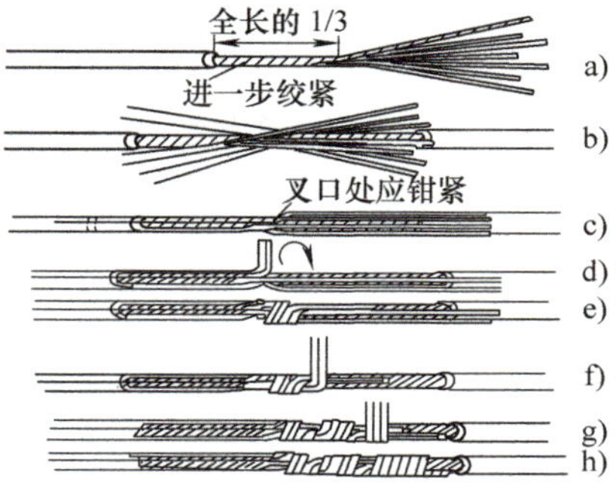	（2）连接导线 1）多股铜芯导线的直接连接
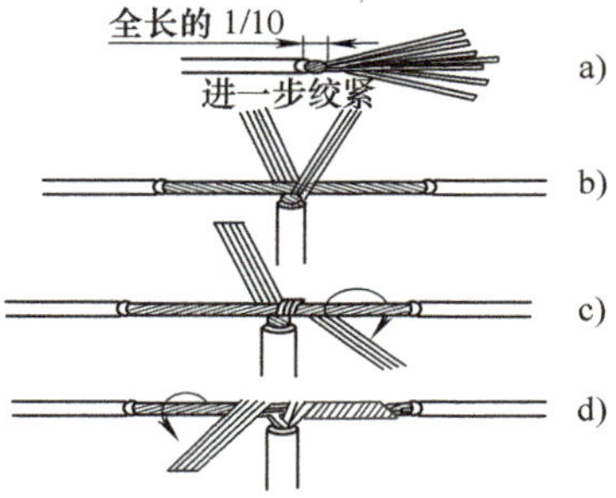	2）多股铜芯线的分支连接
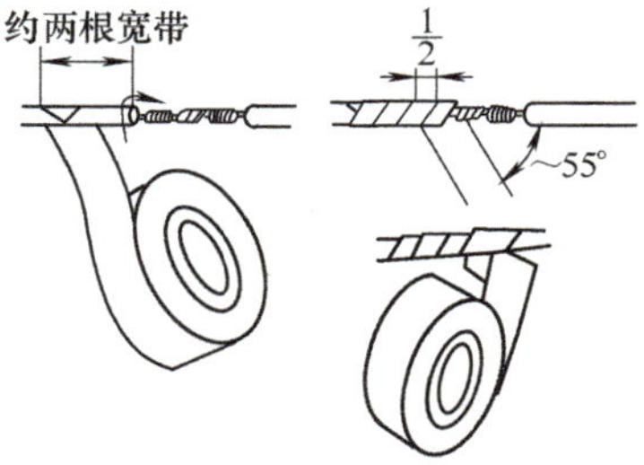	（3）包扎导线 1）用绝缘胶布包扎导线
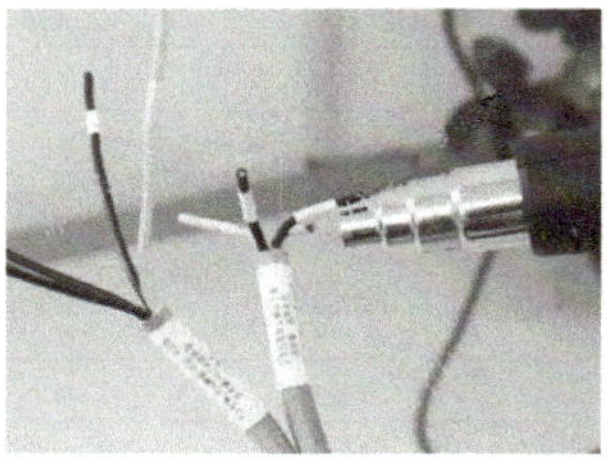	2）用热缩管包裹导线

10. 修理端子

 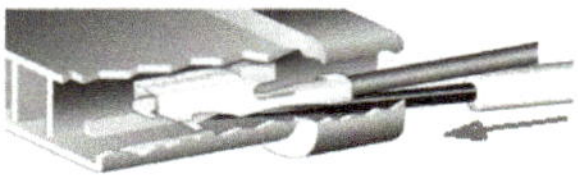	1）拆卸端子：将拆卸工具深入插接器端子孔内，将端子卡销压回，拔出端子

（续）

示　例　图	操作步骤及方法
	2）压接端子。用压线钳将导线压接在端子上
11. 焊接 	用电烙铁将导线焊牢在端子上 焊接时，让焊锡缓缓流入端子与导线连接的槽内
12. 车辆恢复 	整理清洁，填写检测评价记录

检测评价

质量检查		
项　　目	完成情况	解释说明
1）使用检测灯（笔）检查一个电路熔丝状况	是□　　否□	
2）使用万用表检查一个电路熔丝状况	是□　　否□	
3）正确使用检测灯和万用表检测继电器	是□　　否□	
4）使用万用表检查蓄电池电压、整车静态电流、普通电阻、继电器线圈电阻、二极管等并记录	是□　　否□	
5）完成导线修复	是□　　否□	
6）完成电烙铁端子焊接	是□　　否□	
7）完成工具整理，卫生清洁，填写检测评价记录	是□　　否□	
小组综合评价		
学生自我评价		
教师评价		

注：1. 每项工作完成后在"是"后面□内打√，未做或未完成在"否"后面□内打√。

2. 如果项目未做或未完成在"解释说明"中说明原因。

考核练习

一、理论知识

1. 对于普通的维修工作是否必须要戴手套。修理工小王说应根据你要做的工作类型决定是否戴手套；修理工小张认为无论在什么情况下工作时都必须戴手套。哪个人的说法正确？（　　）

A. 小王对　　　　　B. 小张对　　　　　C. 他们都对　　　　　D. 他们都不对

2. 使用万用表测量汽车电路上的电气元件，测量前被测元件应拆下或电路必须断电。（　　）

A. 正确　　　　　B. 错误

3. 万用表是主要用于测量_____等电气参数的仪表。现代汽车电路检测要求使用数字万用表是因为_____。

4. 汽车电路常用检修工具有哪些。

5. 简述电路断路检查方法。

二、实训操作

描述继电器检测方法。

三、社会实践

走访汽车销售服务公司（4S店）售后维修部门，向技术服务顾问了解以下内容。

1. 简述汽车售后维修服务流程。

2. 汽车修理电工应掌握哪些必要的知识和技能？

项目二

电源系统的结构与拆装

项 目 描 述

汽车电源系统由蓄电池（俗称电瓶）、发电机及相关电源电路构成。汽车电源系统的作用是完成发动机起动过程及向全车电气设备供电。图2-1为汽车电源系统供电原理示意框图。

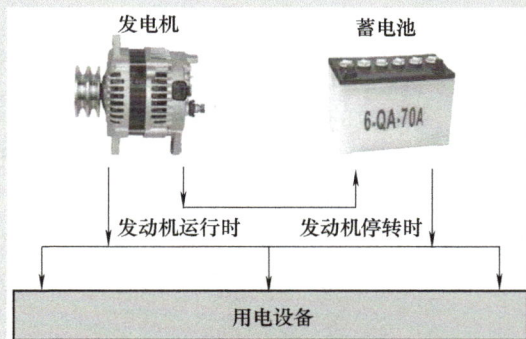

图2-1　汽车电源系统供电原理示意框图

本项目由三个任务模块构成，通过任务学习和实践你会学到汽车电源系统的相关知识以及如何正确维护及检修电源设备，并且懂得安全操作常识。

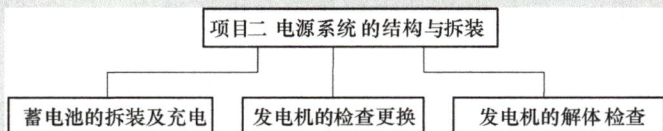

任务一　　蓄电池的拆装及充电

任务目标

1. 知识目标

1）了解蓄电池的作用及分类。

2）了解蓄电池的结构及充放电原理。

3）了解蓄电池的规格及使用。

2. 技能目标

1）能够独立完成蓄电池的基本检查及拆装。

2）能够独立完成对蓄电池的充电。

3）能正确判断蓄电池的技术状况。

任务描述

顾客报修： 起动机不能带动发动机运转起动。

接车检查： 车型：丰田卡罗拉轿车；出厂年份：2008 年。

任务说明： 起动机不能带动发动机运转起动，大多是由于蓄电池蓄电不足或电极桩处接触不良导致供电能力下降造成，因此必须定期对蓄电池进行维护。

知识储备

1. 蓄电池的作用

作为汽车上电源系统之一，蓄电池的主要作用有以下几点：

1）发动机起动时，提供起动机（一般可达 200～600A）和电控燃油喷射系统的用电。

2）汽车运行时，起到电气系统稳定器的作用。

3）当用电量超过发电机的输出时，在短时间内辅助提供电力输出。

4）发动机停止运行时向某些电气设备（如计算机信息存储、防盗系统和时钟等）提供微量用电。

2. 蓄电池的结构

蓄电池是将化学能转化为直流电能对外供电；经过充电可将电能转变为化学能储存起来继续应用的装置。

蓄电池按结构材料可分为铅酸蓄电池和碱性（镍、锂）蓄电池等；按使用方法可分为普通蓄电池、少维护蓄电池（图 2-2a）、免维护蓄电池（图 2-2b）和混合型蓄电池等。与碱性（镍、锂）电池相比，铅酸电池的主要优点是电压稳定、价格便宜；缺点是比能低（即每公斤蓄电池存储的电能）、使用寿命短和日常维护频繁。老式普通蓄电池一般寿命在 2年左右，而且需定期检查电解液的高度并添加蒸馏水。不过随着科技的发展，新型铅酸蓄电池的寿命变得更长而且维护也更简单了。现代燃料汽车上主要应用的是新型铅酸蓄电池。

普通蓄电池由正极板、负极板、隔板、电解液、电池盖板、加液孔塞、极板连接片和外壳等组成，如图 2-3 所示。

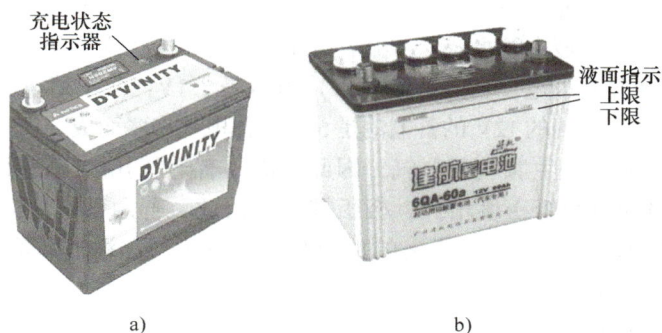

图 2-2　汽车铅酸蓄电池

a）少维护蓄电池　b）免维护蓄电池

（1）极板　负极板是由填满海绵状铅的铅合金基板格栅构成，正极板由填满二氧化铅的铅合金基板格栅构成（铅合金基板格栅由铅合金和约 5% 增加格栅强度的锑制成），如图 2-4 所示。正负极板浸泡在密度为 $1.26 \sim 1.28 g/cm^3$ 的电解液内，极板间形成 2.1V 的电势差。二氧化铅和海绵状铅被称为活性物质，电解质可以在极板间自由流动。

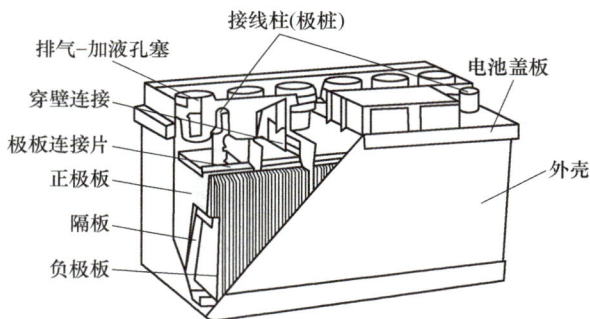

图 2-3　普通蓄电池组成结构

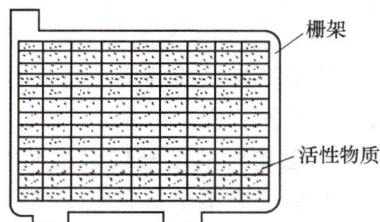

图 2-4　蓄电池极板

（2）电解液　汽车蓄电池中电解液是由 36% 的硫酸和 64% 的水组成的溶液，蓄电池中的电解液在首次使用前加到蓄电池里，加入后一般情况下不需要再加入电解液进行补充。

（3）接线柱　蓄电池有正极（+）和负极（-）两个接线柱，位于盖板上两端，在接线柱旁边有正负极符号标注，由于负极直接与车身连接，所以拆卸时为避免扳手与车身相碰短路，应先拆下负极，再拆正极；安装时顺序相反，还要注意电池极性不能接反，否则将造成汽车计算机等重要元件的损坏。

3. 蓄电池的工作原理

蓄电池的工作原理是：电池在放电时，正极板上的二氧化铅（PbO_2）和负极板上的铅（Pb）都将转变成硫酸铅（$PbSO_4$），电解液中的硫酸减少，相对密度下降，如图 2-5a 所示。充电是放电的逆过程，如图 2-5b 所示，当蓄电池接通直流电源（汽车发电机和蓄电池充电设

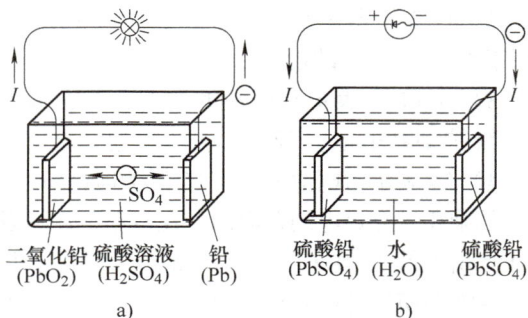

图 2-5　蓄电池的工作原理

a）放电过程　b）充电过程

备等）充电时，电解液中的水被电解，氢氧离子与正、负极板上的硫酸铅结合又将分别恢复为原来的二氧化铅和纯铅，电解液中的水减少，硫酸增加，相对密度增大。充足电后，电解液恢复原来密度。铅蓄电池能反复充放电，它的单体（格）电压是 2.1V，汽车蓄电池是由多个单体蓄电池构成的电池组，如汽车上用的 12V 的蓄电池是 6 个单体电池串联而成。

蓄电池在工作转换中产生氢气和氧气，因此，需要有透气孔放出气体，长时间使用电解液中的水将减少，将使电解液密度增大，极板裸露，因此，普通蓄电池应经常检查液面高度并及时补充水（蒸馏水）。蓄电池盖板上的加液孔塞就是排气和添加蒸馏水的元件。

4. 少维护蓄电池和免维护蓄电池

现在汽车上大部分安装的蓄电池属于少维护蓄电池和免维护蓄电池。少维护蓄电池锑的含量减少了，因此产生的气体有所减少，从而减少了水的补充次数。免维护蓄电池则由钙、锶或镉取代了锑，使蓄电池析气量更小并减小自放电。因此，免维护蓄电池除了留有一个不能使电解液和水蒸气排出的小通风孔之外，为全密封结构，无须补充水。

有些免维护蓄电池在内部设有一个指示荷电状况的相对密度计（蓄电池状态指示器，如图 2-2a 所示），它会根据电解液比重的变化而改变颜色。当比重计的指示器呈绿色时，表明荷电充足（约 65% 荷电），蓄电池正常；当指示器绿点很少或为黑色，表明蓄电池需要充电；当指示器显示淡黄色或透亮，表明蓄电池无法再充电，需要进行更换。如图 2-6 所示为两种不同的蓄电池状态指示器效果。

免维护蓄电池的优点是具有更强的起动性能、寿命长、免维护、安全可靠。

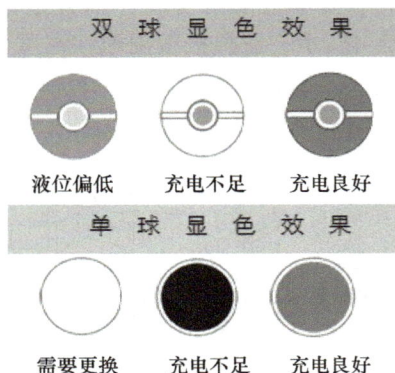

图 2-6　两种不同的蓄电池状态指示器效果

5. 蓄电池的型号规格及维护

汽车用铅蓄电池的型号都是按照一定标准来标明的，由于国内市场上使用的蓄电池是由不同的国家生产的，故蓄电池型号主要是按照我国国家标准以及日本标准、德国标准和美国标准等规定的。

我国的蓄电池国家标准以型号为 6—QAW—54a 的蓄电池为例来说明，蓄电池型号组成划分如下：

单体（格）电池数 — 电池用途及类型 — 额定容量 — 特殊性能

1）6 表示由 6 个单格电池组成，每个单格电池电压为 2V，即额定电压为 12V。

2）Q 表示蓄电池的用途，Q 为汽车起动用蓄电池，这种蓄电池具有短时间提供大电流（用于汽车起动）的能力。

3）A 和 W 表示蓄电池的类型，A 表示干荷电型蓄电池，W 表示免维护型蓄电池，S 表示少维护型蓄电池，若不标表示普通型蓄电池。

4）54 表示蓄电池的额定容量为 54A·h。额定容量表示蓄电池储存容量的大小，等于电流与时间的乘积。充足电的蓄电池，在常温下连续以 20h 放电率输出稳定电流达 20h（小时），而电池电压降落不低于 10.5V（单格电池电压降落不低于 1.75V）时，蓄电池对外输出的电量。

例如额定容量 54A·h 的蓄电池应以 54A/20 = 2.7A 稳定电流输出，在蓄电池端电压达到 10.5V 前，输出时间至少 20h。

5）额定容量后角标 a 表示对原产品的第一次改进，加角标 b 表示第二次改进，依次类推。

6) 型号后加 D 表示低温起动性能好,如 6—QA—110D。

6. 蓄电池的常见故障及表现形式

(1) 极板硫化 极板硫化是在极板表面形成硫酸铅结晶颗粒现象。主要是蓄电池长时间不用或电解液液面过低等因素造成,硫化的蓄电池充电能力严重受限,硫化较轻可以通过小电流起始进行较长时间充电使其恢复功能,严重将无法继续使用。

(2) 放电

1) 自行放电。蓄电池在空载状态下,电量自行减少的现象(俗称"漏电")。铅锑合金的普通和少维护蓄电池由于自身特性及其他因素自行放电要远大于免维护蓄电池。因此要定期检查充电。

2) 其他放电。用电器故障引起的放电;接地电缆腐蚀或松动引起的消耗放电;充电电压过低引起的放电等。

(3) 其他损坏 蓄电池外部损坏及内部活性物质脱落、连接条断裂造成短路等。

蓄电池故障的结果就是放电能力下降,表现形式有起动时起动机转速变慢甚至不能起动、在发动机不工作状态下开启前照灯灯光暗淡、喇叭声音减弱等。

7. 蓄电池的使用维护

(1) 日常维护

1) 电解液液面应始终保持在 MAX 和 MIN 之间,每月检查一次,并视液面下降情况,适当补充蒸馏水(纯水),切勿加酸。

2) 当蓄电池的电压不足且灯光暗淡、起动无力时,应及时进行车外充电。

3) 防止蓄电池过充电或长期亏电,过充会使活性物质脱落,亏电会使极板硫化。

4) 使用过程中,应经常检查排气孔是否畅通。

5) 蓄电池充电时应在通风良好的场所进行。

6) 防止蓄电池长时间大电流放电,每次起动发动机时间不能大于 5s,再次起动最好间隔 10 ~ 15s 进行。

7) 蓄电池在汽车上安装要牢固,减轻振动。

8) 经常检查蓄电池接线柱连接卡子是否牢固,必须保持接触良好。电池卡子产生的氧化物和硫酸盐必须清除,并涂以凡士林或黄油,以防再锈蚀。

9) 经常清除蓄电池盖上的灰尘污物及溢出的电解液,保持清洁干燥,防止自放电。

(2) 蓄电池检测

1) 检查电解液位。通过壳体明暗交界面观察电解液液面是否位于上限(MAX)和下限(MIN)之间,低于下限应添加蒸馏水(勿添加电解液)。

2) 检查电解液密度。对于普通蓄电池和少维护蓄电池,可以通过检查电解液密度的方法检查蓄电池充电状况,如图 2-7 所示。定期用密度检测计在 25℃ 状态下检测电解液密度。

① 1.26 ~ 1.28g/cm³ 满电。

② 1.20 ~ 1.24g/cm³ 一半电量。

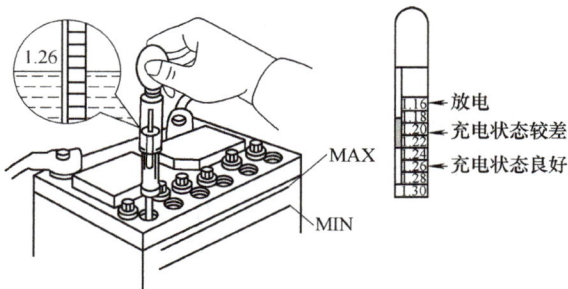

图 2-7 用密度计检查电解液密度

③ <1.16g/cm³严重放电。

注：检查所有单格电解液密度应都相同且在正常范围内。

3）免维护蓄电池可以通过指示器进行观察，也可以用检测仪进行检查。

（3）蓄电池充电　蓄电池充电按方式分一般有定流充电和定压充电；按充电速度分有慢速充电（正常充电）、快速充电、维护性充电（1mA/A·h 小电流长时间充电）等。

1）定流充电。在正常充电电压下选择恒定充电电流充电的方式。可以按时间要求选择充电速度，定流充电期间需要经常检查充电状态，充到蓄电池"沸腾"后不久（电解液密度达最高值不变时）结束充电，否则将造成过充电。定流充电的优点是充电彻底，但不适合于免维护蓄电池。

2）定压充电。以恒定的电压充电的充电方式。充电过程中随着电池充满，充电电流逐渐减小趋于零。定压充电优点是短时间内（4～5h）蓄电池就可获得大部分电量（>90%），且适合于各种蓄电池充电，缺点是不能达到满充（100%），也不适合蓄电池去硫挽救。如图2-8所示为适合修理厂用的充电设备。

3）充电速度。正常充电：充电电流选择在额定容量的10%（例54A·h蓄电池充电电流5.4A）。快速充电：充电电流选择在正常充电电流值的5～8倍。快速充电时间短，但不利于蓄电池保护（充电时间应少于2h）。

4）蓄电池充电电压。标准蓄电池的充电电压为14.4V；免维护蓄电池的充电电压为13.8V。

图2-8　修理厂用的充电设备

例：免维护蓄电池的充电方法（车上充电）

① 关闭充电机。

② 确保所有蓄电池端子清洁和连接牢固。将充电器正极夹子连接到蓄电池正极端子。

③ 将充电器负极夹子连接至一个牢固的发动机搭铁或者发动机舱内的一个连接至蓄电池负极的搭铁柱（远离蓄电池）。

④ 打开充电机并且设置正常充电的最高值（起动蓄电池充电机后，每半小时检查一次蓄电池）。

技术提示：1）对蓄电池充电直至液体比重计中的绿点可见，或恒压变流式充电器显示蓄电池充满，视何种情况先出现为结束标志。

2）触摸蓄电池侧面，估计蓄电池的温度。如果触摸起来感觉太热或温度超过45℃中止充电，待蓄电池冷却后再继续充电。

3）充电后对蓄电池进行测试。

任务实施

1. 准备工作

1）工装穿着整洁，戴好工作手套。

2）车辆进入工位并可靠停驻，检查变速杆位于空档位（自动变速器位于"P"位）。

3）打开发动机舱盖，铺好发动机舱周围车身及驾驶人座位防护套。

4）准备好工具器材和检测设备，工具器材和设备见表2-1。

表 2-1　工具器材和设备

名　称	规格或型号
汽车专用万用表	数字型
组合工具箱	图 2-9
起动/充电设备	定压变流充电机

图 2-9　组合工具箱（参考）

5）准备好相关维修信息资料并预习。在维修车辆（本次任务示例轿车为丰田卡罗拉轿车）的维修手册或已打印好的在电子版车辆维修手册中查询到的蓄电池相关维修信息。

2. 技术规范及标准

1）在规定时间内完成工作。

2）正确拆装蓄电池并完成充电操作。

3）充电后发动机起动应正常。

3. 操作步骤

示　例　图	操作步骤及方法
1. 蓄电池状态直观检查	
	1）带状态指示器检查： 绿色：正常 黑色（或白色）：必须充电 黄色（或呈透明）：电解液不足 　　提示：呈黄色时，先轻敲液体比重计以逐出气泡，气泡会导致错误显示
	2）检查端子连接 用手分别顺时针旋转蓄电池正负极电缆插接器（卡子），检查是否松动 用扳手检查插接器紧固螺母的紧固情况
	3）万用表检查 ① 空载：关闭点火开关及所有用电设备，12.6V 正常；小于 12.5V 则说明存电不足 ② 带负荷：打开前照灯及鼓风机，不起动发动机，小于 11.3V，缺电严重

（续）

示 例 图	操作步骤及方法
2. 蓄电池车上充电	
	点火开关关闭 充电方法见"'知识储备'充电方法例"
3. 蓄电池的更换及车下充电	
	1）拆卸蓄电池负极插接器 2）拆卸蓄电池正极插接器 3）检查插接器金属接触环内侧是否有锈蚀情况 提示：蓄电池拆卸前关闭所有用电设备
	4）拆卸蓄电池固定夹板
	5）从托架上取下蓄电池 注意：应平端，不能倾斜过大
	6）准备好充电设备 7）将充电电缆正极与蓄电池正极连接；负极与蓄电池负极连接 提示：如果是少维护蓄电池，应将加液孔盖取下，检查电解液高度并添加至上限。充电时应经常检查并在沸腾后检查蓄电池电压，达规定值后结束
	8）选取好档位，打开开关，观察充电电压为13.8～14.4V，电流表应摆动一定值 9）当电流表指针回到0点，用万用表检查端电压应大于14.4V 提示：蓄电池尽量选小电流充电，正常的蓄电池充电时间一般在6～10h，平均8h左右

（续）

示　例　图	操作步骤及方法
	10）安装：按照拆卸相反顺序安装 注意：安装时先安正极线夹，再安负极电缆线夹，紧固螺栓后用手旋动夹子应紧固。在极桩与连接线夹上涂上凡士林或黄油
4. 维修后检查	
	1）起动车辆，检查车辆起动情况 2）清洁蓄电池表面
5. 车辆恢复	整理清洁，填写检测评价记录

检测评价

质　量　检　测		
项　　目	完　成　情　况	解　释　说　明
1）进行蓄电池状态直观检查	是□　　否□	
2）按要求进行蓄电池万用表检查	是□　　否□	
3）正确拆卸蓄电池负极和正极并完成安装	是□　　否□	
4）正确从托架上取下蓄电池	是□　　否□	
5）按规定完成蓄电池的充电	是□　　否□	
6）进行蓄电池充电后的检测	是□　　否□	
7）对蓄电池极桩进行维护	是□　　否□	
8）完成起动车辆，检查车辆起动情况	是□　　否□	
9）完成车辆恢复，工具整理，卫生清洁，填写检测评价记录	是□　　否□	
小组综合评价		
学生自我评价		
教师评价		

注：1. 每项工作完成后在"是"后面□内打√，未做或未完成在"否"后面□内打√。

　　2. 如果项目未做或未完成在"解释说明"中说明原因。

考核练习

一、理论知识

1. 对于现代汽车上使用的免维护蓄电池，修理工小王认为免维护蓄电池的优点就是无论什么情况下都无须对其进行检查维护；修理工小张认为即使是免维护蓄电池在长时间不使用的情况下也应定期检查蓄电池的充电情况。哪个人的说法正确？（   ）

A. 小王对   B. 小张对   C. 他们都对   D. 他们都不对

2. 一个充足电的蓄电池正负两端电压（在不对外供电时）应不低于 12.6V。（   ）

A. 正确   B. 错误

3. 蓄电池正、负极板分别由_____和_____构成；电解液由_____构成。

4. 简述免维护蓄电池上充电状态指示器不同颜色的含义。

二、实训操作

1. 简述蓄电池车上拆装方法。

2. 简述蓄电池的充电方法。

拓展与提高

1. 新型蓄电池

未来随着石油能源的日益减少，世界各国都在大力发展替代石油燃料的新能源汽车，例如油电混合动力汽车、纯电动汽车等，无论使用何种技术的汽车，关键是动力能源——汽车蓄电池的发展。世界各国都在研发可满足整车要求的、可靠性高的蓄电池。目前应用于电动汽车（混合动力汽车、纯电动汽车、插电式混合动力汽车、燃料电池汽车）的蓄电池除了铅酸蓄电池，还有镍氢蓄电池、锂离子蓄电池。铅酸蓄电池由于能量密度、功率密度、循环寿命低且有污染，只在低速电动车上应用。镍氢蓄电池技术成熟，已批量应用于混合动力轿车和混合动力客车上。但由于其能量密度、功率密度、循环寿命等性能仍然不能长期满足电动汽车，主要是纯电动汽车和混合动力汽车的要求。相比而言，锂离子蓄电池在能量密度、功率密度和循环寿命等方面具有突出的优势，随着技术的逐渐发展，锂离子蓄电池在逐渐取代镍氢蓄电池，成为电动汽车用动力蓄电池的主流。

锂离子蓄电池是通过涂布在电极上的活性材料存储和释放锂离子，即通过锂离子在电极活性材料上的脱嵌来存储电能，如图 2-10 所示。新型锂离子动力蓄电池是面向下一代纯电动汽车动力的方向。

2. 燃料电池

燃料电池直接将燃料的化学能转变为电能，能量转变效率高，比能量和比功率都高，并且可以控制反应过程，能量转化过程可以连续进行，因此是理想的汽车用电池，现在还处于试验阶段，一些关键技术还未成熟。

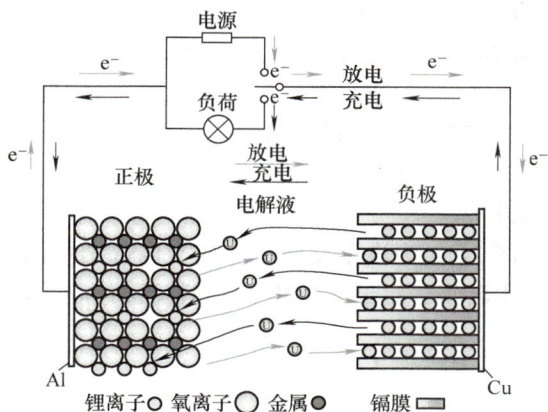

图 2-10 锂离子电池工作原理图

任务二 发电机的检查更换

任务目标

1. 知识目标

1）了解汽车发电机的作用及工作原理。

2）了解汽车发电机的组成部件。

3）了解发电机电压调节器的工作原理。

2. 技能目标

1）学会发电机车上检查方法。

2）能够独立完成发电机就车更换。

任务描述

顾客报修：顾客私家车的蓄电池必须经常拆下充电。

接车检查：车型：丰田卡罗拉轿车；出厂年份：2008 年；检查内容：发电机及其驱动带。

任务说明：发电机是汽车上重要的电气设备，担负全车供电任务并为蓄电池补充电能。

知识储备

汽车发电机担负车辆运行过程中为全车电气设备供电的任务，并且为蓄电池补充起动时消耗的电能。现代汽车发电机都采用交流发电机，通过整流元件将交流电变为直流电对外输出，因此也称硅整流发电机。

1. 发电机的工作原理

发电机是利用电磁感应原理将机械能转化为电能。

电磁感应原理：如果导体与其周围的磁场之间发生运动，导体两端便会产生电压（电动势）。如果导体构成回路就会形成电流，如图 2-11 所示。当位于磁场中的线框旋转一周时，由于线框经过的磁极不同，磁场强度也不同，因此线框内的电压（或电流）就会大小、方向改变一回（正、负两个半波），形成交变电压（或电流）即交流电。

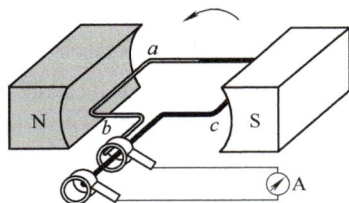

2. 汽车发电机的组成

汽车发电机是将发动机的一部分机械能转化为电能的电气设备。

图 2-12 为汽车发电机总成及内部结构图。普通交流发电机由转子、定子（电枢）、硅整流器、电刷组件、端盖、带轮和风扇等部件组成。

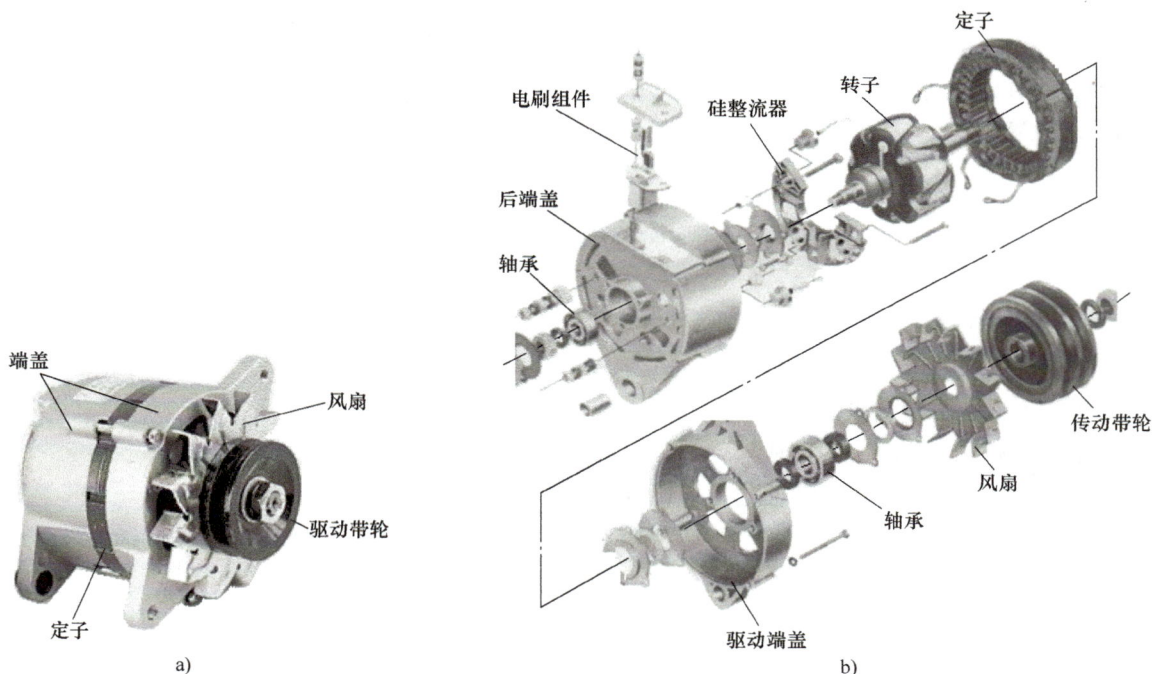

图 2-11　交流发电机的原理

图 2-12　汽车发电机总成及内部结构图

（1）转子　转子的作用是产生运动的磁场。转子由爪极、磁轭、磁场绕组、集电环和转子轴组成，如图 2-13 所示。转子轴上压装着两块爪极，两块爪极各有六个鸟嘴形磁极，爪极空腔内装有磁场绕组和磁轭。集电环由两个彼此绝缘的铜环组成，集电环压装在转子轴上并与轴绝缘，两个集电环分别与磁场绕组的两端相连。当两集电环通入直流电时（通过电刷），磁场绕组中就有电流通过，并产生轴向磁通，使爪极一块被磁化为 N 极，另一块被磁化为 S 极，从而形成六对相互交错的磁极。当转子转动时，就形成了旋转的磁场。

（2）定子　定子的作用是产生三相交流电压（电动势）。定子由定子铁心和定子绕组组成。定子铁心由内圈带槽的硅钢片叠成，定子绕组的高强度漆包线导线就嵌放在铁心的槽中。定子绕组是由三相对称且匝数相同的漆包铜线缠绕而成，三相绕组采用星形连接或三角形连接，如图 2-14 所示。星形连接在低转速下便产生相对较高的电压，所以大部分汽车发电机采用这种接法。

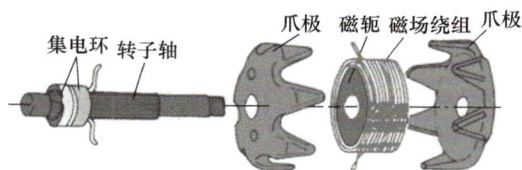

图 2-13　转子分解图

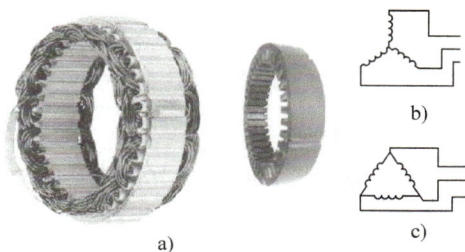

图 2-14　定子、定子铁心及定子绕组连接方式
a) 三相绕组　b) 星形接法　c) 三角形接法

（3）硅整流器　交流发电机整流器的作用是将定子绕组产生的三相交流电变为直流电。普通的 6 管交流发电机的整流器是由 6 只硅整流二极管和散热板组成的整流电路。6 只整流管分别压装（或焊装）在两块散热铝板上，如图 2-15 所示。

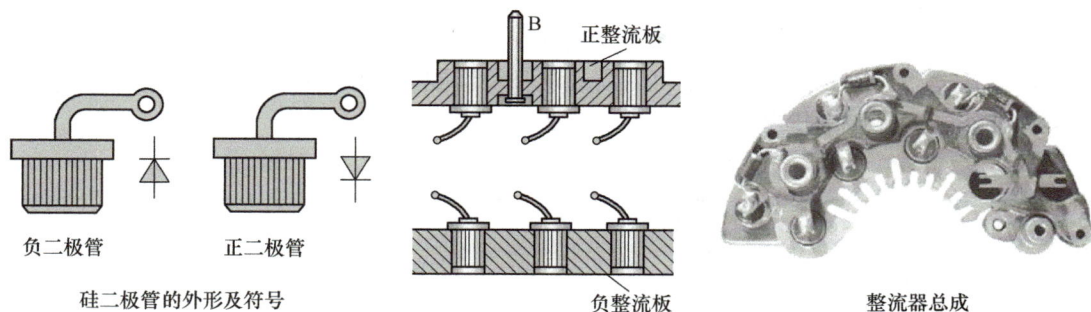

负二极管　　　正二极管

硅二极管的外形及符号　　　负整流板　　　整流器总成

图 2-15　整流二极管及整流器总成

汽车发电机用硅整流二极管的特点：工作电流大，反向耐压高；只有一根引线。整流二极管有正二极管和负二极管之分，引出线为正极的管子叫正二极管，引出线为负极的管子叫负二极管。

正二极管安装在一块铝制散热板上，组成发电机正极，由固定散热板的螺栓伸出发电机壳外，成为发电机电压输出接线柱（＋）。负二极管安装在另一块铝制散热板上，组成发电机负极（－），也可用发电机后盖代替负极板。

（4）电刷组件（图 2-16）　电刷是将外部电流通过与之接触的集电环引入转子绕组产生

磁场。电刷又称碳刷，是在石墨（碳）中渗入铜及少量锡、铅等金属粉末混合制成。石墨具有良好的导电性，质地软而且耐磨。电刷有外装式（拆装在发电机外部进行，如图2-16a所示）和内装式（安装在发电机内部，必须解体发电机进行拆装，如图2-16b所示）。

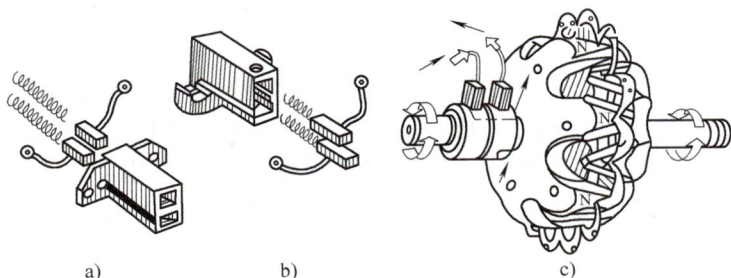

图2-16 电刷组件及与转子绕组连接示意图
a）外装式 b）内装式 c）转子绕组连接

（5）其他元件

1）端盖：分两部分（前端盖和后端盖），起支承转子、固定定子、整流器和电刷组件的作用。

2）带轮和风扇：带轮是通过传动带将发动机的一部分动力（机械能）传给转子轴。利用半圆键与转子轴连接，再用螺母紧固。风扇的作用是带走发电机绕组工作中产生的热量，为发电机散热。

任务实施

1. 准备工作

1）工装穿着整洁，戴好工作手套。

2）车辆进入工位并可靠停驻，检查变速杆位于空档位（自动变速器位于"P"位）。

3）打开发动机舱盖，铺好发动机舱周围车身及驾驶人座位防护套。

4）准备好工具器材和检测设备，见表2-2。

表2-2 需准备的工具器材及设备

名　称	规格或型号	名　称	规格或型号
汽车专用万用表	数字型	扭力扳手	
同步带张紧检查器		组合工具箱	

5）准备好相关维修信息资料并预习。待维修车辆（本任务示例轿车丰田卡罗拉2011年）的维修手册或已打印好的在电子版车辆维修手册中查询到的充电系统相关的维修信息。

2. 技术规范及标准

1）在规定时间内完成工作。

2）按维修规范完成发电机总成的更换工作。

3）更换后发电机总成应工作正常。

3. 操作步骤

示　例　图	操作步骤及方法
1. 检查多契带	
	检查同步带有无磨损、破裂或其他损坏痕迹 如果以下任何损坏，则更换多契带 1）同步带破裂 2）同步带磨损至露出线束 3）同步带棱缺损严重
2. 发电机发电状态的检查	
	1）不带负载 ① 从发电机端子 B 上断开配线，并将其连接到电流表的负极（－）引线上 ② 将电流表的正极（＋）引线连接至发电机的端子 B ③ 将电压表的正极（＋）引线连接至蓄电池的正极（＋）端子 ④ 将电压表负极（－）引线搭铁 将发动机转速保持在 2000r/min，检查电流表和电压表的读数 标准电流：10A 或更小 标准电压：13.2～14.8V 如结果不符合规定，则维修或更换发电机 提示：如果蓄电池没有充满电，则电流表读数有时会大于标准安培数
	2）带负载 ① 保持发动机转速在 2000r/min，打开远光前照灯并将鼓风机开关转至 HI 位置 ② 检查电流表的读数 标准电流：30A 或更大 如果电流表读数小于标准安培数，则维修或更换发电机 提示：如果蓄电池已充满电，则电流表读数有时会小于标准电流。在此情况下，运行刮水器电动机和车窗除雾器以增加负载，然后再检查充电电路
3. 发电机总成的更换	
	1）拆卸发电机总成 ① 断开电池负极端子电缆 ② 拆卸发动机后部右侧底罩 ③ 拆卸散热器上导流板 ④ 拆下 6 个卡子和散热器上导流板

（续）

示 例 图	操作步骤及方法
	⑤ 拆下气缸盖罩 用手适当向上用力，断开气缸盖罩上卡爪与气缸盖的连接，拆下气缸盖罩
	⑥ 拆卸多楔带 松开 A、B、C、D 螺栓，将发电机推向发动机，用手将多楔带从发电机带轮上拆下
	⑦ 拆下端子盖 ⑧ 拆下螺母并从端子 B 上断开线束 ⑨ 断开插接器和线束卡夹
	⑩ 拆下两个螺栓和发电机总成
	2）安装发电机总成 按相反顺序安装 ① 线束卡夹支架螺栓转矩：8.4N·m ② 用两个螺栓暂时安装发电机总成 ③ 用螺母将线束安装到端子 B 并安装端子盖，转矩：9.8N·m

（续）

示 例 图	操作步骤及方法
	④ 调节多楔带 a. 转动螺栓 C，以调节多楔带的张紧度 b. 紧固螺栓 A 和 B 转矩：螺栓 A　19N·m 　　　螺栓 B　43N·m 提示：确认螺栓 D 没有松动
正确　　　错误 	⑤ 检查并确认同步带正确安装在楔形槽中 提示：用手检查，以确认同步带没有从带轮底部的凹槽中滑脱，如果已经滑脱，则更换多楔带。正确安装新多楔带
	⑥ 安装新带后，运转发动机约 5min，重新检查同步带张紧度，检查多楔带的偏移和张紧度 提示：a. 检查多楔带偏移时，向其施加 98N 的张紧力 　　　b. 发动机转动 2 圈后，应检查多楔带张紧度和偏移
	3）按拆卸相反顺序安装相关附件 ① 安装 2 号气缸盖罩 ② 安装散热器上导流板 ③ 安装发动机后部右侧底罩 ④ 将电缆连接到蓄电池负极端子
4. 检查发电机发电情况	
	起动发动机，检查发电机的发电情况（按带负载规范要求检查）
5. 车辆恢复	整理清洁，填写检测评价记录

检测评价

质量检测		
项　　目	完成情况	解释说明
1）检查多楔带并记录	是□　　　否□	
2）进行发电机发电状态（性能）检测：带负载	是□　　　否□	
3）进行发电机发电状态（性能）检测：不带负载	是□　　　否□	
4）正确进行发电机附件的拆卸	是□　　　否□	
5）正确进行多楔带的拆卸	是□　　　否□	
6）正确进行发电机车上拆卸及安装	是□　　　否□	
7）正确进行多楔带安装及检查	是□　　　否□	
8）完成附件安装	是□　　　否□	
9）进行维修后发电机复检，车辆整理，工具整理，卫生清洁，填写检测评价记录	是□　　　否□	
小组综合评价		
学生自我评价		
教师评价		

注：1. 每项工作完成后在"是"后面□内打√，未做或未完成在"否"后面□内打√。
　　2. 如果项目未做或未完成在"解释说明"中说明原因。

考核练习

一、理论知识

1. 对于汽车发电机的构成，修理工小王说定子的作用就是产生三相交流电；修理工小张说硅整流器的作用是将交流电变换为直流电。哪个人的说法正确？（　　　）

A. 小王对　　　　　B. 小张对　　　　　C. 他们都对　　　　　D. 他们都不对

2. 汽车发电机的作用是为全车电气设备供电，并且为蓄电池补充起动时消耗的电能。
（　　　）

A. 正确　　　　　B. 错误

3. 发电机是利用＿＿＿＿＿＿＿原理将＿＿＿＿＿转化为电能。

4. 简述汽车普通交流发电机的组成。

二、实训操作

简述发电机传动带（多楔带）的安装及调整方法。

任务三　发电机的解体检查

任务目标

1. 知识目标

1）了解汽车发电机的工作原理。

2）了解汽车发电机的类型规格。

3）了解充电指示灯的作用及工作原理。

2. 技能目标

1）能对发电机进行总成解体装复。

2）会对发电机相关元件进行检查测量。

任务描述

顾客报修：发电机运行后，仪表盘充电指示灯不熄灭。

接车检查：车型：丰田卡罗拉轿车；出厂年份：2011 年；检查结果：发电机不发电。

任务说明：充电指示灯是为驾驶人提供发电机是否正常工作的重要指示元件，充电指示灯不熄灭表明发电机或相关电路有故障。

知识储备

1. 汽车发电机的工作原理

（1）发电　如图 2-17 所示，当外部电流通过电刷进入磁场绕组时，根据前述发电机原理，发电机将产生交流电压。由于定子绕组有三个，所以将产生幅值相等、频率相同、变化一样但彼此相位（电压随时间的大小和方向变化）相差120°的三相交变电压（或电流），如图 2-18 所示。

51

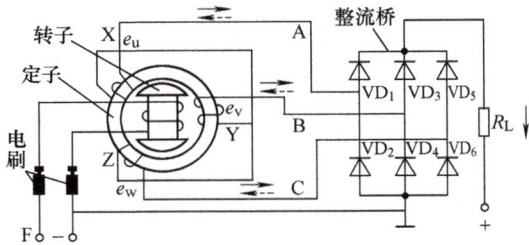

图 2-17　汽车发电机的工作原理图（星形接法）

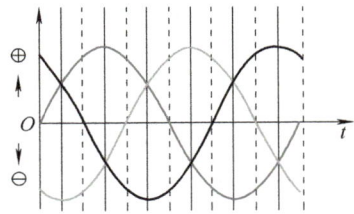

图 2-18　三相交流电波形

（2）交流变直流　整流器中 6 只硅整流二极管组成图 2-17 所示的桥式整流电路，与定子绕组构成特殊的电路。从图 2-18 得知三个绕组电流方向始终为两正一负（或为两负一正），由此可见三相绕组始终形成两入一出或一入两出的输出电流通道，由于二极管的单向导通作用，使得电流均通过正极侧和负极侧二极管及三个绕组形成单向流通的直流电。将这些电压半波的正和负包络曲线叠加，就使负载两端得到一个经整流的比较平稳的脉动发电机输出电压，如图 2-19 所示。

2. 电压调节器

由于交流发电机的发电电压随转子转速增加而增大，转子是由发动机通过同步带驱动旋转的，且发动机和交流发电机的速比为 1:1.7 ~ 1:3，因此交流发电机转子的转速变化范围非常大，这样将引起发电机的输出电压发生较大变化。当发动机高速运转时，过高电压导致蓄电池过充电、用电器烧坏、熔丝熔断、车载电脑损坏等。因此发电机必须配有电压调节器。

电压调节器的作用是限制发电机发出的电压不随发动机转速增加而增大，一般调节范围为 13.5 ~ 14.5V（现代汽车采用电子调节器调节电压约为 14.1V）。

电压调节器主要有晶体管式和集成电路式，如图 2-20 所示。

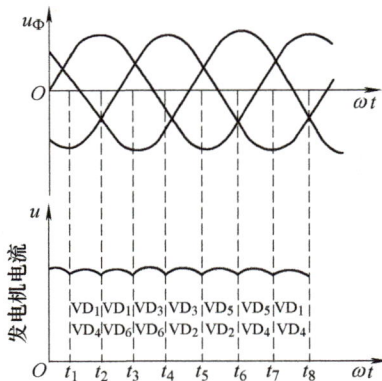

图 2-19　交流变直流波形

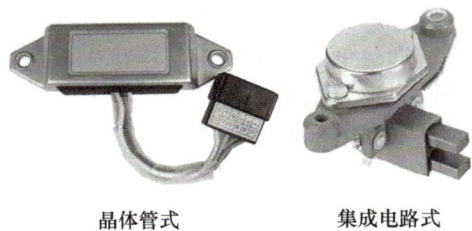

晶体管式　　　　集成电路式

图 2-20　晶体管式和集成电路式电压调节器

电压调节器的调节原理是通过接通和断开流向转子绕组的电流来控制发电机的输出。如图 2-21 所示，发动机开始运转后，由蓄电池经点火开关（SW）向磁场绕组供电产生磁场；当发电机发电后，发电电压高于蓄电池电压时开始由发电机向自身磁场绕组供电，此时集成电路调节器电子控制电路控制大功率晶体管 VT_1（达林顿管）保持磁场绕组搭铁回路接通状态；当发动机转速增大，发电机发电电压升高到限定电压时，调节器电子控制电路控制大功

率晶体管 VT_1 断开磁场绕组搭铁回路，磁场减弱，发电电压回落；当低于下限时电子控制电路再接通晶体管 VT_1 磁场绕组搭铁回路。这样发电电压保持在一个很窄的波动范围内。

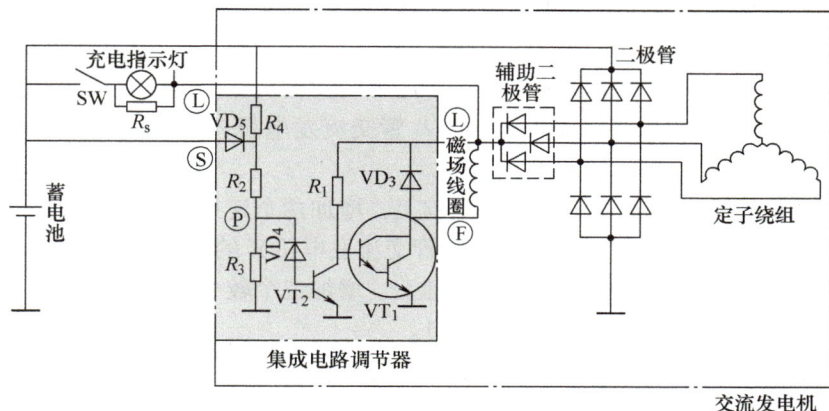

图 2-21　集成电路式电压调节器

　　晶体管式调节器一般安装在车身上，通过导线与发电机连接，主要应用在普通汽车上；集成电路式调节器体积小，可以安装在发电机内，这种发电机称为整体式发电机，在轿车等现代汽车上广泛应用。

3. 汽车发电机的类型、规格及使用

（1）汽车发电机的类型

1）按总体结构分有普通交流发电机、整体式交流发电机、带泵交流发电机和无刷交流发电机。

① 普通交流发电机。无内装电压调节器，有六只整流二极管的交流发电机。主要应用于普通汽车。

② 整体式交流发电机。内装电压调节器，有多于六只整流二极管的交流发电机。在轿车上广泛应用。图 2-22 为桑塔纳轿车整体式交流发电机分解示意图。

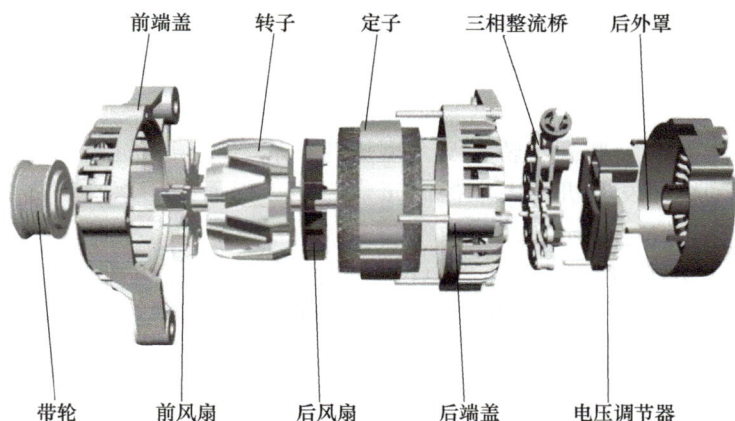

图 2-22　桑塔纳轿车整体式交流发电机分解示意图

③ 带泵交流发电机。发电机后端附带由转子轴驱动的真空泵，产生的真空负压主要用

于汽车制动系统真空辅助助力，主要应用于大型柴油机汽车上。

④ 无刷交流发电机。没有电刷和集电环，所以不会因为电刷和集电环的磨损和接触不良造成励磁不稳定或发电机不发电等故障；同时工作时无火花，也减小了无线电干扰。无刷发电机按结构性能分爪极式、励磁式、永磁式和感应式（凸极式）。无刷交流发电机的缺点是发电要求转速高，且单位质量所发出的功率比带刷发电机低。

2）按整流器结构分有六管交流发电机、八管交流发电机、九管交流发电机和十一管交流发电机。

八管交流发电机是在六管交流发电机基础上，增加两个连接定子三相绕组星形连接中心点的整流二极管。可以增加约15%（相比六管交流发电机）的输出功率。

九管交流发电机是在六管交流发电机基础上，增加三个较小功率的晶体管，专门用于供给发电机自身磁场电流，同时控制充电指示灯。

十一管交流发电机结合了八管和九管交流发电机的特点，在现代汽车上应用越来越广泛。

八管、九管和十一管交流发电机原理示意图如图 2-23 所示。

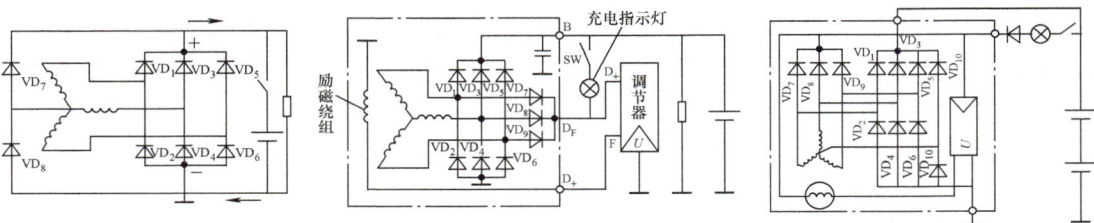

图 2-23 八管、九管和十一管交流发电机原理示意图

3）按磁场绕组搭铁形式分有内搭铁型交流发电机和外搭铁型交流发电机。

① 内搭铁型交流发电机：磁场绕组的一端（负极）直接搭铁（和壳体相连）。

② 外搭铁型交流发电机：磁场绕组的一端（负极）接入调节器，通过调节器后再搭铁。

4）按冷却方式分有风冷却发电机和水冷却发电机。

① 风冷却发电机：采用风扇进行冷却的方式，大部分汽车交流发电机均采用风扇冷却。

② 水冷却发电机：一些高级轿车及大型蜗轮增压直喷柴油机由于工作时需消耗很多电能，所以采用风冷却发电机会大大提高工作噪声，因而采用水冷却方式，同时提高了发电效率。

（2）汽车发电机型号规格 汽车发电机型号表达了汽车发电机类型、用途特征等。我国汽车发电机型号规定分五部分，以上海桑塔纳轿车 JFZ1913Z 整体式发电机为例：

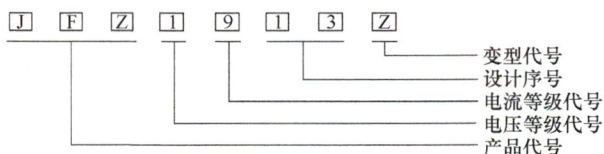

1）产品代号：交流发电机的产品代号有 JF、JFZ、JFB、JFW 四种，分别表示交流发电机、整体式交流发电机、带泵交流发电机和无刷交流发电机。

2）电压等级代号：1——12V；2——24V；6——6V。

3）电流等级代号：其含义见表2-3。

表2-3 电流等级代号规格

	1	2	3	4	5	6	7	8	9
电流/A	≤19	≥20～29	≥30～39	≥40～49	≥50～59	≥60～69	≥70～79	≥80～89	≥90

4）设计序号：按产品的先后顺序，用阿拉伯数字表示。

5）变型代号：调整臂的位置。Y——调整臂在右边；Z——调整臂在左边；调整臂在中间时无代号。

4. 充电指示灯

充电指示灯是为驾驶人提供发电机是否正常发电的重要指示元件，安装在驾驶人前方的仪表盘内，显示符号"⊡"。图 2-24 为桑塔纳轿车整体式交流发电机电路原理图。充电指示的灯工作原理是，当打开点火开关时：

励磁电流：蓄电池→点火开关→熔断器→充电指示灯→二极管→磁场绕组→调节器大功率晶体管→搭铁，充电指示灯亮；

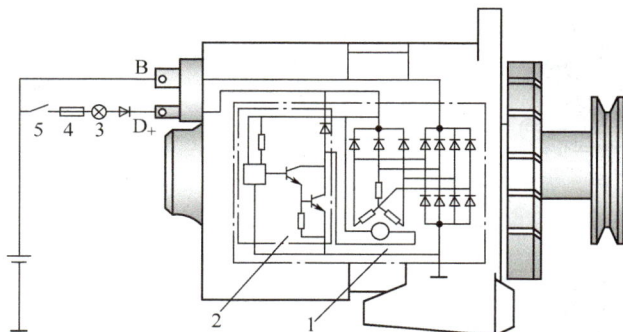

图 2-24 桑塔纳轿车整体式交流发电机电路原理图
1—交流发电机 2—集成电路调节器 3—充电指示灯 4—熔丝 5—点火开关

当发动机运行后，发电机发电，电压高于蓄电池电压，发电机向蓄电池充电，此时"B""D＋"端电位相等，充电指示灯将无电流流过，充电指示灯熄灭。

任务实施

1. 准备工作

1）准备好工具器材和检测设备，见表2-4。

2）准备好相关维修信息资料并预习。待维修车辆（本任务示例轿车丰田卡罗拉轿车）的维修手册或已打印好的在电子版车辆维修手册中查询到的发电机相关维修信息。

表 2-4　需准备的工具器材及设备

名　　称	规格或型号
汽车专用万用表	数字型
组合工具箱	
专用工具	SST（A）和（B）SST　09820-63020SST　09950-40011（09951-04020，09952-04010，09953-04020，09954-04010，09955-04071，09957-04010，09958-04011）

2. 技术规范及标准

1）在规定时间内完成工作。

2）正确解体、装复发电机相关元件。

3）按规范进行相关元件的检测。

3. 操作步骤

示　例　图	操作步骤及方法
1. 发电机总成的解体	
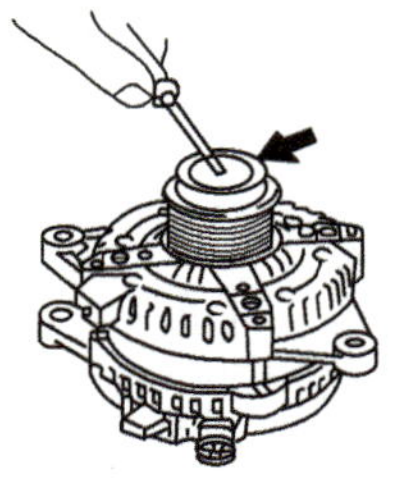	1）拆卸发电机离合器带轮 ① 用螺钉旋具拆下发电机带轮盖
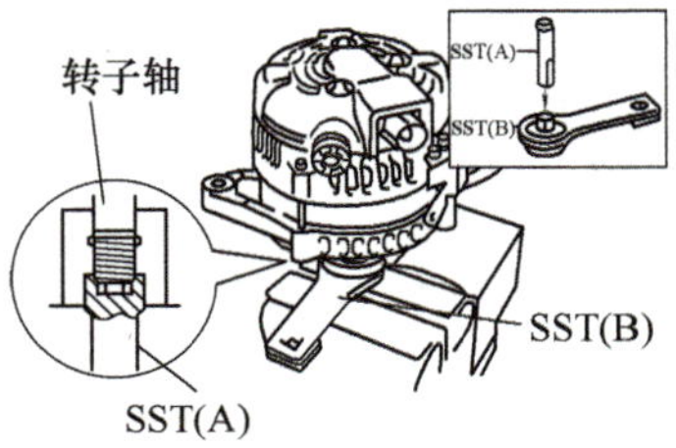	② 设置专用工具 SST（A）和（B）（图中右上角） ③ 将 SST（A）夹在台钳上 ④ 将转子轴一端放在 SST（A）中
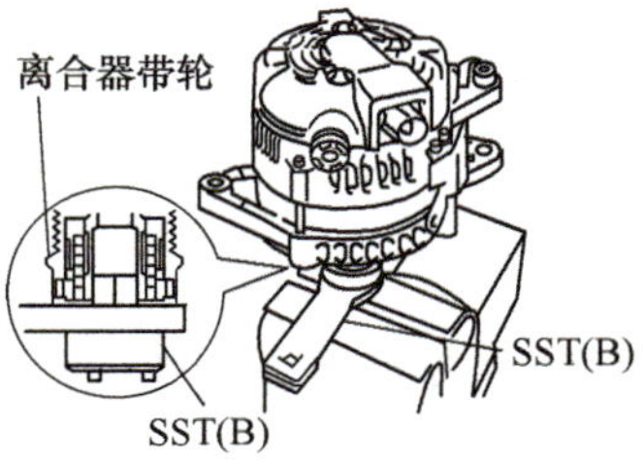	⑤ 将 SST（B）安装到离合器带轮上

（续）

示　例　图	操作步骤及方法
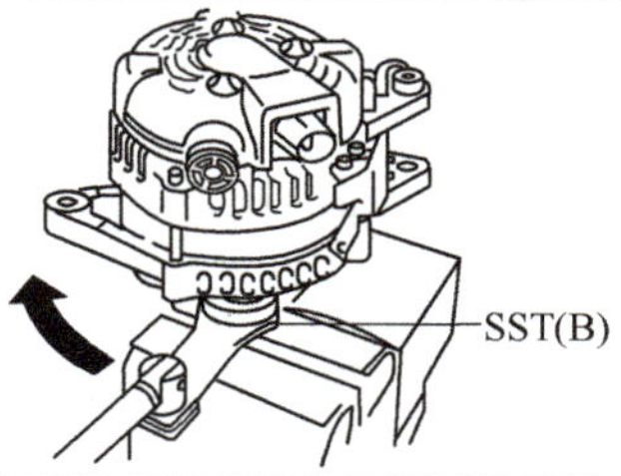	⑥ 按图示方向转动 SST（B），松开带轮 ⑦ 从 SST 上拆下发电机总成 ⑧ 从转子轴上拆下离合器带轮
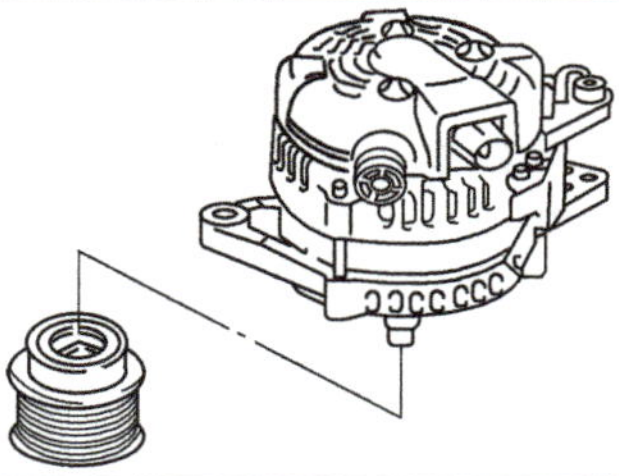	2）拆卸发电机后端盖 ① 将发电机总成放在离合器带轮上
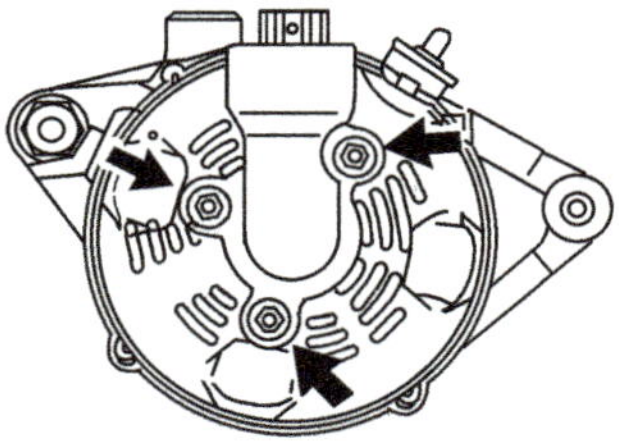	② 拆下 3 个螺母和发电机后端盖
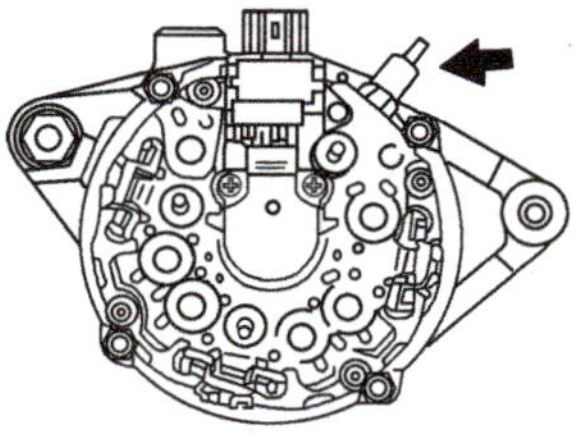	3）拆卸发电机端子绝缘垫 从发电机线圈上拆下端子绝缘垫
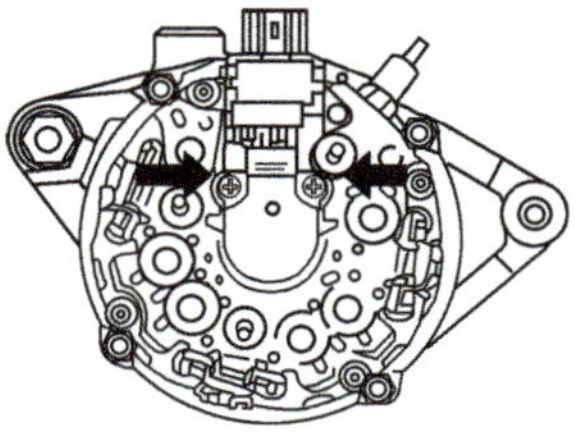	4）拆卸发电机电刷架总成 从发电机线圈上拆下 2 个螺钉和电刷架
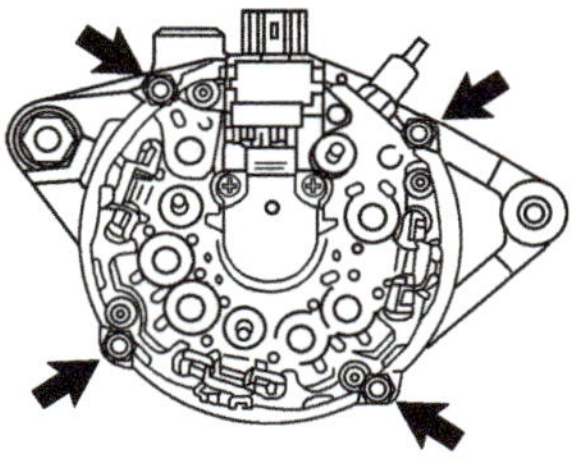	5）拆卸发电机定子线圈总成 ① 拆下 4 个螺栓

（续）

示　例　图	操作步骤及方法
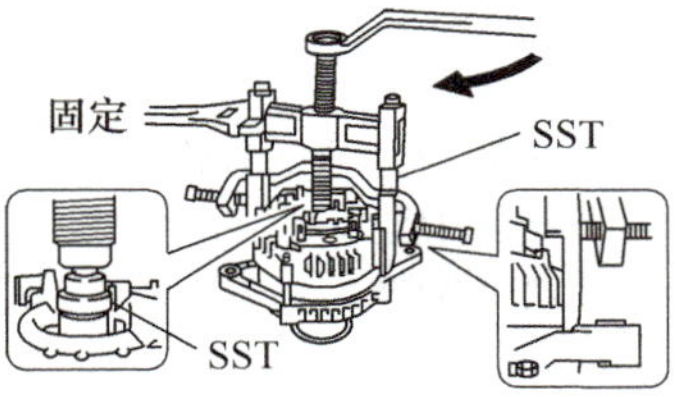	② 用 SST 拆下发电机定子线圈总成
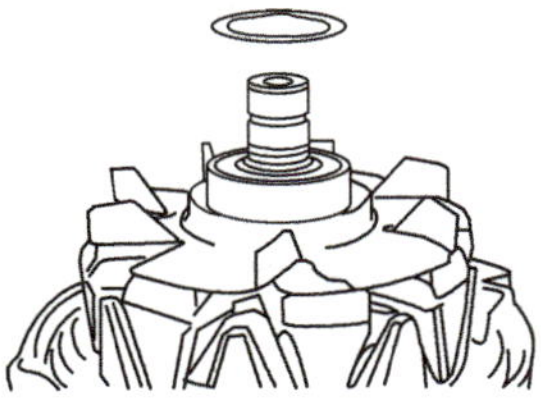	6）拆下发电机转子总成 ① 拆下发电机垫圈
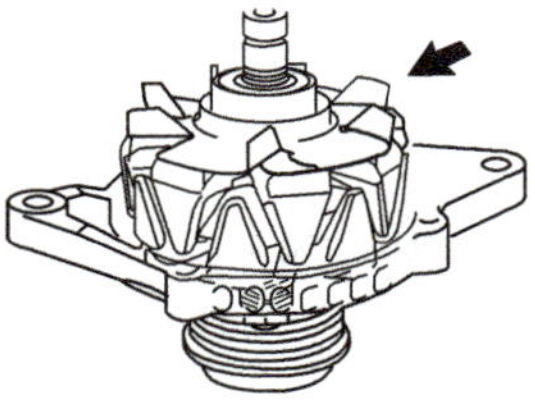	② 拆下发电机转子总成

2. 发电机总成的检查

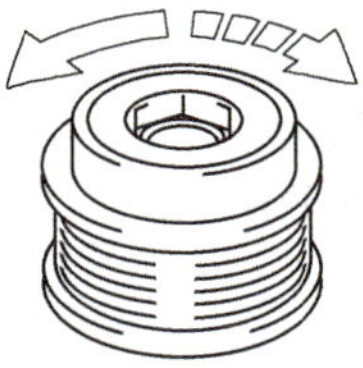 松开　　　　锁止	1）检查发电机离合器带轮 　固定带轮中心，确认外锁环只能逆时针转动而不能顺时针转动。如果不符合规定，则更换离合器带轮
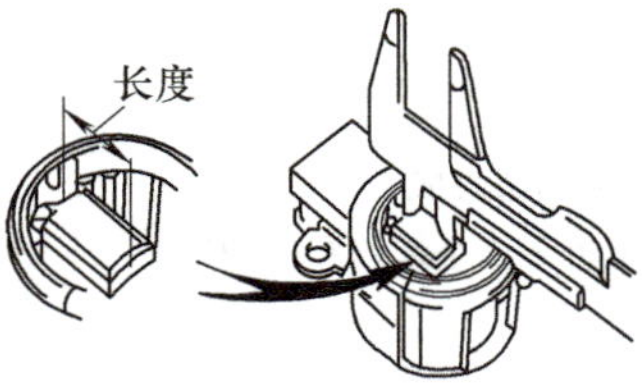 长度	2）检查发电机电刷架总成 利用游标卡尺测量电刷的外露长度 标准外露长度：9.5～11.5mm 最小外露长度：4.5mm 测量长度：＿＿＿＿＿＿＿（记录） 如果外露长度小于最小值，则更换电刷架总成
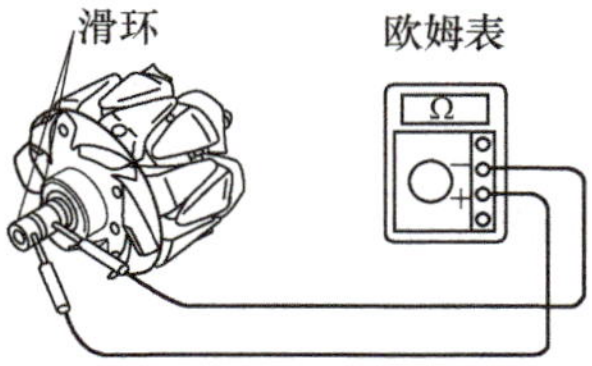 滑环　　　欧姆表	3）检查发电机转子总成 ① 检查发电机转子是否断路 用欧姆表测量滑环之间的电阻 标准电阻：2.3～2.7Ω 测量电阻值：＿＿＿＿＿＿＿（记录） 如果结果不符合规定，更换发电机转子总成

（续）

示 例 图	操作步骤及方法
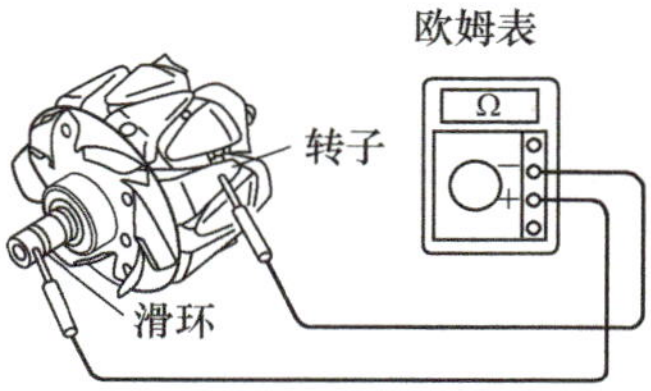	② 检查转子是否对搭铁短路 使用欧姆表测量其中一个滑环和转子之间的电阻 标准电阻：1MΩ 或更大 测量值：＿＿＿＿＿＿（记录） 如果结果不符合规定，更换发电机转子总成
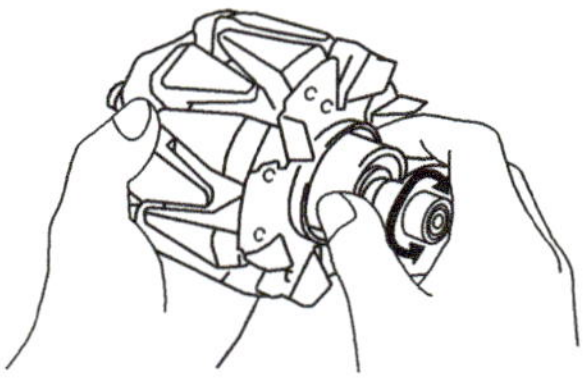	③ 检查并确认发电机转子轴承没有变粗糙或磨损。如有必要，更换发电机转子总成 检查结果：＿＿＿＿＿＿（记录）
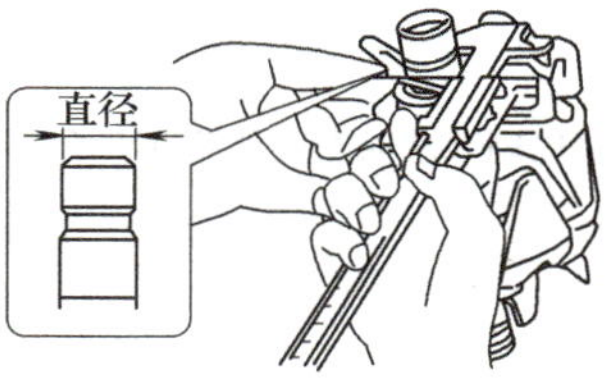	④ 用游标卡尺测量滑环直径 标准直径：14.2～14.4mm 最小直径：14.0mm 如果直径小于最小值，则更换发电机 检查结果：＿＿＿＿＿＿（记录）
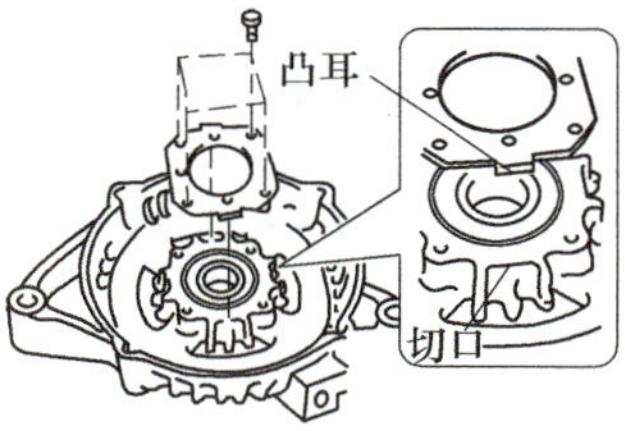	4）检查发电机驱动端端盖轴承 检查并确认轴承没有变粗糙或磨损。如有必要，则更换发电机驱动端端盖轴承 检查结果：＿＿＿＿＿＿（记录）

3. 发电机总成的安装

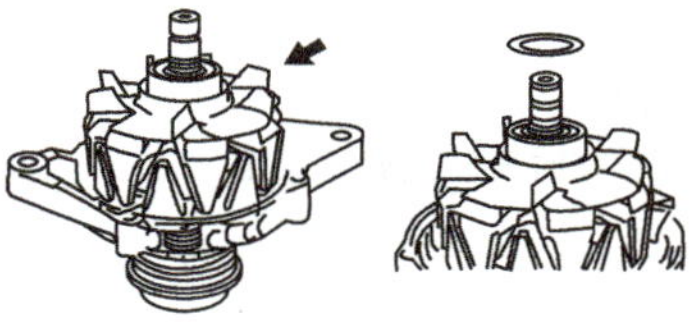	1）安装转子总成 ① 将发电机转子总成安装到驱动端端盖上（图a） ② 将发电机垫圈放在发电机转子上（图b）
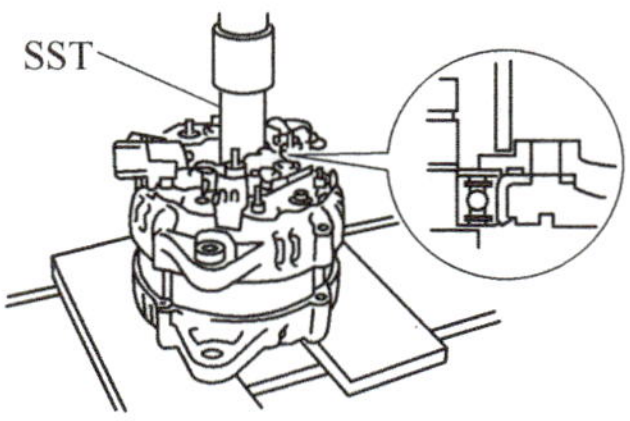	2）安装发电机定子线圈总成 ① 使用SST和压力机，慢慢地压入发电机定子线圈总成

(续)

示 例 图	操作步骤及方法
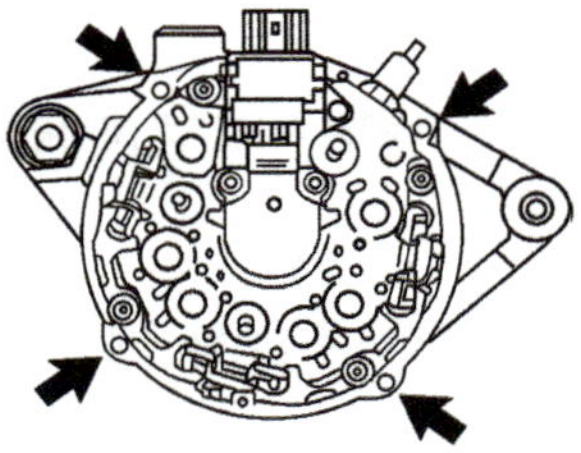	② 安装四个螺栓 转矩：5.8N·m
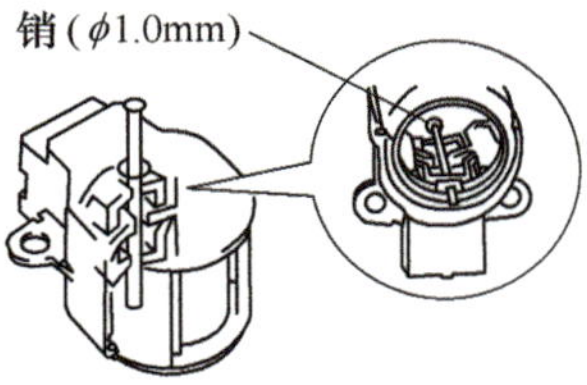 销(φ1.0mm) 	3）安装发电机电刷架总成 ① 将2个电刷推入发电机电刷架总成的同时，在电刷架孔中插入一个 φ1.0mm 的销
 a)　　　　　b)	② 用2个螺钉将电刷架总成安装到发电机的线圈上(图a) 转矩：1.8N·m ③ 将销从发电机电刷架中拔出 （图b）
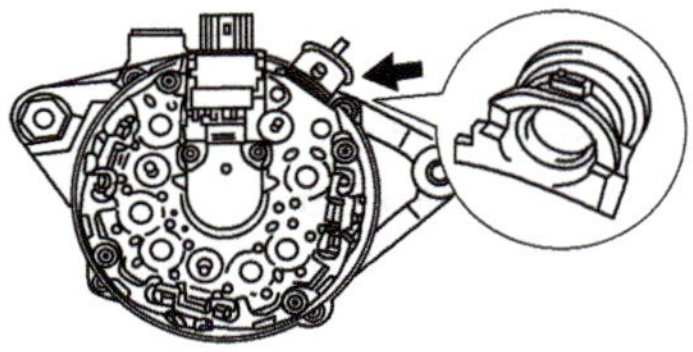	4）安装发电机端子绝缘垫 将端子绝缘垫安装到发电机线圈上 提示：注意图中所示端子绝缘垫的安装方向
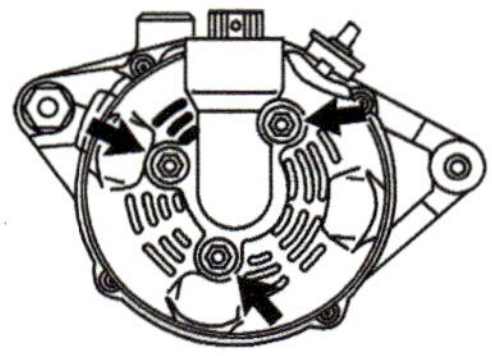	5）安装发电机后端盖 用3个螺母将发电机后端盖安装到发电机线圈上 转矩：4.6N·m 6）安装发电机离合器带轮 ① 将离合器带轮临时安装到转子轴上
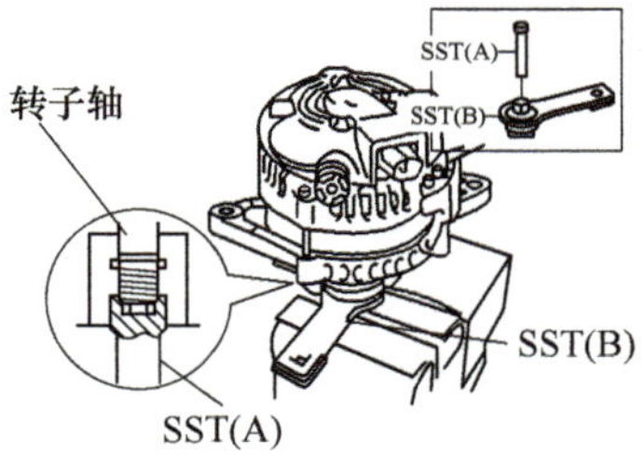 转子轴 SST(A) SST(B) SST(B) SST(A)	② 设置SST（A）和（B） ③ 将SST(A) 夹在台钳上 ④ 将转子轴一端放在 SST （A） 中

（续）

示　例　图	操作步骤及方法
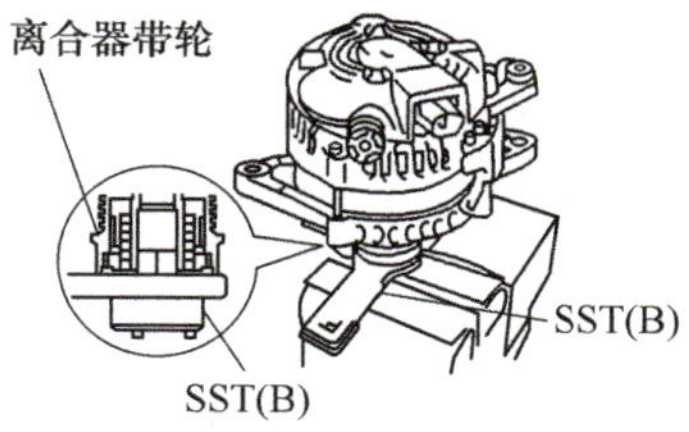 离合器带轮 SST(B) SST(B)	⑤ 将 SST（B）安装到离合器带轮上 ⑥ 按图示方向转动 SST（B），紧固带轮 转矩： 不使用 SST：111N·m 使用 SST：84N·m 提示：使用力臂长度为 318mm 的扭力扳手。当 SST 与扭力扳手平行时，转矩值有效
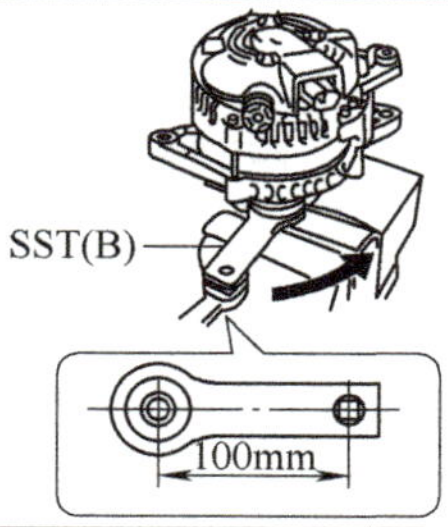 SST(B) 100mm	⑦ 从 SST 上拆下发电机总成 ⑧ 检查并确认离合器带轮旋转平稳 ⑨ 安装离合器带轮盖到离合器带轮上

4. 车辆恢复

	整理清洁，填写检测评价记录

检测评价

质量检测			
项　目	完成情况		解释说明
1）正确拆卸发电机带轮	是□	否□	
2）正确拆卸发电机后端盖及绝缘垫	是□	否□	
3）正确拆卸电刷架总成	是□	否□	
4）正确拆卸定子及转子总成	是□	否□	
5）按规范要求检查带轮、电刷、转子、滑环、轴承并记录	是□	否□	
6）按照拆卸相反顺序完成安装，并按规范紧固	是□	否□	
7）是否进行维修后转动状况复检	是□	否□	
8）整理工具，清洁卫生，填写检测评价记录	是□	否□	
小组综合评价			
学生自我评价			
教师评价			

注：1. 每项工作完成后在"是"后面□内打√，未做或未完成在"否"后面□内打√。

　　2. 如果项目未做或未完成在"解释说明"中说明原因。

考核练习

一、理论知识

1. 对于电压调节器的作用，修理工小王认为电压调节器是限制发电机发出的电压，使之不随发动机转速增加而增大以致超过电气设备规定的工作极限；修理工小张认为电压调节器就是保证发电机的发电电压不能过低而造成汽车电气设备无法正常工作。哪个人的说法正确？（　　　）

    A. 小王对　　　　　　B. 小张对　　　　　　C. 他们都对　　　　　　D. 他们都不对

2. 整体式汽车发电机采用集成电路式调节器，安装在发电机壳体上（或内部）。（　　　）

    A. 正确　　　　　　B. 错误

3. 电压调节器的调节原理是_____控制发电机的输出电压。

4. 简述汽车交流发电机的类型有哪些。

5. 简述充电指示灯的工作原理（以桑塔纳轿车整体式交流发电机充电系统为例）。

二、实训操作

检查发电机转子总成，用欧姆表测量滑环之间的电阻应在_____之间。

1) 如果测得的电阻极大（或数字万用表最高位显示"1"），说明绕组_____。

2) 如果测得的电阻极小（或为0），说明绕组_____。

三、社会实践

走访汽车销售服务公司（4S店）售后维修部门，向维修师傅了解以下内容。

1. 汽车中途熄火无法再次起动，其原因为蓄电池电量不足。确认蓄电池亏电（电量严重不足）的救援——跨接起动方法，并简要的写出来。

2. 简述非丰田车系的发电机总成车上拆装方法。

拓展与提高

计算机控制调节的发电机系统

计算机控制调节的发电机是计算机根据汽车用电负荷情况、蓄电池充电情况、电器负载突变（如突然启动空调）等，适时地接通和断开磁场电路，使蓄电池充电充足，又能减轻发动机负荷，提高燃油经济性，这种方式在一些高级轿车发电机上得到应用。如图2-25所示为通用汽车第三代计算机控制调节的发电机系统。通过仪表板模块（IPM）确定发电机的输出电压，用发动机控制模块 ECM 向发电机磁场线圈输出脉宽调制电流调节发电机电压，并将信息通过数字仪表板模块（IPC）告知驾驶人。

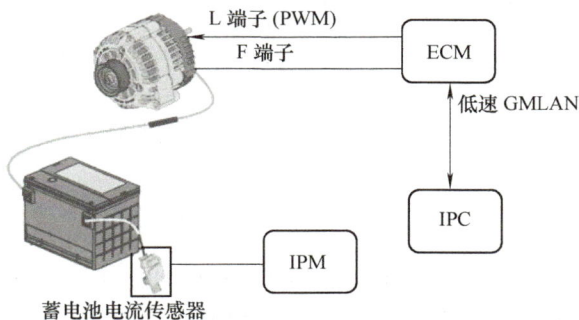

图2-25　计算机控制调节的发电机系统

项目三

照明系统的结构与拆装

项 目 描 述

汽车照明系统主要用于夜晚和特殊情况下的照明及安全警示作用，分为外部照明和内部照明两部分。位于车身外部的灯具构成外部照明部分，位于车身内部的灯具构成内部照明部分，位于车后安装在一个壳体内的灯具组合体也常称为尾灯总成。汽车照明系统的主要灯具及安装位置如图3-1所示。

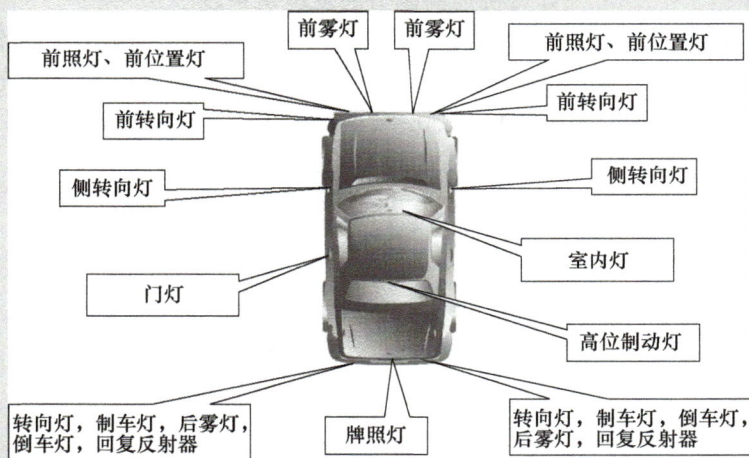

图 3-1　汽车照明系统的主要灯具及安装位置

本项目由三个任务模块构成，通过任务学习和实践达到对照明系统构成的认识，分析相关电路图并能够与实际电气线路进行一一对接，学习查询并运用车辆维修技术信息，在指导教师的指导下完成对主要照明系统的检修实训任务。

```
                    项目三　照明系统的结构与拆装
        ┌───────────────────┼───────────────────┐
   前照灯不亮的检查      前照灯灯泡的更换及调整      转向灯不工作的检修
```

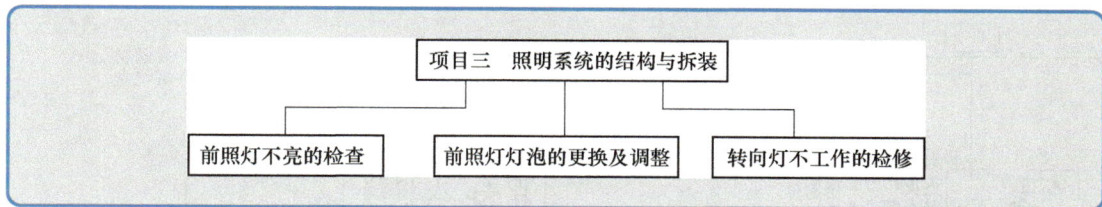

任务一　　前照灯不亮的检查

任务目标

1. 知识目标

1）了解汽车前照灯电路的组成。

2）会识读分析前照灯电路。

2. 技能目标

1）了解前照灯控制开关并会使用。

2）能够在维修资料引导下对前照灯电路进行检测并学会相关部件的拆装。

任务描述

顾客报修：顾客私家车左右前照灯近、远光灯均不亮。

接车检查：车型：别克凯越轿车；生产时间：2012 年；其他灯光工作正常，远光灯"闪光"功能正常。

任务说明：实际工作中，照明系统故障有很多类型，本任务的检修实训步骤是以假定存在的故障案例设计的。

知识储备

1. 前照灯电路的组成

汽车的前照灯由近光灯和远光灯构成，采用二灯制（左右各一个包含近光和远光的灯）和四灯制（左右各增加一个单独远光灯）。普通汽车的前照灯远光是手动控制、调节的，一些中高档轿车的前照灯安装了具有自动变光控制功能的系统。图 3-2 为凯越轿车四灯制前照灯。

前照灯电路主要由车灯开关、前照灯（变光）开关、近远光灯泡、远光指示灯（有的汽车前照灯电路还含有继电器）以及一些导线、熔丝和插接器等元件组成。

2. 电路识读与分析

由于不同汽车的前照灯电路并不完全相同，所以对电路图进行电路分析是准确解决前照灯故障的重要前提。

图 3-3 为通用别克凯越轿车前照灯电路（2012 年款）。

（1）识读功能元件的位置及结构　电路图中的信息表

近光灯
远光灯

图 3-2　四灯制前照灯布局

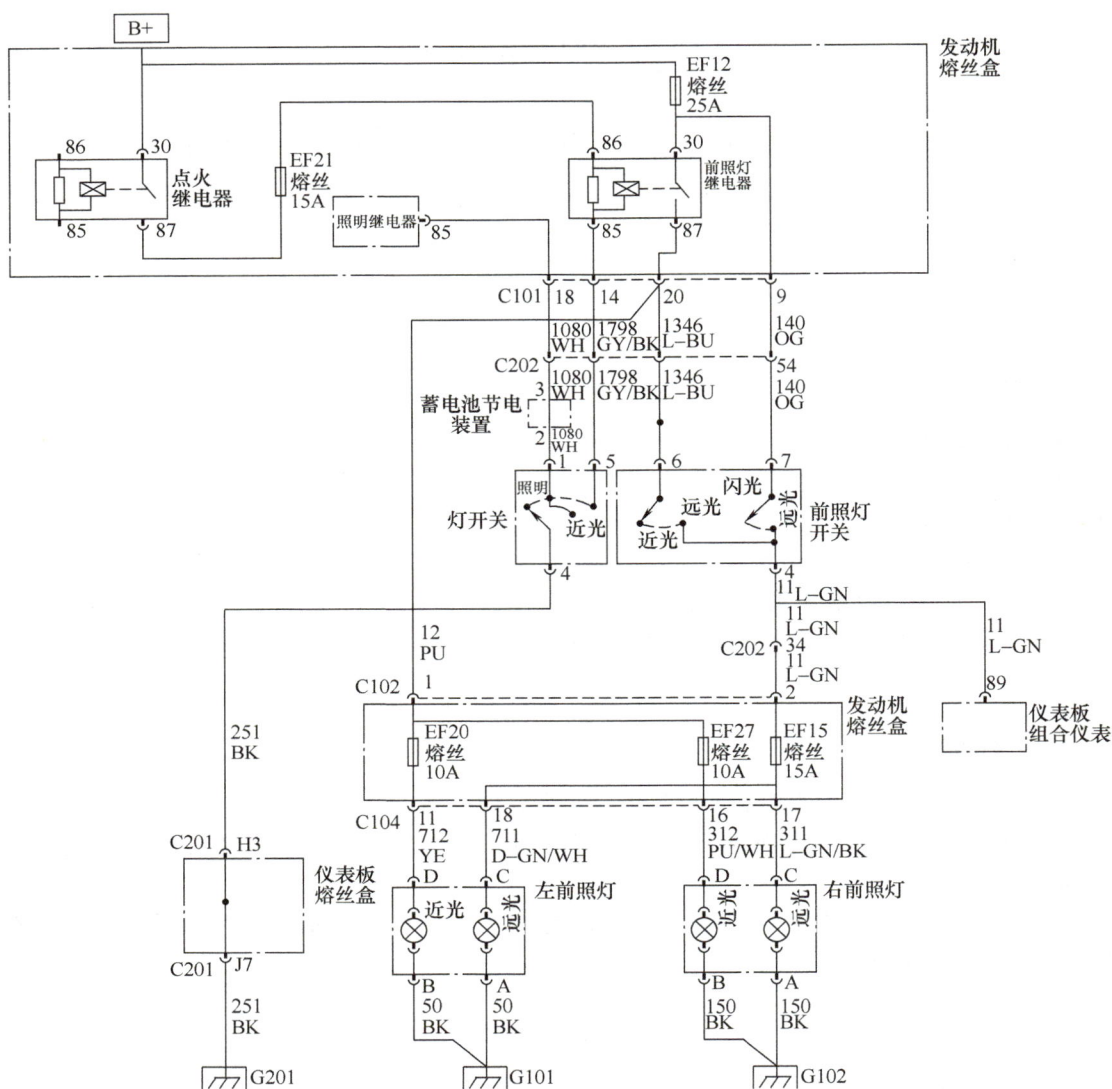

图 3-3　通用别克凯越轿车前照灯电路（2012 年款）

明位于发动机舱熔丝盒内与前照灯电路有关的电气元件有：两个电磁继电器（点火继电器和前照灯继电器）和五个熔丝（EF12、EF21、EF15、EF20、EF27）。前照灯由"灯开关"和"前照灯（转换）开关"控制，左、右前照灯各 1 个搭铁点 G201 和 G102。

（2）电流路径分析　由于凯越轿车前照灯电路通过继电器控制，因此，其工作电流分为两部分：

1）当"点火开关"接通工作，"前照灯开关"旋至"近光"接通前照灯控制电路。

前照灯近光控制电流：点火继电器→熔丝 EF21→前照灯继电器（86→85）→灯开关（5→4）→搭铁 G201。

前照灯继电器触点此时闭合，接通前照灯负载电路。

前照灯负载电流：蓄电池 B + →熔丝 EF12→前照灯继电器（30→87）→

$\longrightarrow$ 熔丝 EF27→右前照灯近光（D→B）→搭铁 G102。

$\longrightarrow$ 熔丝 EF20→左前照灯近光（D→B）→搭铁 G101。

2）将"前照灯开关"扳至"远光"接通前照灯远光灯电路。

前照灯远光控制电流：蓄电池 B + →熔丝 EF12→前照灯继电器（30→87）→前照灯开关（6→4）→熔丝 EF15 $\longrightarrow$ 右前照灯远光（C→A）→搭铁 G102。

$\longrightarrow$ 左前照灯远光（C→A）→搭铁 G101。

电路特点：左右两个远光灯共用一个熔丝；控制远光的"闪光"功能开关与电源直接连接，不受点火开关控制。

3. 前照灯控制开关及使用

前照灯控制开关与其他照明灯开关集合在一起，这种开关又称为组合控制开关，如图 3-4 所示。灯开关有两个档位，一档接通"照明"，二档接通"照明"和前照灯"近光"，打开远光需拨动前照灯变光开关，远光"闪光"开关具有自动回位功能。前照灯控制开关在汽车上常见有如图 3-5 所示的两种布置方式。

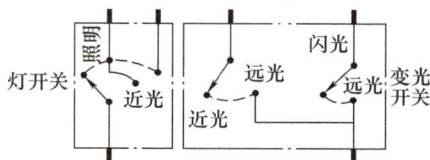

图 3-4　组合控制开关原理
结构图（凯越轿车）

a)

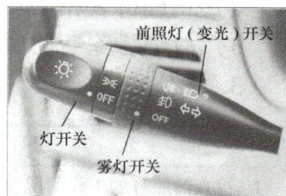
b)

图 3-5　前照灯控制开关
a）安装在左侧仪表板上的灯光开关　b）安装
在转向盘左侧下方操纵杆上

灯光开关主要控制照明系统的大部分灯具工作。前照灯变光开关主要控制前照灯的近、远光转换和远光"闪光"功能。

下面以图 3-5b 所示多功能操纵杆式组合开关为例介绍前照灯控制开关的使用方法。

将操纵杆外侧旋钮（灯开关）向上旋到第一个位置（⊃Οᴇ），示宽灯、牌照灯和仪表板照明灯等点亮。继续上旋到第二个位置（彡Ｄ），近光灯点亮（上述灯仍然接通）。旋回到关闭位置，关闭所有照明灯。

当前照灯近光接通时，将操纵杆前推（推离驾驶人）发出咔嗒声，近光变为远光（彡Ｄ）。将操纵杆拉向驾驶人接通远光，松开自动回位到近光位置（"闪光"功能）。在前照灯远光接通时，仪表盘上的远光指示灯亮起。

任务实施

1. 准备工作

1）工装穿着整洁，戴好工作手套。

2）车辆进入工位并可靠停驻，检查变速杆位于空档位（自动变速器位于"P"位）位。

3）打开发动机舱盖，铺好发动机舱周围翼板布及驾驶人座位防护套。

4）准备好工具器材和检测设备，见表3-1。

表3-1　工具器材和检测设备

名　　称	规格或型号
汽车专用万用表	数字型
组合工具箱	图3-6
备用熔丝	10A，15A
带插针端子的测试线	

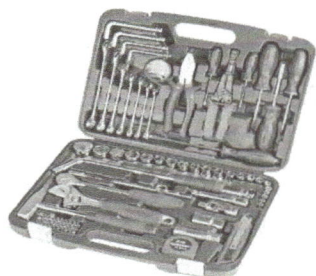

图3-6　组合工具箱（参考）

5）准备好相关维修信息资料并预习。维修车辆（本任务示例轿车别克凯越2012年款）的维修手册或已打印好的在电子版车辆维修手册中查询到的前照灯系统相关维修信息。

2. 技术规范及标准

1）在规定时间内完成工作。

2）正确拆装相关功能元件及内饰件。

3）故障排除后前照灯近远光应工作正常。

3. 操作步骤

示　例　图	操作步骤及方法
1. 检查前照灯的工作情况 	开启点火开关至ON（运行）档，打开灯光开关各档，检查近远光灯的工作情况
2. 查询熔丝位置 	1）压下发动机舱熔丝盒盖锁舌，向上取下盒盖 2）对照盒盖里面粘贴的熔丝排列布置图示查找到前照灯电路相关熔丝 EF21、EF12、EF15、EF20 和 EF27
3. 检查熔丝 	用专用拆卸工具拆下，直观检查或用万用表蜂鸣档检查 熔丝正常：塑料封装片内熔丝未断开 熔丝熔断：塑料封装片内熔丝断开 提示：若熔丝再次熔断，用分段断路法运用万用表寻找短路位置

（续）

示　例　图	操作步骤及方法
4. 用万用表蜂鸣档检查继电器电路	
	1）接通前照灯近光 2）测量熔丝 EF20、EF27 上的电压 提示：电压过低或0，用替换法检查继电器
5. 用照明继电器替换前照灯继电器，检查前照灯近光	
	取下前照灯继电器，用相邻的照明继电器替换，检查前照灯工作情况
6. 检查前照灯近光电路	
	1）关闭灯光开关 2）拆开前照灯插接器
	3）接通前照灯近光 4）测量前照灯插接器端子（线束侧）D 上的电压 电压规定值：11～12V 提示：过低或0——查找熔丝 EF20 和 EF27 与前照灯之间的断路故障并修理
7. 检查前照灯远光电路	
	1）接通前照灯远光 2）测量前照灯插接器端子 C（线束侧）上的电压 电压规定值：11～12V 提示：过低或0——查找熔丝 EF15 与前照灯继电器之间的断路故障并修理

（续）

示 例 图	操作步骤及方法

8. 检查前照灯近、远光搭铁电路

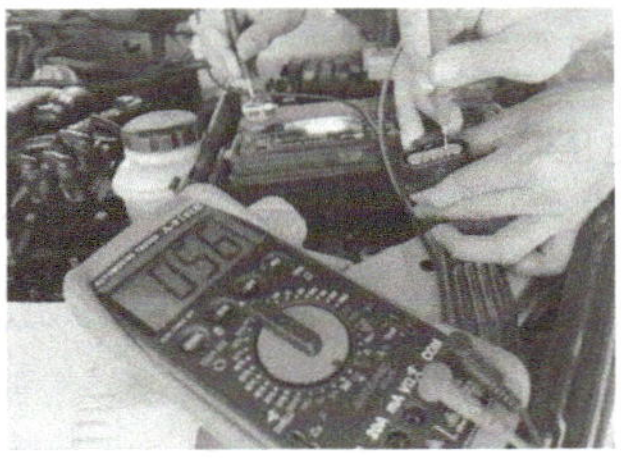

将万用表欧姆（或蜂鸣）档连接到搭铁和前照灯插接器端子 B 之间
电阻正常值：0Ω（或鸣响）

提示：电阻过大——修理搭铁线路
正常——更换有故障的前照灯灯泡

9. 检查前照灯继电器控制电路

1）拆下前照灯继电器，接通前照灯近光
2）用万用表蜂鸣档检查继电器端子 85 和搭铁之间是否导通
正常值：0Ω（或鸣响）

提示：电阻非常大（假定）——继续检查

10. 检查灯光开关电路

1）重新安装好前照灯继电器
2）拆卸多功能操纵杆式组合开关
3）关闭点火开关，断开蓄电池负极
4）拆卸转向盘柱上内饰护板两个螺钉，拆卸上内饰护板

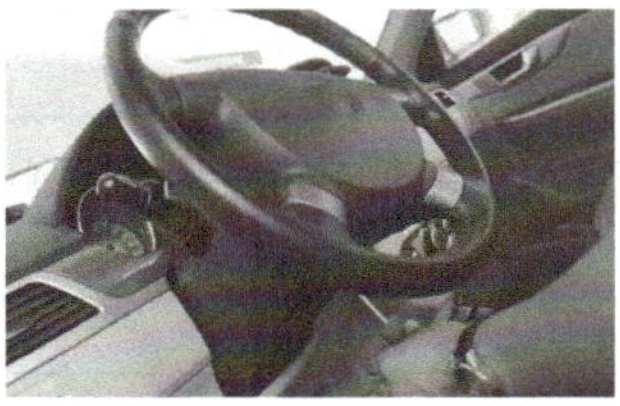

5）拆卸转向盘柱下内饰护板 3 个螺钉

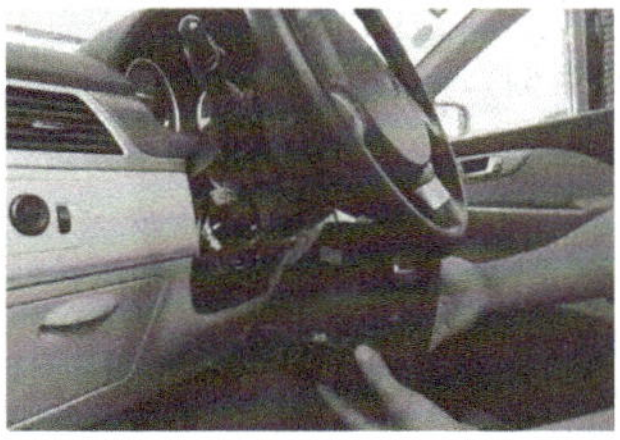

6）拆卸下内饰护板
7）松开转向盘柱锁紧装置，降下转向盘

（续）

示　例　图	操作步骤及方法
	8）压下多功能操纵杆式组合开关锁舌，拉出开关总成
	9）拆开灯开关插接器端子（6端子），测量灯开关插接器（线束侧）端子5上的电压 电压规定范围：11～12V 提示：很小或0——查找前照灯继电器端子85与灯开关插接器端子5之间的断路故障并修理 正常——继续检查

11. 检查灯光开关

| | 1）接通前照灯开关近光
2）用万用表蜂鸣档检查灯开关插接器（灯开关侧）端子4和5之间是否连通（注意：应与线束侧端子号相对应）
正常值：0Ω（或鸣响）

提示：电阻大或不鸣响——更换前照灯组合开关 |

12. 检查前照灯开关电路

| | 1）断开前照灯开关插接器（7端子）
2）测量前照灯开关插接器端子（线束侧）6上的电压
正常电压：11～12V

提示：电压很小或0——修理前照灯开关插接器和前照灯继电器端子87之间的开路故障 |

13. 检查前照灯开关

| | 1）接通前照灯近光
2）将万用表蜂鸣档连接到前照灯开关插接器端子5和6之间
正常值：0Ω（或鸣响）
3）接通前照灯远光
4）将万用表蜂鸣档连接到前照灯开关端子4和6之间
正常值　0Ω（或鸣响）
∞或不鸣响——更换前照灯组合开关 |

(续)

示　例　图	操作步骤及方法
14. 安装前照灯	
	1）安装前照灯插接器 2）安装前照灯组合开关并装复转向柱内饰，调整转向盘位置 3）确认关闭所有开关，连接蓄电池负极，检查前照灯的工作情况
15. 车辆恢复	
	整理清洁，填写检测评价报告单

检测评价

质量检测		
项　　目	完成情况	解释说明
1）检查前照灯灯光情况	是□　　否□	
2）按要求检查各熔丝	是□　　否□	
3）正确拆卸前照灯插接器并完成安装	是□　　否□	
4）对插接器的近、远光及搭铁端子进行电压和导通性检查	是□　　否□	
5）进行替换继电器操作检查	是□　　否□	
6）正确拆卸照明系统组合开关并完成安装	是□　　否□	
7）对组合开关插接器相关端子进行电压和导通性检查	是□　　否□	
8）是否进行维修后灯光系统复检，车辆恢复，工具整理，卫生清洁，填写检测评价记录	是□　　否□	
小组综合评价		
学生自我评价		
教师评价		

注：1. 每项工作完成后在"是"后面□内打√，未做或未完成在"否"后面□内打√。

　　2. 如果项目未做或未完成在"解释说明"中说明原因。

考核练习

一、理论知识

1. 对于远光灯光的控制，A 同学说与点火开关有关；B 同学认为与点火开关无关。哪个人的说法正确？（　　　）

A. A 同学对　　　　　B. B 同学对　　　　C. 他们都对　　　D. 他们都不对

2. 四灯制汽车前照灯中安装在左右外侧的是远光灯。（　　　）

A. 正确　　　　　　B. 错误

3. 凯越轿车近光灯电路有____个保护熔丝；远光灯电路有____个保护熔丝，位于____位置。

4. 简述普通汽车前照灯电路的组成。

5. 简述前照灯控制开关的使用方法。

二、实训操作

简述本次工作任务实施前的准备工作要点及应达到的技术规范与标准。

拓展与提高

1. 前照灯电路其他常见故障类型及诊断

前照灯电路故障除了本任务描述的"前照灯近、远光灯均不亮"故障外，还会有"单侧近（或远）光灯不亮""两侧近（或远）光灯不亮"等类型，可能引起的原因见表 3-2，检修方法可参考本任务操作步骤中相应的方法进行。

表 3-2　常见故障及可能引起的原因

常 见 故 障	可能引起的原因
单侧近（或远）光灯不亮	近光熔丝、插接器、组合开关、灯泡
两侧近（或远）光灯不亮	远光熔丝、插接器、组合开关、灯泡

2. 其他照明灯电路简介

图 3-7 所示为奇瑞东方之子轿车雾灯、示位灯和牌照灯电路图。从电路图中我们可以看到奇瑞东方之子轿车示位灯和牌照灯受小灯继电器、灯开关和 ISU（中央控制模块）控制，电流经中央控制模块搭铁。小灯继电器同时也为后雾灯供电，前雾灯单独通过前雾灯继电器供电。

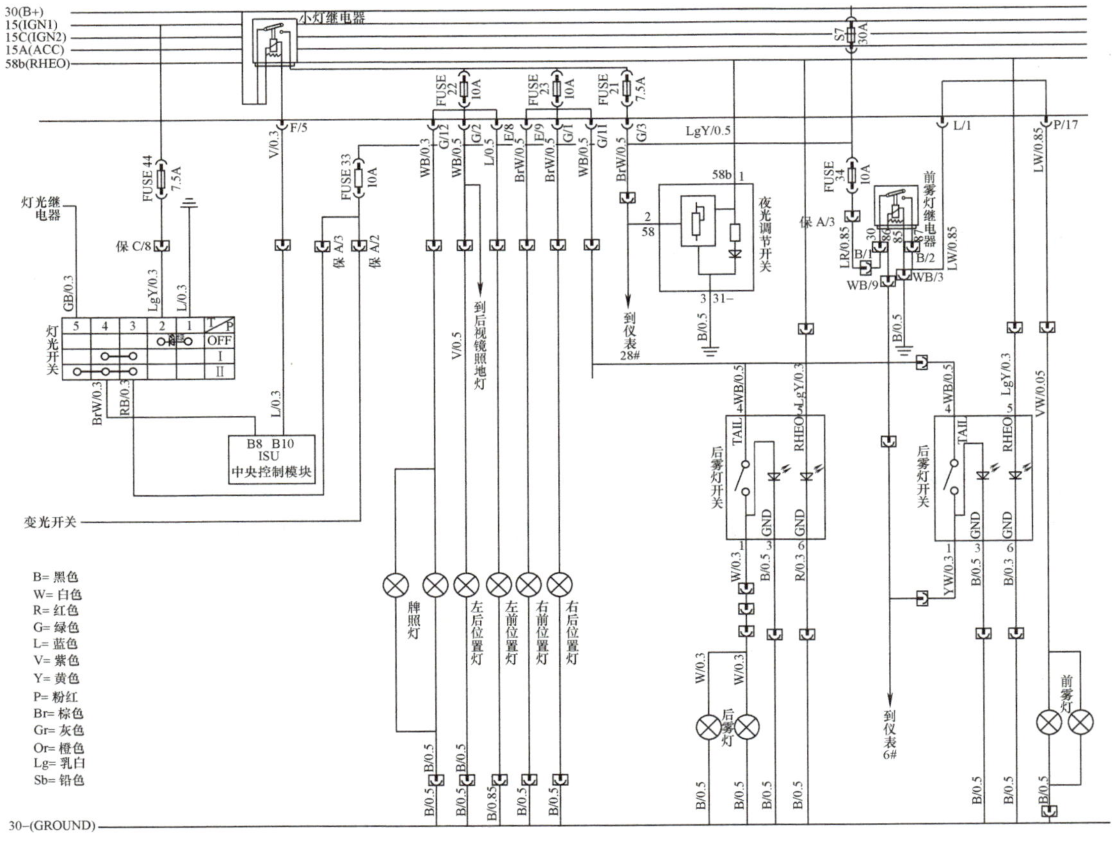

图 3-7　奇瑞东方之子轿车雾灯、示位灯、牌照灯电路图

（1）雾灯　雾灯是在大雨、有雾、下雪或沙尘等能见度较低（低于 200m 时）的天气当中行车时改善道路照明（前雾灯）及警示后部车辆。前雾灯为白色或黄色，装于汽车前部低于前照灯的位置，后雾灯为红色安装于后组合灯总成内。

雾灯的控制开关见图 3-5，将控制旋钮旋到相应位置 或拉出 Ⅰ 、Ⅱ档位（右侧图），即可点亮前、后雾灯（注：必须首先开启前照灯）。

（2）示位灯及牌照灯　示位灯又称"示宽灯""位置灯"，分别安装在汽车的前面、后面和侧面，其作用是标识车辆的形位。安装在汽车前部的俗称"小灯"，光色为白色或黄色，安装在汽车后部的俗称"尾灯"，光色为红色。示位灯的电路连接为并联。

牌照灯安装在汽车尾部车牌上方，用于照亮车牌。

（3）制动灯电路和倒车灯电路 制动灯光色为红色，俗称"刹车灯"，安装在汽车后部组合车灯总成内，小型车为安全起见还在尾部较高位置加装制动灯，俗称"高位刹车灯"，亮度大于后示位灯。图3-8a、b为桑塔纳2000GSi轿车制动灯电路图，制动灯开关一般安装在靠近制动踏板轴的上方（也有的安装在制动主缸上），如图3-9所示。当驾驶人踩下制动踏板时顶杆落下接通电路。

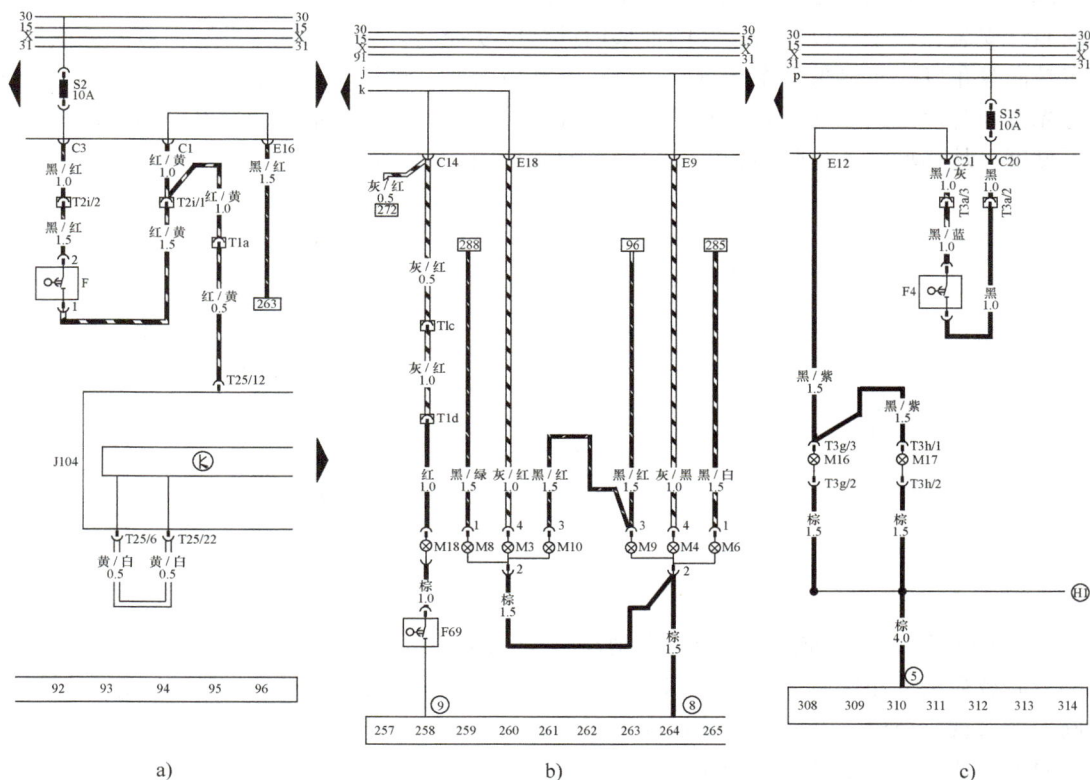

图3-8 桑塔纳2000GSi轿车制动灯及倒车灯电路图

a）制动灯电路图（一） b）制动灯电路图（二） c）倒车灯电路图

F—制动灯开关 J104—ABS控制器 M9—左制动灯 M10—右制动灯 ⑧—接地点（在左组合后灯左侧车身上）
F4—倒车灯开关 M16—左倒车灯 M17—右倒车灯

倒车灯光色为白色，安装在汽车后部组合车灯总成内，图3-8c为桑塔纳2000GSi轿车倒车灯电路图，倒车灯开关位于手动变速器壳体靠近倒档拨叉轴端或自动变速器档位杆下"驻车/空档位置开关"上。当变速杆挂入倒档（或"R"位）时接通倒车灯开关，倒车灯点亮。

3. 车内照明灯

现代汽车按照不同功能一般都安装有顶灯、行李箱灯和仪表照明灯，一些较高级车辆还安装有阅读灯、门控灯、化妆镜灯和门把手照明灯等。

4. 前照灯控制技术

现代汽车前照灯采用了很多控制功能，使之人性化并保障汽车行驶安全。

（1）延时关闭控制　在前照灯控制电路增加电子自动关闭延时器，当驻停汽车熄火后，为驾驶人下车离去提供一段照明时间。

（2）自动变光控制　采用自动变光控制电路控制前照灯远光与近光自动转换，无须驾驶人开闭远光，从而保证了驾驶人的行车注意力，其原理是自动变光控制电路的光敏传感器接收到迎面车辆灯光照射时，发出信号使控制电路将远光电路断开，熄灭远光灯，当无迎面车辆灯光照射时，发出信号使控制电路将远光电路接通，开启远光灯。

（3）随动照明灯控制　随动照明灯控制是在灯具里安装一个固定的照向弯道的灯泡或将前照灯安装在一个可以左右偏转的框架内进行电动控制，转弯时候打开转向灯开关或根据汽车转向盘角度、车辆偏转率和行驶速度，不断对前照灯进行动态调节，适应车辆转向，保持灯光方向与汽车的当前行驶方向一致，以确保对前方道路提供最佳照明并对驾驶人提供最佳可见度，从而增强了夜晚驾驶的安全性，效果如图3-10所示。

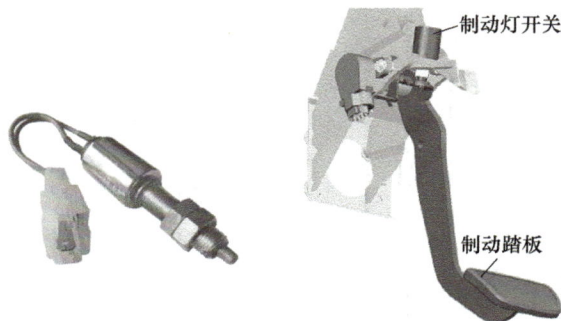

图3-9　制动灯开关及安装位置

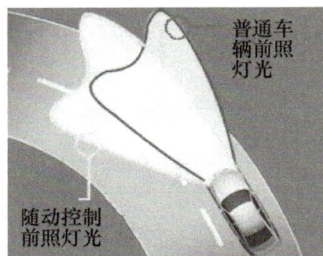

图3-10　随动控制前照灯灯光效果图

（4）照射距离自动控制　前照灯照射距离受汽车的运动状态（起步、加速、制动）和车辆前后载荷的大小影响，如图3-11所示。通过前照灯照明距离调节装置可以在上述影响下确保最大视野范围，并防止造成迎面来车炫目。

照射距离自动调节装置如图3-12所示。通过安装在前桥和后桥的传感器检测车辆负荷状况，送至控制单元，控制单元处理并向调光执行电动机发出调节脉冲信号，调光执行电动机进行准确调节。

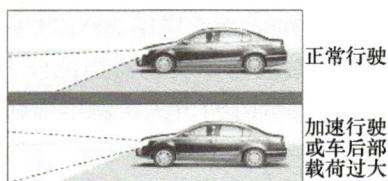

图3-11　不同状态下前照灯的照射距离

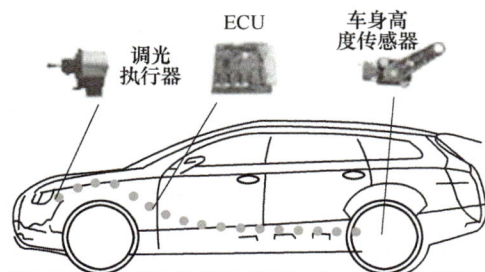

图3-12　照射距离自动调节装置示意图

任务二 前照灯灯泡的更换及调整

任务目标

1. 知识目标

1）了解汽车前照灯的类型与结构组成。

2）了解汽车前照灯的配光知识及相关法规。

2. 技能目标

1）能够在维修资料引导下学会对前照灯相关部件的拆装。

2）学会用仪器检测前照灯的照射位置并掌握调整方法。

任务描述

顾客报修： 顾客私家车左侧近光灯不亮。

接车检查： 车型：一汽丰田威驰轿车；生产时间：2006 年；经检查前照灯电路正常，判断为近光灯灯泡损坏。

任务说明： 更换前照灯灯泡并进行前照灯的对光调整是照明系统常见的维修工作，本任务以一款丰田威驰轿车前照灯灯泡更换为例来进行说明。

知识储备

1. 前照灯的结构组成

前照灯总成主要由光学部分、壳体、底座和调节机构等组成。光学部分由配光镜、反射镜和光源三部分组成。

现代汽车的前照灯按不同结构分两种基本类型：封闭式前照灯和半封闭式前照灯。

（1）封闭式前照灯 一种封闭式前照灯配光镜和反射镜熔接成一体，光源不是灯泡而是将灯丝焊在反射镜底座的支架上，内部充以氩气；另一种封闭式前照灯光源是卤素灯泡，如图 3-13 所示。

（2）半封闭式前照灯 半封闭式前照灯的特点是作为光源的灯泡可以进行更换，便于维修及降低维修成本，同时在设计制造上可以有更多式样选择，如图 3-14 所示。

现代轿车上多采用将近光灯、远光灯、示位灯和转向灯等整合成一个整体复合式前照灯总成，如图 3-15 所示。

（3）前照灯灯泡 前照灯灯泡有白炽灯泡和卤素灯泡两种。

白炽灯泡用钨做灯丝，玻璃壳内将空气抽出，充以氩气和氮气的混合物，增加发光强度，提高使用寿命。随着汽车技术的不断发展，白炽灯已逐步被更好的卤素灯泡所取代。

卤素灯泡（H4 型）的结构如图 3-16 所示，由高强度的玻璃壳、灯丝、带定位盘的底座和电气连接端子等构成。定位盘上的凸缘与前照灯座上的缺口配合安装而实现正确定位。

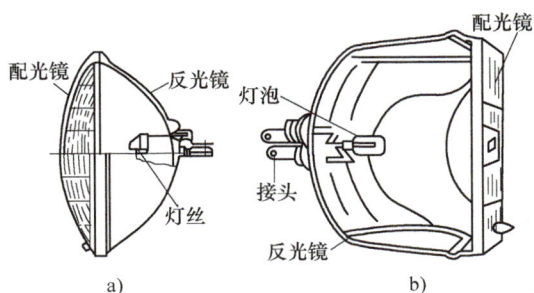

图 3-13 封闭式前照灯结构示意图

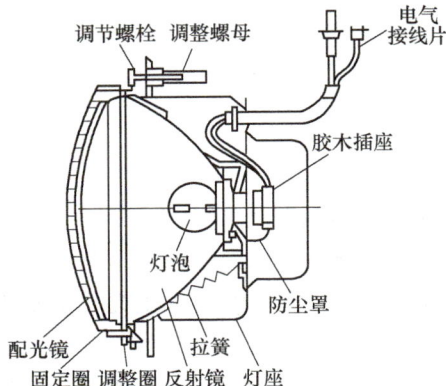

图 3-14 半封闭式前照灯结构示意图

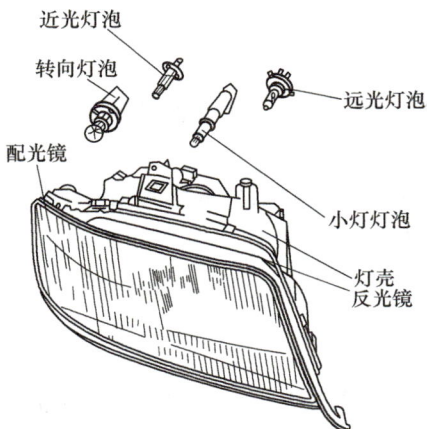

图 3-15 复合式前照灯总成结构示意图

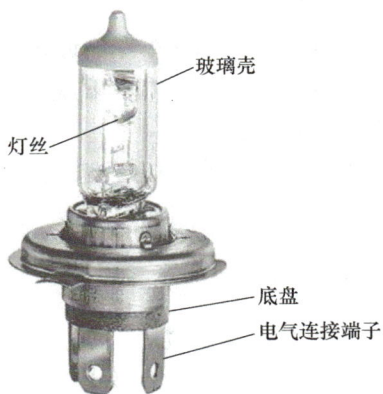

图 3-16 H4 型卤素灯泡

卤素灯泡在其玻璃壳中的惰性气体内掺有一些卤族元素气体（通常是碘或溴），其工作原理是：灯丝发热，钨原子蒸发，当接近玻璃管壁时，钨蒸气被冷却并和卤素原子结合在一起，形成卤化钨（碘化钨或溴化钨）。卤化钨扩散到高温的灯丝上，遇热后会重新分解成卤素蒸气和钨，这样钨在灯丝上又沉积下来。这种再生循环使得灯丝的使用寿命得到了很大延长（几乎是白炽灯的 2~3 倍），同时由于灯丝工作温度更高，亮度更大，使发光效率更高。

卤素灯泡按其灯丝个数分为单丝灯泡和双丝灯泡。按其发光能力、结构及外形等不同，各地区型号划分也不同，主要有 H 系列及 9000 系列，如 H1、H3、H7 属于单丝灯泡，H1 常用于远光灯，H3 用于雾灯，效率更好的 H7 在欧洲车上应用广泛；H4 是双丝灯泡，由远、近光两个灯丝组成。

2. 前照灯配光及防炫目

合理的前照灯照明应保证夜晚行车时尽可能广泛地照亮前方路面及周围的同时，又不能使对面来车驾驶人被光线直接照射而炫目，因此，现代汽车前照灯均采用了不同的措施以防止炫目。

（1）近光灯配光光形　通过在灯泡内的不同位置加装遮光罩及特殊设计的反光镜和配光镜等措施，产生不同的配光光形。

对称形配光，近光灯丝位于反射镜焦点上方并稍向右偏斜，经反射镜反射后光线大部分向下倾斜，从而减少了对迎面来车驾驶人的炫目作用，如图 3-17 所示。

非对称形配光（E 型），近光灯丝位于焦点前方且稍高出光学轴线，其下方装有金属配光屏，由灯丝射向反射镜上部的光线，反射后射向路面，而配光屏挡住了近光灯丝射向反射镜下半部的光线，故没有向上反射能引起炫目的光线。配光屏在安装时偏转一定的角度，使其近光的光形分布不对称，形成一条明显的明暗截止线，达到避免迎面来车的驾驶人炫目的目的，如图 3-18 所示。

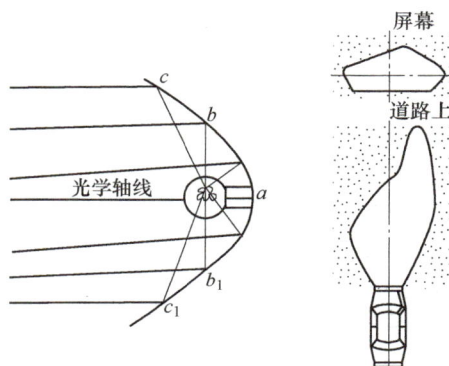

图 3-17　对称形配光　　　　　图 3-18　E 形非对称形配光

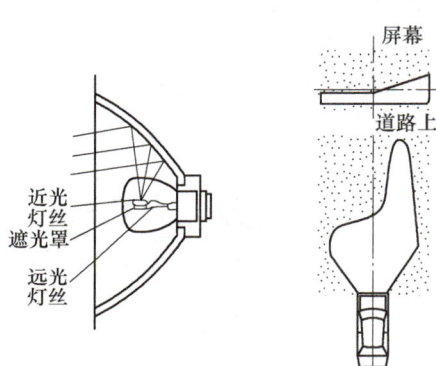

（2）远、近光变换　我国交通法规规定，夜间会车时，须在距对面来车 150m 以外互闭远光灯，改用防炫目近光灯以保证行车安全。

3. 前照灯的对光调整

为保证行车安全，前照灯必须有正确的光束照射位置，因此，无论是否更换了前照灯灯泡，都应定期对前照灯进行对光检查调整。检查方法有屏幕法（图 3-19）和仪器法，检测时应按国家相关规定（或被检测车辆维修手册的要求标准）进行检查调整（可阅读"拓展与提高"中前照灯光束照射位置要求）。

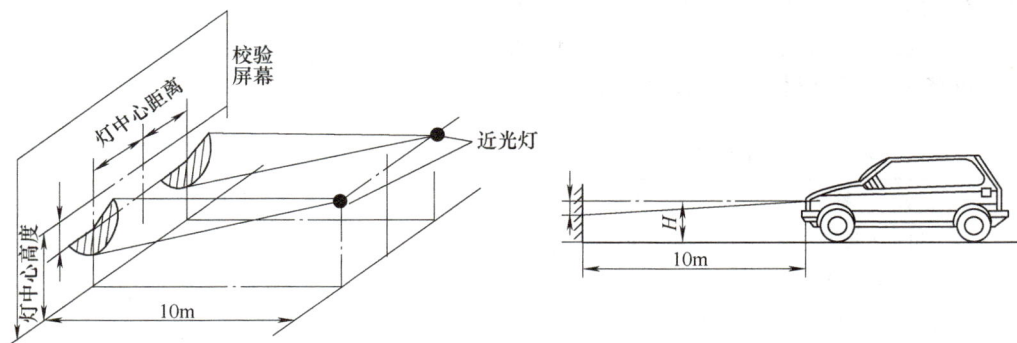

图 3-19　屏幕法前照灯对光检查

4. 前照灯检测仪

屏幕法检查简单易行，但受场地限制，且不能检测灯光发光强度。前照灯检测仪是一种方便的灯光检测设备，可以近距离对前照灯照射位置进行检测，同时能够检测前照灯发光强度。前照灯检测仪由立柱、光接收箱、底座、对准器、位于光接收箱内的光学测量部件及光电检测元件等组成。底座上安装三个固定方向的车轮，使仪器只能平行移动；立柱支撑光接收箱并有调整高度标尺；光接收箱内的光学测量部件可以测量远光灯发光强度，光学测量部件由一个带指示标尺的屏幕、调节手轮及光学透镜组成，可以测量前照灯照射角度。图 3-20 所示为一种前照灯检测仪。

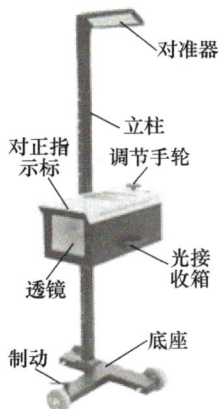

图 3-20　前照灯检测仪

5. 前照灯的调整

在前照灯总成上安装有左右水平及上下垂直的调节螺钉，依据前照灯照射到屏幕的偏差进行上下左右调节。图 3-21 所示为前照灯调整螺钉位置。

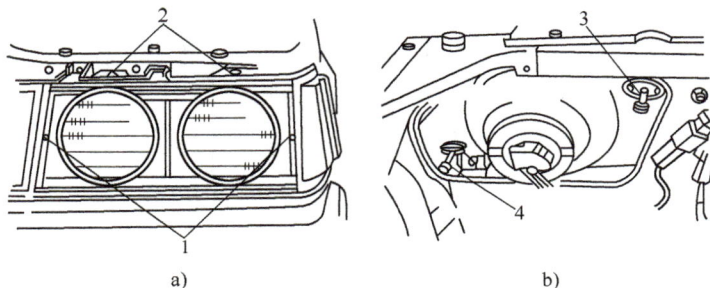

图 3-21　前照灯调整螺钉位置
a）外部调整式　b）内部调整式
1—左右调整螺钉　2—上下调整螺钉　3—左右调整钮　4—上下调整钮

任务实施

1. 准备工作

1）工装穿着整洁，戴好工作手套。
2）车辆进入工位并可靠停驻，检查变速杆位于空档位（自动变速器位于"P"位）。
3）打开发动机舱盖，铺好发动机舱周围车身及驾驶人座位防护套。
4）准备好工具器材和检测设备见表 3-3。

表 3-3　工具器材和检测设备

名　称	规格或型号
组合工具箱	图 3-22
前照灯灯泡	55W
前照灯检测仪	NHD-8000（参考）
测尺	>100cm

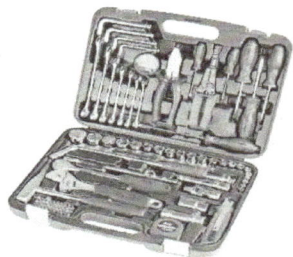

图 3-22　组合工具箱（参考）

5）准备好相关维修信息资料并预习。待维修车辆（本任务示例轿车—汽丰田威驰2006年）的维修手册或已打印好的在电子版车辆维修手册中查询到的前照灯系统相关维修信息。

2. 技术规范及标准

1）在规定时间内完成工作。

2）正确拆装电气插接器、前照灯总成及卤素灯泡。

3）更换近光灯灯泡并调整后左前照灯近光灯应工作正常。

3. 操作步骤

示　例　图	操作步骤及方法
1. 拆装前照灯总成并更换灯泡	
	1）拆卸 ① 打开并支撑好发动机罩，断开蓄电池负极电缆
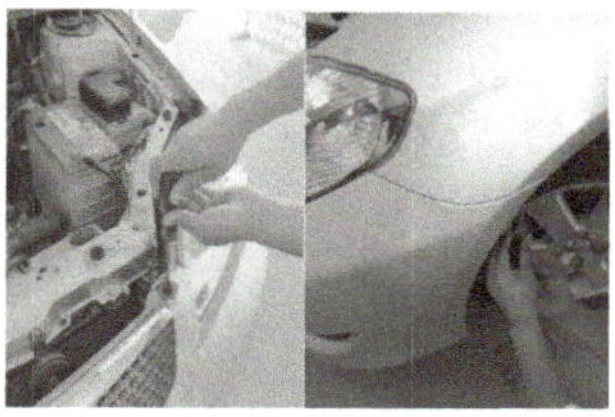	② 拆卸前保险杠与车身连接螺钉及螺栓（见前照灯总成连接螺栓位置信息）
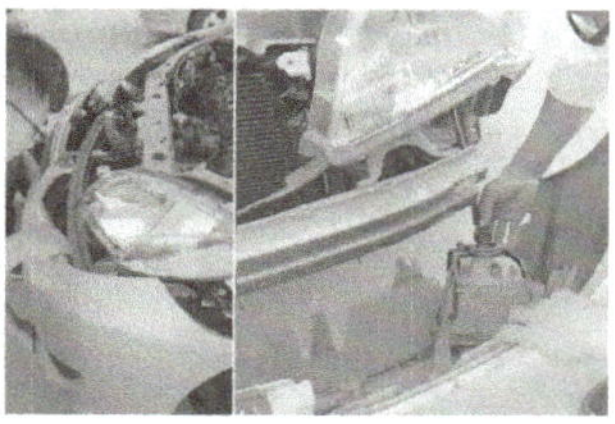	③ 拆卸前保险杠 ④ 拆卸雾灯插接器
	⑤ 拆卸前保险杠
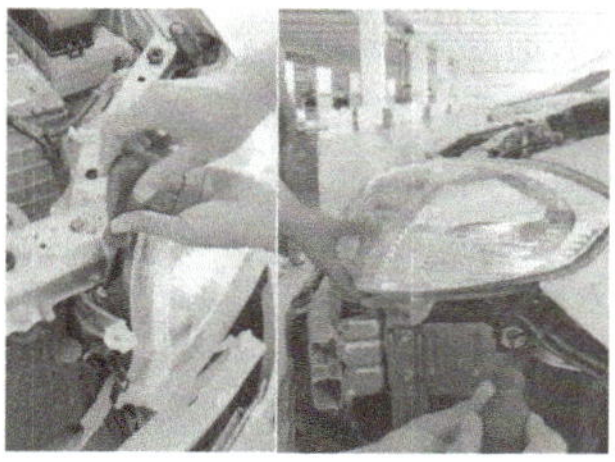	⑥ 拆卸前照灯三个连接螺钉

（续）

示例图	操作步骤及方法
	⑦ 分别拆卸前照灯、转向灯、示位灯插接器 ⑧ 拆下前照灯
	⑨ 拆卸前照灯灯泡防尘罩，按压灯泡压紧钢丝卡夹的头部松开卡夹，取出 H4 型卤素灯泡 提示：更换前照灯灯泡不能触摸玻壳，以免指印使玻壳变黑；更换 H7 灯泡应戴手套及护目镜，防止因其内部压力大可能发生爆裂伤及人体
	2）安装 ① 更换新的 H4 型卤素灯泡并将卡夹头部压入卡槽内 ② 按照拆卸的相反顺序安装好所有拆卸的部件
	③ 安装前照灯总成 提示：紧固前照灯总成螺栓和螺母至 4N·m ④ 连接蓄电池负极电缆，打开前照灯开关，检查安装质量

2. 前照灯对光调整

示例图	操作步骤及方法
	1）车辆准备 燃油箱油量少于一半；轮胎压力正常；汽车各部正常，无其他载荷；擦拭前照灯罩
	2）检测仪方位调整 车辆对准。检测仪距车头前方 88cm 画出宽 0.3m 平行线，使检测仪两后轮位于线内，用对准器检查使车辆纵向中心线与光接收箱是否垂直，否则重新停放车辆 提示：汽车前部左右对称点位于对准器的水平槽内即可

（续）

示　例　图	操作步骤及方法
	3）检测仪与被测前照灯对正调整 ① 将仪器推至被测前照灯前，测量前照灯中心（前照灯透镜中心标记）到地面距离，调整仪器高度使透镜中心与之等高 ② 移动光接收箱使其上盖上的对正指示标记延长线与被测前照灯延长线重合，前照灯完成对正
	4）检测仪内屏幕调节 ① 计算前照灯上倾角规定数据（见"拓展与提高"1），确定被测灯光轴上下偏移量 指示标尺每一小格相当于（上下偏移量）5cm/10m，上下指示标尺在水平零刻度线上方的刻度为灯光下偏移量，下方为上偏移量，分别用"D"和"U"标示
	② 调节检测仪内屏幕 调整调节手轮使接收箱内屏幕上下移动，使上下指示标指针上边沿对正已经计算确定了的上下偏移量（小格数）
	5）起动发动机，打开前照灯近光 观察屏幕光影，调节前照灯调节螺钉使近光明暗截止线与屏幕截止线基本重合

（续）

示 例 图	操作步骤及方法
3. 车辆恢复	
	整理清洁，填写检测评价记录

注：有些车型拆卸前照灯总成无须拆卸保险杠，具体拆装步骤应参考相应车型维修手册。

检测评价

质量检查		
项　　目	完成情况	解 释 说 明
1）按要求断开蓄电池负极电缆	是□　否□	
2）正确拆卸前保险杠及雾灯插接器	是□　否□	
3）正确拆卸前照灯插接器并完成安装	是□　否□	
4）拆卸前照灯总成	是□　否□	
5）按规范进行前照灯灯泡的拆装	是□　否□	
6）按相反顺序完成全部安装	是□　否□	
7）按规范进行前照灯对光调整	是□　否□	
8）进行灯光系统的复检	是□　否□	
9）维修后车辆整理，工具整理，卫生清洁，填写检测评价记录	是□　否□	
小组综合评价		
学生自我评价		
教师评价		

注：1. 每项工作完成后在"是"后面□内打√，未做或未完成在"否"后面□内打√。
　　2. 如果项目未做或未完成在"解释说明"中说明原因。

考核练习

一、理论知识

1. 对于汽车前照灯使用的卤素灯泡，甲同学说与白炽灯泡比较其优点是寿命更长，亮度更大，因而具有更高的发光效率；乙同学说双丝灯泡由远、近光两个灯丝组成。他们哪个人的说法正确？（　　　）

A. 甲同学对　　　　B. 乙同学对　　　　C. 他们都对　　　　D. 他们都不对

2. 为保证行车安全，前照灯必须有正确的光束照射位置，因此，无论是否更换了前照灯灯泡，都应定期对前照灯进行对光检查调整。（　　　）

A. 正确　　　　　　B. 错误

3. 前照灯对光检查方法有_____法和_____法。

4. 前照灯总成主要由_____和_____等组成。

5. 现代轿车上多采用复合式前照灯总成，将_____灯、_____灯、_____灯、_____灯等整合成一个整体构成。

二、实训操作

简述前照灯的调整步骤和操作方法。

拓展与提高

1.《营运车辆综合性能要求和检验方法》（GB 18565 – 2001）**前照灯光束照射位置要求**（屏幕法）

在检验前照灯的近光光束照射位置时，前照灯在距离屏幕前 10m 处，光束明暗截止线转角或中点的高度应为 $0.6H \sim 0.8H$（H 为前照灯基准中心高度），其水平方向位置要求向左向右偏均不得超过 100mm。

在检验四灯制前照灯的远光单光束的照射位置时，前照灯在距离屏幕 10m 处，光束中心离地高度为 $0.85H \sim 0.90H$，水平位置要求左灯向左偏不得大于 100mm，向右偏不得大于 170mm，右灯向左或向右偏均不得大于 170mm。

汽车装用远光和近光双光束灯时以调整近光光束为主。对于只能调整远光单光束的灯，调整远光单光束。

2. 前照灯新型光源

（1）发光二极管　发光二极管又称 LED，是一种半导体发光材料，由于具有运行安全性高、能耗极低、对振动和颤动不敏感、接通迅速、寿命长等优点，在汽车内部照明、尾部车灯及日间行车灯有广泛应用，近年来一些高级轿车前照灯也开始采用了 LED，如 2007 款林肯 Aviator、雷克萨斯 600H、新款奥迪 R8 等车型。

（2）气体放电灯　气体放电灯又称氙气灯，英文缩写 HID，是将惰性气体氙气和金属卤化物充入石英灯管内。发光原理是通过瞬间产生的 10 ~ 20kV 电压，使电极间气体被电离产生等离子体电弧，同时输入 200V，400Hz 高频交流电，使金属卤化物因升温而蒸发并发光。此时，只要 85V 的工作电压就可以维持最大发光功率。氙气灯的亮度要比新式 H7 灯泡还亮 2 倍，但只需其 2/3 的功率，且寿命长，是一种非常好的新型光源。HID 系统由一个控制部件、点燃部件构成的镇流器和氙气灯部件总成等组成。电子镇流器用于氙气灯的点燃、运行和监控。图 3-23 为氙气灯的组成部件。

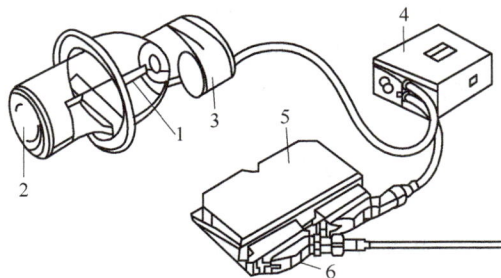

图 3-23 氙气灯的组成部件

1—HID 近光灯 2—透镜 3—灯架 4—点燃部件 5—控制部件 6—插接器

任务三 转向灯不工作的检修

任务目标

1. 知识目标

1）了解汽车转向灯电路的组成。

2）会识读分析转向灯电路。

2. 技能目标

1）了解转向灯控制开关的使用。

2）能够在维修资料引导下对转向灯电路检测并学会相关部件的拆装。

任务描述

顾客报修： 顾客私家车左右转向灯均不亮。

接车检查： 车型：别克凯越轿车；出厂年份：2011 年。

任务说明： 转向灯不工作是较常见的电路故障，本任务通过对转向灯不工作的检修实训来进行说明。

知识储备

1. 转向灯电路的组成

转向信号利用灯光闪烁将驾驶人转弯或变更车道等意图向外界表达，转向灯光色为琥珀色。在遇到某些特殊情况或出现紧急遇险状态需要提醒其他车辆注意或避让时，全部转向灯通过一个特殊的开关——危险警告灯开关同时接通闪烁，所以危险警报灯电路属于转向信号灯电路的一个组成部分。

转向灯及危险警报灯电路主要由闪光控制器、转向灯泡、控制开关（转向灯开关和危险警告灯开关）、转向指示灯（仪表盘内）以及一些导线、熔丝、插接器等元件组成。

（1）闪光控制器（闪光器） 闪光器的作用是控制电流以很短的固定时间间隔通—断从而实现转向灯泡闪烁。大部分汽车转向灯和危险警报灯系统共用一个闪光器。

闪光器有机械热效应式和电子式等类型，现代汽车广泛使用电子式闪光器（图 3-24）。

常用的电子式闪光器主要由一个电子控制元件和一个继电器构成。当转向灯开关将电路接通后，电子控制元件输出方波电流使继电器线圈产生强弱变化的磁场，控制继电器触点开关交替开合，于是转向灯产生闪烁。电子式闪光器的工作特点是一旦某一只转向灯损坏，则使电子控制元件内振荡器的振荡频率加快一倍，使输出方波频率加快一倍，于是转向灯闪烁亦加快一倍，以提醒驾驶人注意。

（2）转向灯泡　转向灯泡为白色或琥珀色玻璃壳的普通白炽灯泡，功率为 20 ~ 25W（侧转向灯 5W），如图 3-25 所示。普通灯泡也用于其他灯光系统的照明。

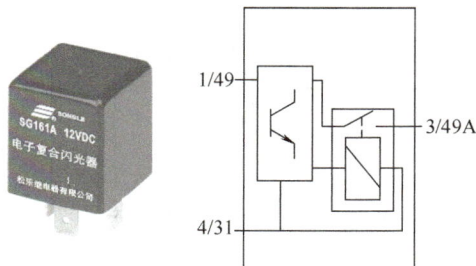

图 3-24　电子式闪光器实物图及原理图

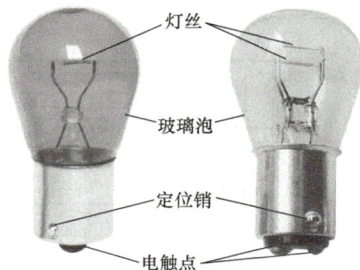

图 3-25　单丝和双丝灯泡

（3）控制开关　转向灯开关常与灯光控制开关组合在一起，安装在转向盘左侧下方，便于驾驶人操作，向上推动点亮右转向灯；向下拉动点亮左转向灯。

危险警报灯开关位于仪表板中部中央控制台上，属于按压式开关。

转向灯开关和危险警告灯开关实物图如图 3-26 所示。

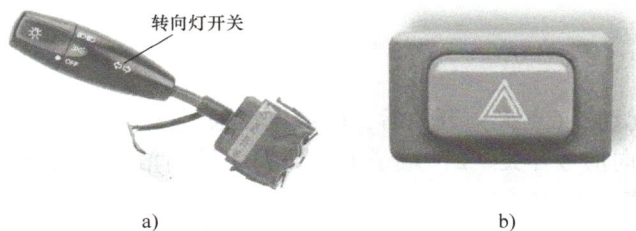

a)　　　　　　　　　　　　　　　　b)

图 3-26　危险警告灯开关和转向灯开关
a）转向灯开关　b）危险警告灯开关

2. 电路识读与分析

不同汽车的转向灯电路并不完全相同，对电路图做电路分析是准确解决转向灯故障的重要前提。

图 3-27 为通用别克凯越轿车转向灯和危险警告灯电路图（2011 年款）。

（1）功能元件位置及结构识读　电路图中信息表明转向灯电路受"运行/起动"（点火）开关控制，有一个熔丝（F22 15A）位于仪表板熔丝盒内，转向灯及危险警告灯共用一个闪光器，左右后转向灯共用一个搭铁点 G401。

（2）电流路径分析　电路特点：转向灯也受遥控门锁接收器模块控制，说明转向灯具有门锁开闭指示及防盗报警功能。

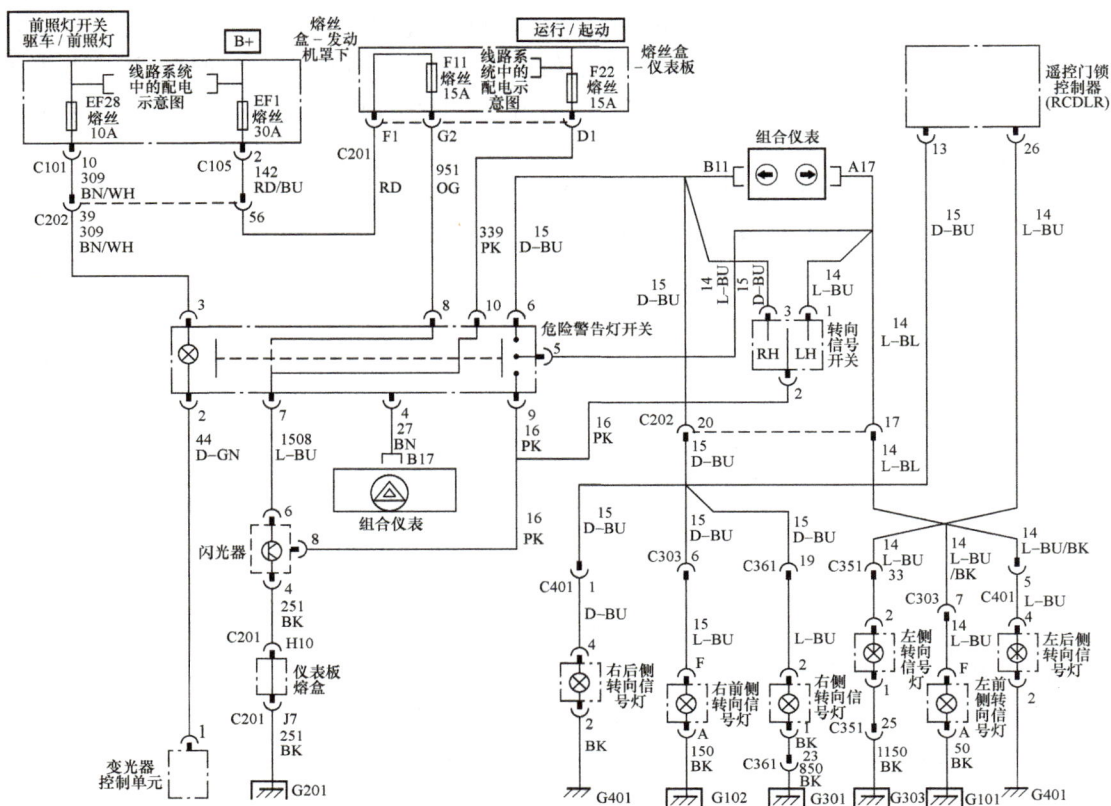

图 3-27　通用别克凯越轿车转向灯和危险警告灯（2011 年款）

当开启"运行/起动"（点火）开关后，电源电压通过导线经危险警告灯开关（图中状态）和闪光器加在转向信号开关"2"端子上。如果将转向信号开关向活动触点"RH"扳动，接通全部右转向灯，电路路径是：

"运行/起动"开关→熔丝 F22→危险警告灯开关（10→7）→闪光器（6→8）→转向信号开关（2→3）

- 组合仪表内转向指示灯（B11→B1）→搭铁；
- 右前转向灯（F→A）→搭铁 G102；
- 右后转向灯（4→2）→搭铁 G401；
- 右侧转向灯（2→1）→搭铁 G301。

任务实施

1. 准备工作

1）工装穿着整洁，戴好工作手套。
2）车辆进入工位并可靠停驻，检查变速杆位于空档位（自动变速器位于"P"位）。
3）打开发动机舱盖，铺好发动机舱周围车身及驾驶人座位防护套。
4）准备好工具器材和检测设备，见表 3-4。

表3-4　工具器材和检测设备

名　称	规格或型号
汽车专用万用表	数字型
组合工具箱	如图3-28
备用熔丝	15A
带端子的测试线	插针端子

图3-28　组合工具箱（参考）

5）准备好相关维修信息资料并预习。待维修车辆（本任务示例轿车别克凯越2011年）的维修手册或已打印好的在电子版车辆维修手册中查询到的转向灯系统相关维修信息。

2. 技术规范及标准

1）在规定时间内完成工作。

2）正确拆装相关功能元件及内饰件。

3）故障排除后转向灯应工作正常。

3. 操作步骤

示　例　图	操作步骤及方法
1. 检查转向灯工作情况 	上下扳动转向灯开关，检查左右侧所有转向灯是否正常闪动
2. 检查熔丝F22 F22	拆下仪表板左侧装饰板，拆下熔丝F22进行检查： 正常：熔丝完好，进行下面检查 　提示：烧断：检查是否短路▲
3. 检查熔丝的供电线路 	1）接通点火开关 2）测量熔丝F22上的电压 正常值：蓄电池电压范围（约12V） 正常：下一步 　提示：不正常：修理熔丝的供电线路▲

（续）

示 例 图	操作步骤及方法
4. 检查转向灯供电电路	
	1）接通危险警告灯开关 2）从灯座上拆下转向灯灯泡 3）用万用表20V档测试灯座正极端子电压 转向信号和危险警告灯灯座正极端子上的蓄电池脉动电压测量值是否在 0～12V 范围内波动
5. 检查转向灯搭铁电路	
	用万用表检测搭铁电路 正常：电阻为0Ω（或蜂鸣档） 提示：否：修理断开的搭铁导线▲
6. 装复	
	装复所有转向信号灯/危险警告灯灯泡
7. 检查闪光器及电路	
	1）接通危险警告灯开关 2）用电压表检测闪光器插接器端子 8（49a） 闪光器端子 8（49a）上的蓄电池脉动电压是否在 0～12V 范围内跳动
	3）接通危险警告灯开关 4）用电压表测试闪光器插接器端子 6（49） 闪光器端子 6（49）上的蓄电池电压是否在规定的范围内

（续）

示 例 图	操作步骤及方法
	5）从插接器上断开闪光器 6）用万用表电阻档或蜂鸣档检查搭铁和闪光器插接器端子 4（31）之间的电路 电阻是否等于 0Ω 提示：是：更换闪光器 否：修理闪光器搭铁接头 ▲

8. 检查危险警告灯开关及电路

	1）拆卸危险警告灯开关 ① 拆下中控台装饰模板
	② 拆下危险警告灯开关
	③ 断开危险警告灯开关插接器 ④ 检测端子 8 上的电压 ⑤ 接通点火开关 ⑥ 检测端子 10 上的电压 正常：两个端子上的电压：蓄电池电压 0～12V
	2）检查危险警告灯开关 ① 接通危险警告灯开关 ② 检测开关端子 7 和端子 10 ③ 检测开关端子 7 和端子 8 正常：万用表显示 0Ω（或鸣响） 是：危险警告灯开关端子 7 和闪光器端子 6（49）之间断路 否：危险警告灯开关故障
	④ 接通危险警告灯开关 ⑤ 用万用表欧姆档检查危险警告灯开关端子 5、6 和 9 正常：万用表显示 0Ω（或鸣响） 是：危险警告灯开关插接器端子 8 和熔丝 F11 之间断路 否：危险警告灯开关故障

（续）

示　例　图	操作步骤及方法
9. 车辆恢复	
	整理清洁，填写检测评价记录

注：▲为实训思考步骤，不是实际操作步骤。

检测评价

质　量　检　查		
项　　目	完　成　情　况	解　释　说　明
1）检查转向灯工作情况	是□　否□	
2）检查熔丝	是□　否□	
3）用电压表测试所有灯座正极端子及搭铁电路	是□　否□	
4）更换有故障的转向信号灯	是□　否□	
5）用电压表检测闪光器插接器端子	是□　否□	
6）正确拆卸危险警告灯开关	是□　否□	
7）检测危险警告灯开关插接器端子	是□　否□	
8）接通危险警告灯开关，检测端子	是□　否□	
9）进行维修后转向灯系统复检，车辆整理，工具整理，卫生清洁，填写检测评价记录	是□　否□	
小组综合评价		
学生自我评价		
教师评价		

注：1. 每项工作完成后在"是"后面□内打√，未做或未完成在"否"后面□内打√。
　　2. 如果项目未做或未完成在"解释说明"中说明原因。

考核练习

一、理论知识

1. 现代汽车广泛使用电子式闪光器。修理工小李说如果某一个转向灯灯泡损坏，仪表盘内转向指示灯闪烁将加快一倍；修理工小张认为车外同侧其余转向灯闪烁将加快一倍。他们哪个人的说法正确？（　　）

A. 小李对　　　　B. 小张对　　　　C. 他们都对　　　　D. 他们都不对

2. 2011 年款凯越轿车仪表板熔丝盒内 F22 熔丝损坏将导致转向灯不工作，但危险警告灯正常工作。（　　）

A. 正确　　　　　　B. 错误

3. 转向灯灯泡为____色或_____色玻壳的普通白炽灯泡，功率一般为_____W。

4. 简述转向灯及危险警告灯电路主要由哪些元件组成。

二、实训操作

简述中控台装饰模板的拆卸方法和要领。

三、社会实践

走访汽车销售服务公司（4S 店）售后维修部门（或修理厂），向维修师傅了解以下内容。

1. 简述至少一种以上车型轿车前照灯的拆装方法并简要地写出。

2. 简述后组合灯（尾灯）总成的拆装方法。

项目四

仪表、报警系统及附属
电气设备的结构与拆装

项 目 描 述

汽车仪表及报警系统主要集中在仪表盘内，为驾驶人提供各种汽车运行及监测信息，喇叭和刮水器装置属于附属电气设备。汽车仪表盘总成，如图4-1所示。

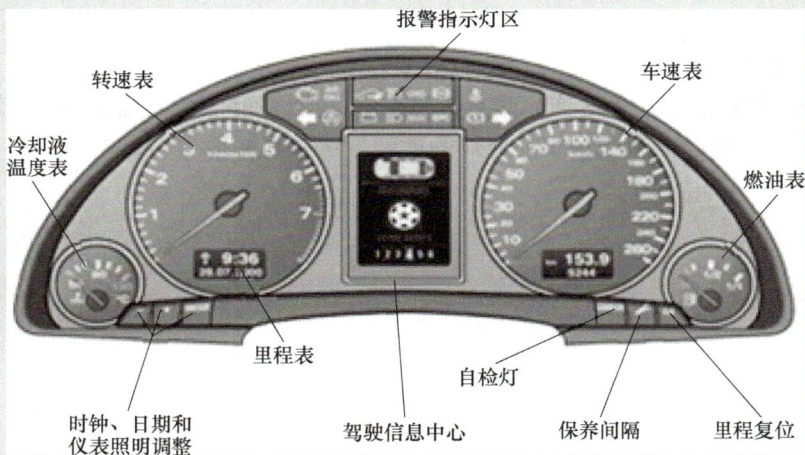

图 4-1　汽车仪表盘总成

本项目由四个任务模块构成，通过任务学习和实践操作训练达到对汽车仪表、报警系统以及喇叭、刮水器等电气设备的认识，识读相关电路图并能够与实际电气线电路进行比较，运用车辆维修技术信息，在指导教师指导下完成对仪表、报警系统以及喇叭、刮水器的检修。

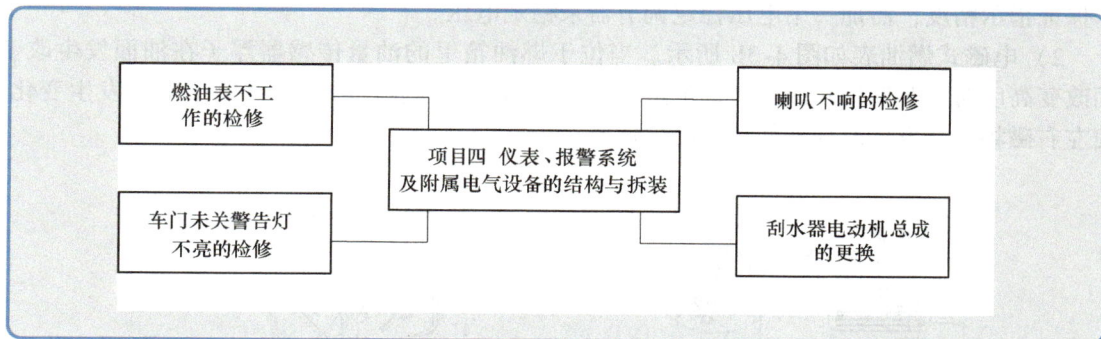

任务一　燃油表不工作的检修

任务目标

1. 知识目标

1）了解燃油表电路的构成及工作原理。

2）了解仪表盘其他仪表的基本知识。

2. 技能目标

1）认知汽车各仪表。

2）学会在维修资料的引导下完成对燃油表电路的检测及仪表盘的拆装。

任务描述

顾客报修：顾客私家车燃油箱内有油，燃油表不指示。

接车检查：车型：别克凯越轿车；出厂年份：2011 年；其他仪表指示正常。

任务说明：燃油表不工作将影响驾驶人对燃油箱剩余油量的信息获得，因而无法把握车辆的行驶路程。

知识储备

汽车燃油表位于仪表盘总成内，用来指示燃油箱内剩余的燃油存储量。仪表分为模拟式燃油表和电子式燃油表两种。

1. 模拟式燃油表

模拟式燃油表（图4-2）也称指针式燃油表，分传统模拟式和电子控制式。

（1）传统模拟式　传统模拟式燃油表主要由传感器（燃油表传感器位于燃油箱内，由一个滑动变阻器和浮子构成）和仪表构成，分为电热式和电磁式。

1）电热式燃油表如图4-3a 所示，当电流在位于燃油箱里的油量传感器的控制下通过仪表加热线圈时，双金属片受热膨胀推动指针摆动。电热式燃油表受电源电压影响较大，因此为

图 4-2　模拟式燃油表

了保证指示精度，需加一个电压稳定调节器来稳定电压。

2）电磁式燃油表如图 4-3b 所示。当位于燃油箱里的油量传感器浮子在油面发生改变而改变高度时，驱动滑片改变滑动电阻，控制其通过燃油表左右两个线圈的电流发生变化，使左右磁场强度发生改变而使指针随之偏转。

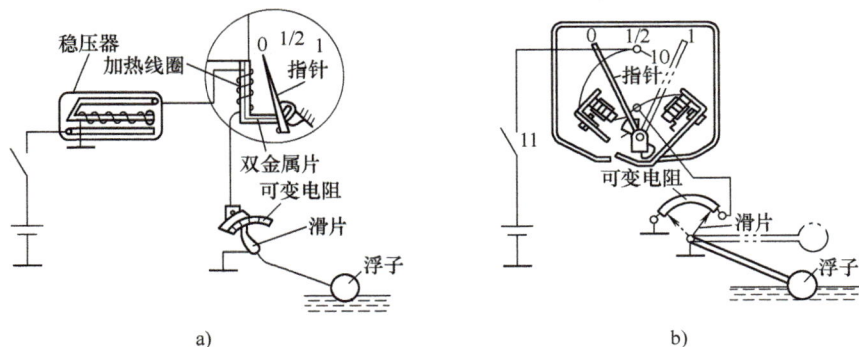

图 4-3　燃油表结构电路示意图
a）电热式燃油表　b）电磁式燃油表

（2）电子控制式　电子控制式是由电子模块或微型计算机控制模拟燃油表，传感器将获得的信息（如燃油量、冷却液温度、车速、发动机转速等）送至电子模块或车载计算机，然后由电子模块或微机输出控制电流使模拟燃油表指针偏转。如果燃油表电路发生故障，微机记录故障需用汽车诊断仪检查。

故障码是为了能够帮助维修人员及时掌握汽车电气及电子系统故障，汽车上的计算机控制模块（ECU）具有诊断系统部件及线路故障的能力，它被称为车载诊断功能（英文缩写OBD）。当计算机控制模块发现系统内出现故障时，以故障码的形式记录下来，并点亮仪表盘上的发动机故障灯，提醒驾驶人或维修人员及时排除故障。同时，计算机模块还能够记录系统内部件的工作数据，维修人员可以通过故障诊断仪进行读取故障码及运行数据记录，了解故障信息。

2. 电子式燃油表

电子式燃油表有图形显示和数字显示。图 4-4 为条形图形显示式燃油表（一般每一小段代表 1L 燃油）。电子式燃油表的基本原理是电子芯片控制电路驱动发光二极管显示。电子式燃油表的优点是比普通模拟式燃油表更精确。

3. 燃油表电路识读与分析

由于不同汽车的仪表电路并不完全相同，所以对电路图做电路分析是准确解决故障的重要前提。

图 4-5 为通用别克凯越轿车燃油表电路图（2011 年款）。

（1）功能元件位置及结构　电路图中信息表明该车型燃油表控制信号经由发动机 ECU，通过仪表盘电子模块驱动。两个为仪表组电子模块供电电路的熔丝分别位于发动机舱内和仪表板下熔丝盒内，

图 4-4　条形图形显示式燃油表

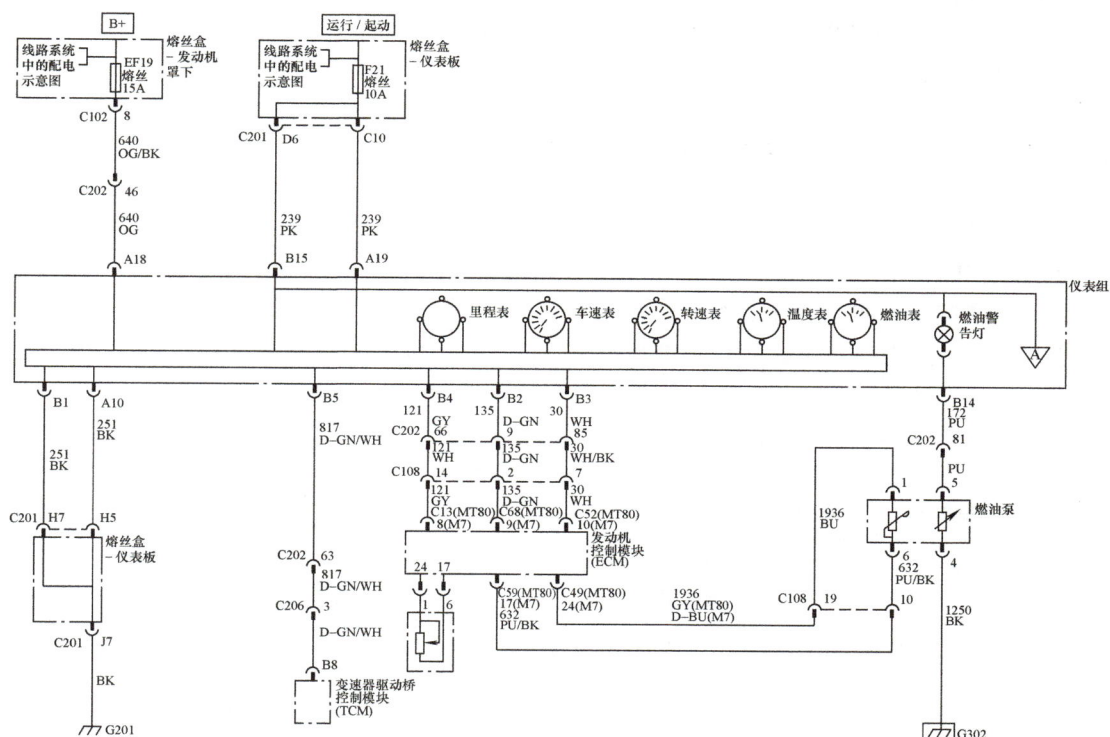

图 4-5　通用别克凯越轿车燃油表电路图（2011 年款）

唯一搭铁点为 G201。电路图中发动机控制模块版本有两种，分别对应不同接线端子号，可以通过实车对照或用诊断仪查询控制模块版本的方法确认发动机控制模块，该车的控制模块版本是 M7。

（2）电流路径分析　查阅 2011 维修手册发动机控制模块（M7）插接器端子功能，17端子提供 5V 参考电压；查阅仪表板插接器端子功能，B3 端子为燃油油位信号。电流路径为：

发动机控制模块端子 17→燃油表及油位传感器总成（6→1）→发动机控制模块（24→10）→仪表板插接器 B3→燃油表→仪表板插接器 B1→搭铁 G201。

4. 其他汽车仪表

在汽车仪表盘上，还有冷却液温度表、发动机转速表、车速表、里程表，一些大型车辆仪表盘还有机油压力表和气压表等。

（1）冷却液温度表　也称为水温表，是显示发动机冷却液温度的仪表。它的传感器是一种热敏电阻式传感器，通过壳体螺纹固定在发动机冷却水套上。热敏电阻改变流经冷却液温度表线圈绕组中电流的大小，从而驱动表头指针摆动。

（2）发动机转速表　发动机转速表能够直观地显示发动机在各个工况下的转速，驾驶人可以随时知道发动机的运转情况，配合变速器档位和加速踏板位置，使之保持最佳的工作状态，对减少油耗，延长发动机寿命有好处。转速表单位是 $1/\min \times 1000$。

（3）车速表　车速表显示车辆的行驶速度。车速表从变速器输出轴上的速度传感器获取信号，通过脉冲频率的变化使指针偏转或者显示数字。

（4）里程表　里程表显示汽车行驶总里程，有的汽车还安装有即时里程表，可以通过复位得知汽车随时的行驶里程。现代汽车越来越多采用液晶显示电子式里程表，也是从速度传感器获取信号，经电子电路通过脉冲计数累积。

任务实施

1. 准备工作

1）工装穿着整洁，戴好工作手套。

2）车辆进入工位并可靠停驻，检查变速杆位于空档位（自动变速器位于"P"位）。

3）打开发动机舱盖，铺好发动机舱周围车身及驾驶人座位防护套。

4）准备好工具器材和检测设备，见表4-1。

表4-1　工具器材和检测设备

名　称	规格或型号
汽车专用万用表	数字型
汽车诊断仪	通用型
组合工具箱	图4-6
带插针端子的测试线	
内饰拆卸工具	

图4-6　组合工具箱（参考）

5）准备好相关维修信息资料并预习。待维修车辆（本任务示例轿车别克凯越2012年款）的维修手册或已打印好的在电子版车辆维修手册中查询到的仪表系统相关维修信息。

2. 技术规范及标准

1）在规定时间内完成工作。

2）正确拆装相关功能元件及内饰件。

3）故障排除后燃油表应工作正常。

3. 操作步骤

示　例　图	操作步骤及方法
1. 仪表认知	
	开启点火开关至ON（运行）档，认知发动机转速表，车速表，里程表，冷却液温度表，燃油表外部结构、标识及指示含义

（续）

示　例　图	操作步骤及方法
2. 读取故障信息	
	1）连接故障诊断仪 KT600 2）将诊断仪 16 针诊断接口连接左侧仪表板下 OBD 诊断接口上，打开点火开关
	3）检查发动机控制系统故障诊断码 打开诊断仪开关→选择汽车诊断→通用→别克→2012→动力总成→选择发动机类型（查询 VIN 码第 8 位）→发动机控制模块→读取故障码 有：读取故障信息 无：读取数据流（故障存储）信息
	4）信息燃油量显示 0——检查燃油油面传感器到发动机 ECU 之间的线路 信息燃油量显示与油箱实际量基本一致——燃油油面传感器到发动机 ECU 的线路正常，检查发动机 ECU 到仪表盘之间的电路
3. 燃油油面传感器的检查	
	1）拆卸后排座椅。用力向上拉起座椅，使之与锁扣脱开
	2）拆卸燃油泵及油面传感器护盖
	3）检查燃油泵-油面传感器总成插接器连接情况 4）拆卸插接器，查询维修资料找到油面传感器的两个端子位置

(续)

示　例　图	操作步骤及方法
4. 检查发动机 ECU 到仪表盘之间的电路	
	1）断开蓄电池负极电缆，断开发动机控制模块（ECM）插接器 2）向外（纵向）拉出插接器锁止卡槽，拆下控制模块（ECM）插接器
	3）拆卸仪表盘总成 ① 降下转向盘 ② 拆卸组合仪表装饰板 a. 用十字螺钉旋具拆卸装饰板固定螺钉
	b. 用专用工具（或 3×100mm 一字螺钉旋具）撬开仪表盘下装饰板
	c. 在装饰板弹簧片卡夹附近用手向外适当用力轻拉（注意不要用力过猛，损坏装饰板）装饰板，拆下装饰板
	③ 用十字螺钉旋具拆卸仪表盘上部及下部固定螺钉
	④ 拆下仪表盘总成

（续）

示　例　图	操作步骤及方法
	⑤ 断开 3 个电气插接器，取出仪表盘
	4）用万用表蜂鸣档测量发动机控制模块（ECM）插接器端子 24 和仪表盘插接器端子 B3 之间导线的导通性 正常值：0Ω 正常——仪表故障，更换仪表盘总成 电阻很大——修理仪表组插接器端子 B3 和发动机控制模块（ECM）端子 24 之间的开路故障
	5）安装仪表盘 ① 连接仪表盘及发动机控制模块电气插接器 ② 连接蓄电池电缆，检查仪表工作情况 ③ 按相反的顺序安装仪表盘总成 ④ 安装仪表盘装饰板，用手压紧 ⑤ 调整转向盘
5. 车辆恢复	
	整理清洁，填写检测评价报告单

▨ 检测评价

质量检查		
项　　目	完成情况	解释说明
1）进行仪表盘的认知	是□　　否□	
2）用故障诊断仪进行故障码的读取及燃油表数据流的检查	是□　　否□	
3）进行燃油油面传感器插接器的检查	是□　　否□	
4）断开蓄电池负极并正确拆卸发动机控制模块（ECM）插接器	是□　　否□	

（续）

质量检查		
项　　目	完 成 情 况	解 释 说 明
5）正确拆卸组合仪表装饰板	是□　　否□	
6）正确拆下仪表盘总成	是□　　否□	
7）用万用表蜂鸣档测量发动机控制模块和燃油表端的导通性	是□　　否□	
8）完成仪表盘安装并进行维修后复检，车辆整理，工具整理，卫生清洁，填写检测评价记录	是□　　否□	
小组综合评价		
学生自我评价		
教师评价		

注：1. 每项工作完成后在"是"后面□内打√，未做或未完成在"否"后面□内打√。

　　2. 如果项目未做或未完成在"解释说明"中说明原因。

考核练习

一、理论知识

1. 对于汽车仪表的认识。修理工小李说汽车燃油表位于仪表盘总成内，用来指示燃油箱内剩余的燃油存储量；修理工小张认为微机控制的仪表盘具有一定的故障诊断能力，可以通过故障诊断仪读取故障信息。他们哪个人的说法正确？（　　　）

A. 小李对　　　　　B. 小张对　　　　　C. 他们都对　　　　　D. 他们都不对

2. 凯越轿车仪表盘内冷却液温度表、燃油表、转速表信号由发动机控制模块提供。（　　　）

A. 正确　　　　　B. 错误

3. 冷却液温度表是显示发动机冷却液温度的仪表。它的传感器是一种_____传感器，用螺纹固定_____上。

4. 简述凯越轿车燃油表工作电流路径。

二、实训操作

简述故障诊断仪的连接及读取故障信息步骤。

拓展与提高

计算机控制数字仪表盘简介

现代汽车越来越多采用计算机控制的数字仪表显示，准确性更高。计算机控制的仪表盘是运用计算机将车速、发动机转速、行驶里程、冷却液温度、燃油量等传感器信号进行处理，控制显示器显示。有的汽车是单独的仪表控制计算机，有的汽车直接由车身计算机控制模块（BCM）执行所有功能。图4-1为计算机控制的数字仪表盘，它由中部的数字信息显示部分和左右计算机驱动的模拟仪表显示部分组成。有些轿车采用全数字仪表盘，仪表显示采用电子模拟指针仪表，如图4-7所示。

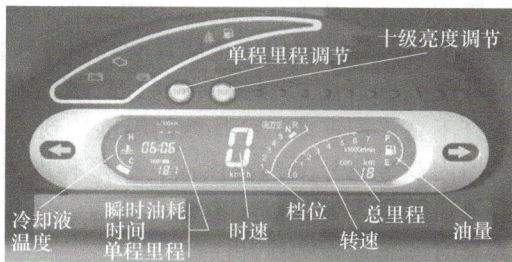

图4-7　奇瑞 QQ 轿车数字仪表盘

计算机控制的仪表显示系统既精确、信息量大、又具有与发动机计算机控制模块信息共享及故障诊断等功能。

任务二　车门未关警告灯不亮的检修

任务目标

1. 知识目标

1）了解警告灯的作用、名称及符号含义。

2）了解警告灯电路。

3）了解声响报警系统的构成及工作原理。

2. 技能目标

1）学会车门未关警告灯电路的检查方法。

2）学会更换警告灯及门灯控制开关。

任务描述

顾客报修：私家车车门打开时，仪表盘车门未关警告灯不亮。

接车检查：车型：别克凯越轿车；出厂年份：2004 年；维修建议：检查车门未关警告灯电路并修理。

任务说明：车门未关警告灯不亮将使驾驶人无法判断车门是否关牢。

知识储备

1. 警告灯及指示灯

汽车上的警告灯装置用来监控汽车上一些系统的工作情况，当某些系统接近或达到非正常状态要求时点亮警告灯发出警告信息，提醒驾驶人必须注意或进行处理。

警告灯用于机油压力、冷却液温度、制动液不足、燃油量不足、车门未关、安全带未系、充电系统故障、发动机故障、自动变速器故障、ABS 故障、安全气囊故障等电子控制系统的故障等报警提示。除了电子控制系统警告灯由电子控制模块控制以外，其余大部分警告灯电路都是由开关式传感器控制。下面主要介绍几种开关式传感器控制的警告灯。

（1）冷却液温度过高警告灯　冷却液温度过高将导致发动机运行不正常。冷却液温度过高警告灯电路由一个控制开关和警告灯组成。控制开关有双金属片式（图 4-8）和热敏电阻式等。当发动机冷却液的温度正常时，传感器内双金属片受热温度较低，变形程度小，其内动触点和静触点保持断开状态，警告灯中无电流通过，警告灯不亮；当发动机冷却液的温度达到或超过极限温度时，传感器内双金属片受热温度高，变形程度大，使其内动触点和静触点闭合，警告灯中有电流通过，警告灯点亮，提醒驾驶人及时停车检查和冷却。

（2）制动液面不足警告灯　由安装在制动液储液罐内的浮子式传感器和警告灯组成，其电路如图 4-9 所示。当制动液充足时，浮子随制动液上浮，处于较高位置，其内永久磁铁与舌簧开关的位置较远，对舌簧开关的吸引力较弱，舌簧开关处于常开状态，警告灯电路断开，警告灯不亮；当制动液不足时，浮子随制动液下降，当下降到规定值以下时，永久磁铁与舌簧开关的位置较近，从而吸动舌簧开关闭合，警告灯电路被接通，警告灯点亮，提醒驾驶人注意，防止制动效能下降而出现安全事故。

（3）机油压力过低警告灯　机油压力警告灯电路由一个压力开关和警告灯组成（图 4-10）。压力开关通过螺纹连接到发动机缸体主油道上。当点火开关打开"ON"档时，管形弹簧内无机油，触点 1 靠紧触点 2，线路接通，警告灯点亮；当发动机起动后，机油进入管形弹簧，弹簧伸张使触点 1 离开触点 2，警告灯熄灭。如果油压过低或无机油，弹簧不能伸张，警告灯点亮。警告灯点亮后驾驶人应立即停车检查。

警告灯一般都是采用楔形微型灯泡（也有的采用发光二极管），安装在仪表盘背板上，灯泡前面制有表示不同含义的标准图形符号的滤光片，当灯泡亮时发出显示，便于驾驶人观察。控制开关大多位于其所监控的系统上（电子控制系统除外）。

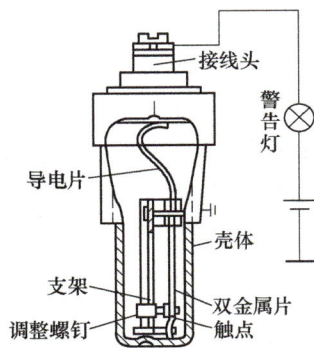

图 4-8　双金属片式冷却液温度警告灯电路

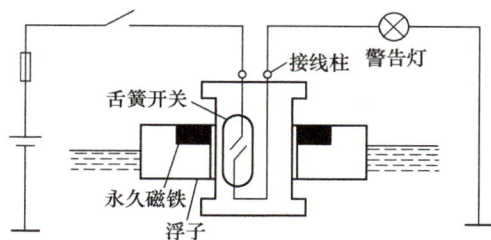

图4-9 制动液面不足警告灯电路

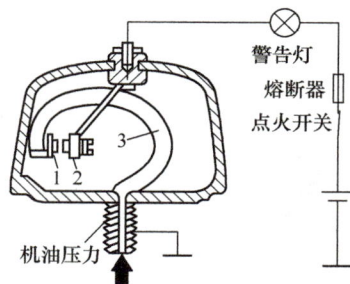

图4-10 机油压力过低警告灯电路

1—活动触点 2—固定触点 3—管形弹簧

仪表盘上还有一些用于指示车辆某些系统处于某种状态的指示灯，如远光指示灯、转向指示灯和驻车制动工作指示灯等。汽车仪表盘上常见警告灯及指示灯的符号名称和含义见表4-2。

表4-2 仪表盘上常见警告灯及指示灯的符号名称和作用

图 形 符 号	名 称	颜 色	作 用
	充电指示灯	红	发电机不发电时点亮
	冷却液温度过高警告灯	红	发动机冷却液温度达到规定限值以上时点亮
	发动机故障警告灯	黄	发电机电控系统有故障时点亮
	燃油不足警告灯	红	燃油剩余量低于10L时点亮
	前雾灯工作指示灯	绿	前雾灯开启时点亮
	后雾灯工作指示灯	红	后雾灯开启时点亮
	ABS系统故障警告灯	黄	ABS系统电控部分有故障时点亮
	近光工作指示灯	蓝	前照灯近光点亮时灯亮
	远光工作指示灯	蓝	前照灯远光点亮时灯亮
	压力过低警告灯	红	发动机机油压力低于规定限值以下时点亮
	车门未关警告灯	红	车门开启或半开（未关到位）时点亮
	安全带未系警告灯	红	有的车型发动机工作后数秒内灯灭；有的车型系上安全带后灯灭

(续)

图形符号	名　称	颜　色	作　用
⇐ ⇒	转向指示灯	绿	转向灯打开后闪烁，警告灯开关开启后同时闪烁
🚹	安全气囊警告灯	红	点火开关开启后闪亮数次熄灭；安全气囊系统出现故障时点亮
EPS	电动转向系统警告灯	黄	电动转向工作时，电控系统有故障点亮
(!)	驻车制动工作指示灯	红	驻车制动没有安全松开时灯亮；制动液不足时点亮

2. 车门未关警告灯电路

车门未关警告灯当车门开启时点亮，并在车门关牢（到位）后熄灭，如果仍亮说明车门没有关上（到位），必须重新将其关牢以保证安全。图4-11为车门未关警告灯电路（凯

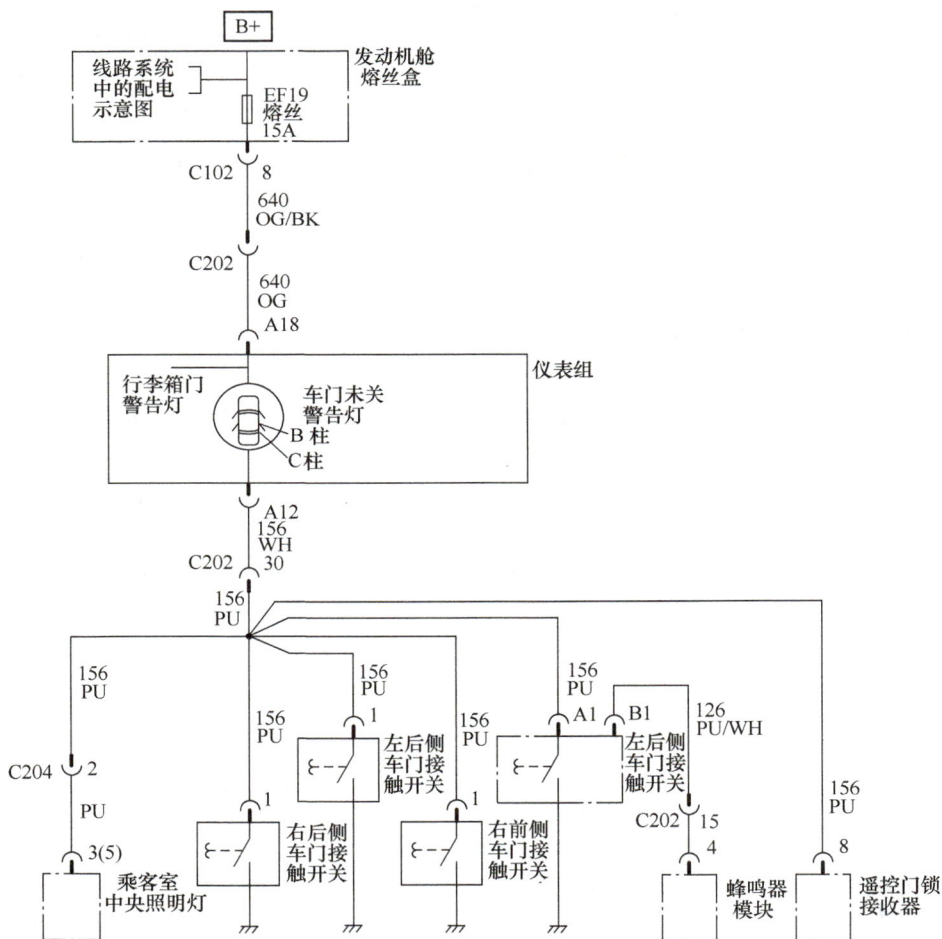

图4-11　车门未关警告灯电路（凯越轿车2011年款）

越轿车 2011 款）。

　　电路特点分析：车门未关警告灯同时受 4 个并联在一起的车门接触开关控制，4 个车门接触开关分别安装在车门框（B 柱和 C 柱）上，属于按压式开关，图中状态是关门状态，开关断开，警告灯熄灭；其中只要有其中一个车门未关到位（半开），电路接通，警告灯点亮，而驾驶人车门未关到位报警蜂鸣器同时鸣响。

任务实施

1. 准备工作

1）工装穿着整洁，戴好工作手套。

2）车辆进入工位并可靠停驻，检查变速杆位于空档位（自动变速器位于"P"位）。

3）打开发动机舱盖，铺好发动机舱周围车身及驾驶人座位防护套。

4）准备好工具器材和检测设备，见表 4-3。

表 4-3　工具器材和检测设备

名　　称	规格或型号
汽车专用万用表	数字型
组合工具箱	图 4-12
内饰拆卸工具	

图 4-12　组合工具箱（参考）

5）准备好相关维修信息资料并预习。待维修车辆（本任务示例轿车别克凯越轿车）的维修手册或已打印好的在电子版车辆维修手册中查询到的车门未关警告灯系统相关维修信息。

2. 技术规范及标准

1）在规定时间内完成工作。

2）正确拆装相关功能元件及内饰件。

3）故障排除后车门未关警告灯应工作正常。

3. 操作步骤

示　例　图	操作步骤及方法
1. 检查发动机舱熔丝盒	
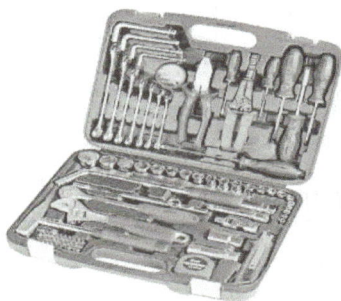	检查发动机舱熔丝盒内 EF19 熔丝是否烧断

（续）

示　例　图	操作步骤及方法
2. 车门未关警告灯的拆装	
	1）拆卸仪表盘（拆卸步骤与上节相同）
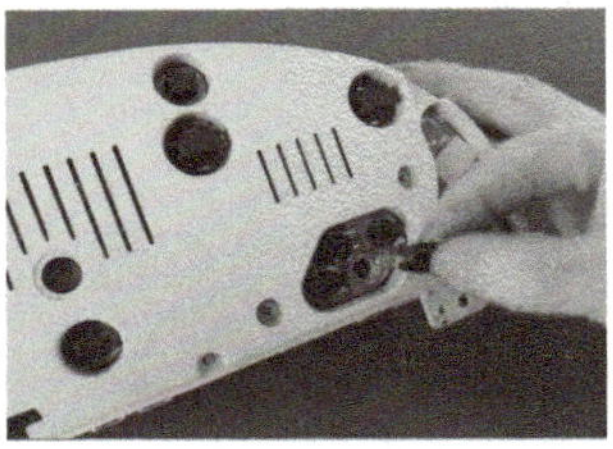	2）拆卸车门未关警告灯（如果警告灯为发光二极管，更换发光二极管——方法略） 3）检查灯泡 完好：继续下一步检查 损坏：更换 4）按拆卸相反顺序安装
3. 拆卸门灯控制开关	
	1）用螺钉旋具拆下门框处门灯开关固定螺钉
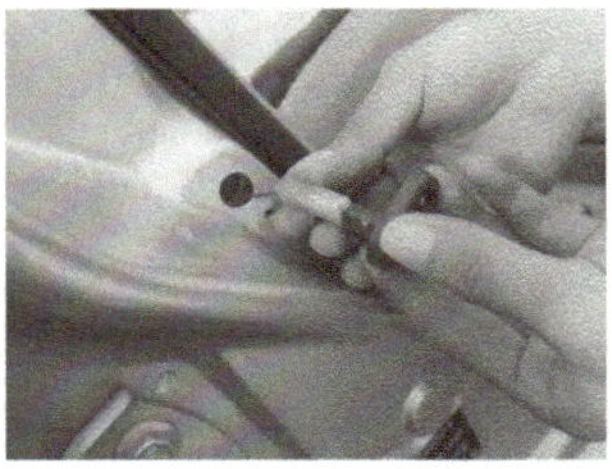	2）拆下插接器
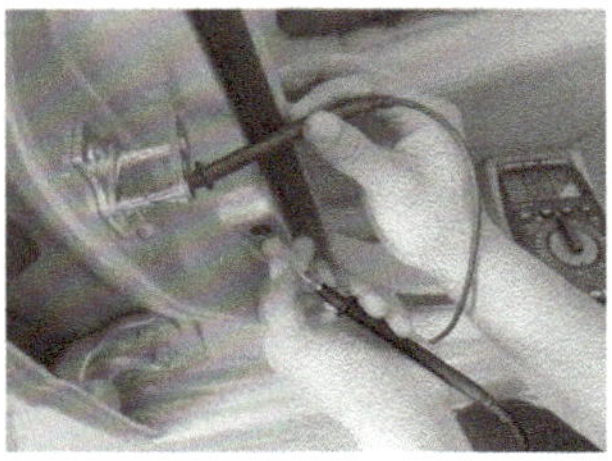	3）检测门控灯开关插接器端子1（图中箭头所示）的电压 正常：更换门控灯开关 0：修理熔丝 EF19 与门控灯端子 1 之间的开路故障 4）安装门控灯开关

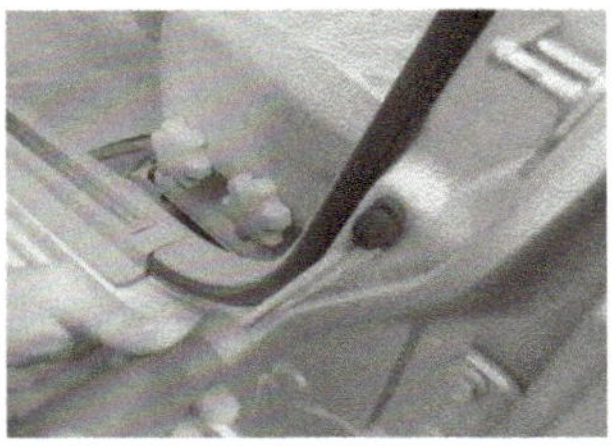

（续）

示　例　图	操作步骤及方法
4. 车辆恢复	
	整理清洁，填写检测评价记录

检测评价

质量检查		
项　目	完成情况	解释说明
1）完成组合仪表装饰板的拆卸	是□　否□	
2）正确拆下仪表盘总成	是□　否□	
3）完成车门未关警告灯的拆装	是□　否□	
4）完成门灯控制开关的拆卸	是□　否□	
5）进行门灯控制开关的检查	是□　否□	
6）完成门灯控制开关的安装	是□　否□	
7）进行维修后质量检查，车辆整理，工具整理，卫生清洁，填写检测评价记录	是□　否□	
小组综合评价		
学生自我评价		
教师评价		

注：1. 每项工作完成后在"是"后面□内打√，未做或未完成在"否"后面□内打√。

　　2. 如果项目未做或未完成在"解释说明"中说明原因。

考核练习

一、理论知识

1. 对于车门未关警告灯何时点亮。甲同学说只要车门关上警告灯就应熄灭；乙同学认为车门未关警告灯同时受4个并联在一起的车门接触开关控制，其中只要有一个车门未关到位（半开），电路即接通警告灯。他们哪个人的说法正确？（　　　）

A. 甲同学对　　　　B. 乙同学对　　　　C. 他们都对　　　　D. 他们都不对

2. 如果行车途中驾驶人发现机油压力过低警告灯亮起，可以迅速将车辆开到就近修理

厂进行检修。（　　）

　　A. 正确　　　　　　　　B. 错误

　　3. 机油压力、冷却液温度、制动液不足、燃油量不足、车门未关、安全带未系等大部分警告灯电路都是由＿＿＿＿＿＿＿和＿＿＿＿＿＿＿组成。

　　4. 简述仪表盘上常见警告灯及指示灯的符号名称和作用。

二、实训操作

简述车门未关警告灯灯泡以及其他背景灯泡的拆装方法。

任务三　　喇叭不响的检修

任务目标

1. 知识目标

1）了解汽车电喇叭装置的组成结构。

2）会识读分析喇叭电路。

2. 技能目标

1）能够在维修资料引导下完成对喇叭电路的检测并学会拆装喇叭。

2）学会雾灯对光检查。

任务描述

顾客报修：私家车喇叭不响。

接车检查：车型：丰田卡罗拉轿车；生产时间：2008 年。

任务说明：汽车喇叭关系到行车安全，因此，喇叭故障必须及时进行修理。本次任务以喇叭电路的检查及更换为例来进行学习。

知识储备

1. 喇叭电路的组成

汽车喇叭的作用是警告行人及其他车辆，以引起注意，保证各方安全。一般汽车主要采用电喇叭，安装1或2个，位于汽车前部，如安装两个喇叭，则有高低音之分，如图4-13所示。

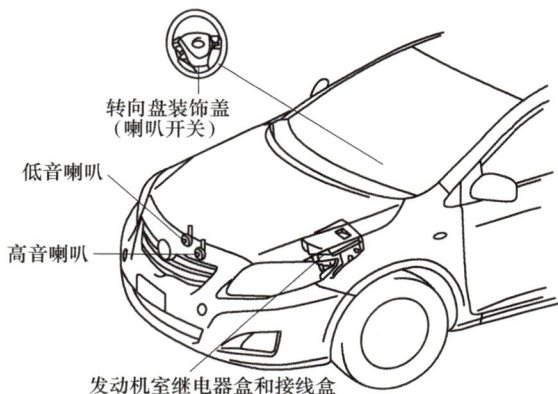

图4-13　轿车喇叭电路部件安装位置

喇叭电路由电喇叭、喇叭继电器、喇叭开关、时钟弹簧、导线及熔丝等元器件组成。

（1）电喇叭　电喇叭是把电信号转化为声音的器件，它是靠电磁原理使金属膜片振动从而发出声音。电喇叭外形如图4-14所示。汽车电喇叭由铁心、磁性线圈、触点、衔铁和膜片等组成。

1）结构及工作原理。汽车电喇叭有蜗牛形（螺旋形）、盆形等，如图4-15所示。

当按下喇叭开关时，电流经触点通过线圈，线圈产生磁力吸下衔铁，强制膜片移动，衔铁向下移动使触点断开，电流中断，线圈磁力消失，膜片在自身弹性和弹簧片的作用下同衔铁一起恢复原位，

图4-14　电喇叭

触点闭合，电路再次接通，电流通过触点流经线圈产生磁力，重复上述动作。如此反复循环膜片不断以每秒数次来回振动，从而发出声响。共鸣板与膜片刚性连接，可使振动平顺发出声音更加悦耳（即电磁铁原理）。

通过调节喇叭背面的调节螺钉可以改变触点压力，从而改变通过线圈电流的大小，可以在不改变喇叭频率的情况下提高喇叭的声音质量。

2）喇叭音量调整。调节方法：如果按下喇叭开关，喇叭不鸣响或只发出"滴答"一声，可将调节螺钉旋松约半圈后重试（调节螺钉如图4-15a所示）；如果发声则每次轻微调节螺钉约1/10圈，直至音量满意为止；如果情况不好转，需要更换喇叭。

对于一些喇叭顺时针调节音量增大，逆时针调节音量减小；有的则相反，调节时应注意（或按维修手册要求去做）。

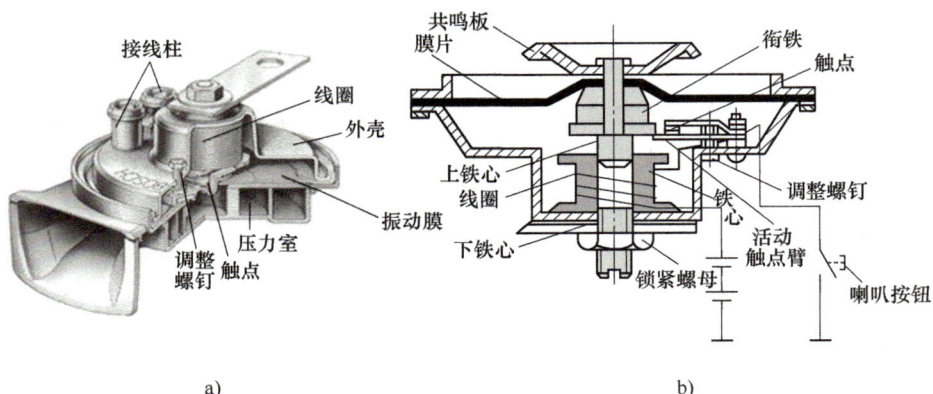

图 4-15　电喇叭结构及连接电路

a）蜗牛形电喇叭　b）盆形电喇叭

> 提示：双喇叭系统中，当调节一个喇叭时，需断开另一个喇叭。被调节喇叭也应在调节后再接通开关进行检验，否则将损坏喇叭。

（2）喇叭继电器　喇叭继电器的作用是利用通过铁心线圈的小电流控制流经触点的大电流，从而保护转向盘按钮触点开关。

（3）喇叭开关　喇叭开关一般都安装在转向盘上，便于驾驶人操作。喇叭开关通过安装在转向盘气囊模块下面的时钟弹簧线束与喇叭继电器连接以控制喇叭鸣响。时钟弹簧又叫旋转插接器、气囊游丝或螺旋电缆，是用来连接主气囊与气囊线束以及转向盘的开关按钮（喇叭开关、电子巡航开关与控制单元等）的线束。因为转向盘上的器件要随转向盘转动，所以连接线束要留有余量，要保证转向盘向一侧转到极限位置而不被拉断，如图 4-16 所示。

2. 喇叭电路

图 4-17 为一汽丰田卡罗拉轿车喇叭电路图。

喇叭电路的工作原理如下：

（1）电流路径　当按下喇叭开关时，触点闭

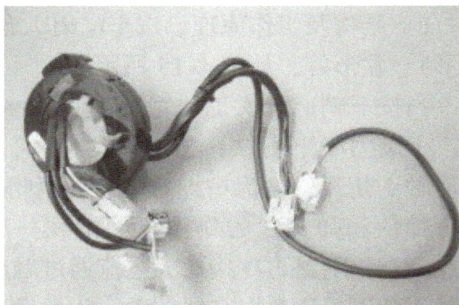

图 4-16　转向盘时钟弹簧扬声器开关线束

合接通至搭铁电路，电源（蓄电池或发电机）较小电流通过喇叭继电器磁场线圈，经过时钟弹簧（螺旋电缆）和喇叭开关，继电器磁场线圈产生磁场使铁心产生吸力使触点闭合，故较大电流通过高、低音喇叭电路，高、低音喇叭发出声音。

喇叭继电器受车身 ECU 及防盗警报 ECU 控制，当防盗系统被激活时，继电器触点闭合接通高、低音喇叭电路发出警告声响。

（2）功能元件位置　喇叭电路（HORN）熔丝及喇叭继电器位于发动机舱继电器和接线盒内。

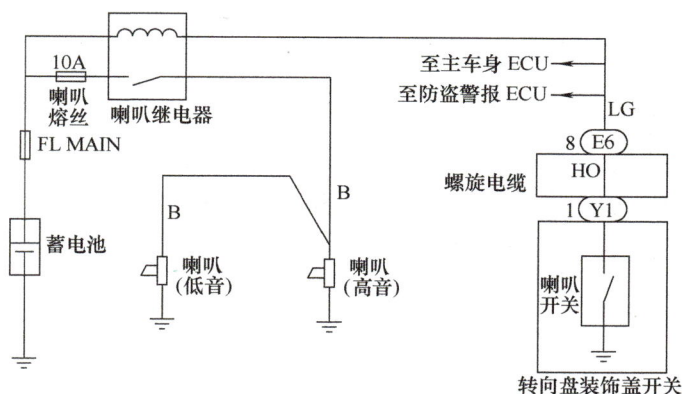

图 4-17　一汽丰田卡罗拉轿车喇叭电路图

任务实施

1. 准备工作

1）工装穿着整洁，戴好工作手套。

2）车辆进入工位并可靠停驻，检查变速器位于空档位（自动变速器位于"P"位）。

3）打开发动机舱盖，铺好发动机舱周围车身及驾驶人座位防护套。

4）准备好工具器材和检测设备，见表 4-4。

表 4-4　工具器材和检测设备

名　　称	规格或型号
汽车专用万用表	数字型
组合工具箱	图 4-18
备用高、低音喇叭	
扭力扳手	

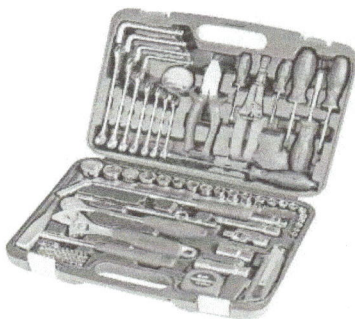

图 4-18　组合工具箱（参考）

5）准备好相关维修信息资料并预习。待维修车辆（本任务示例轿车一汽丰田卡罗拉轿车 2008 年）的维修手册或已打印好的在电子版车辆维修手册中查询到的喇叭相关维修信息。

2. 技术规范及标准

1）在规定时间内完成工作。

2）正确拆装相关功能元件及内饰件。

3）故障排除后高、低音喇叭应工作正常。

3. 操作步骤

示　例　图	操作步骤及方法
1. 检查熔丝及喇叭继电器	
	1）检查 10A 喇叭（HORN）熔丝 2）直观检查喇叭继电器。用手触摸继电器外壳，按下喇叭按钮，继电器应有振动感 3）用万用表检测继电器线圈电阻
2. 检查喇叭电路	
	1）拆卸散热器上导流板
	2）拆卸散热器格栅防护罩及前保险杠总成连接螺栓
	3）拆卸散热器格栅防护罩及前保险杠总成
	4）拆下喇叭插接器，接通喇叭开关 5）检查供电电压 正常值：蓄电池电压
3. 检查喇叭	
	1）拆卸高、低音喇叭 2）拆卸连接螺栓，拆下喇叭

（续）

示　例　图	操作步骤及方法
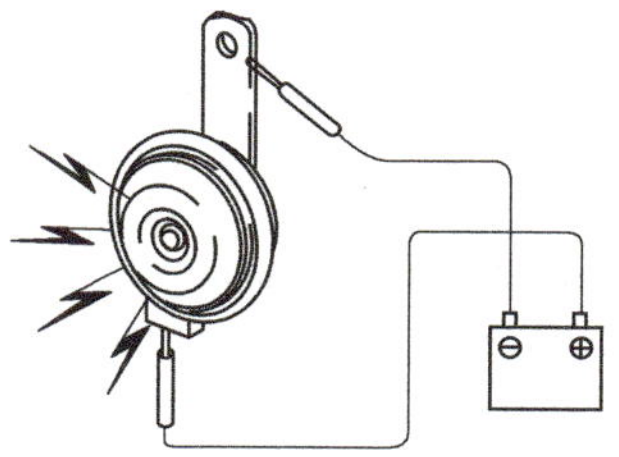	蓄电池正极——喇叭插接器端子 1 蓄电池负极——与车身搭铁连接板 鸣响——正常 3）按拆卸相反顺序进行安装，检查喇叭工作情况

4. 雾灯对光检查调整（重新安装前保险杠后，雾灯照射角度应进行调整）

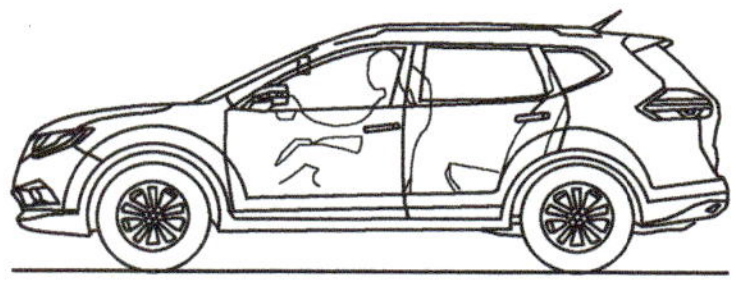	1）车辆准备 ① 轮胎充气至规定压力 ② 车辆空载，确保备胎、随车工具放好 ③ 让一个体重一般（75kg）的人在驾驶人座椅上
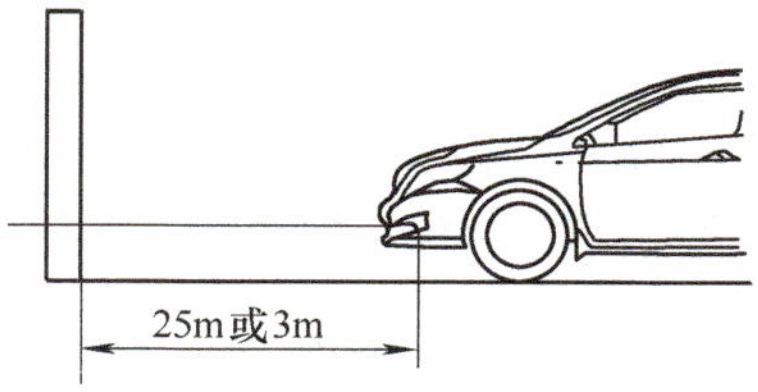	④ 将车辆放置在较黑暗的环境中，以便观察 ⑤ 将车辆与墙壁呈 90°停放 ⑥ 在车辆（雾灯灯泡中心）和墙壁之间空出 25m（如受限可 3m）的距离 ⑦ 确保车辆处在水平表面上
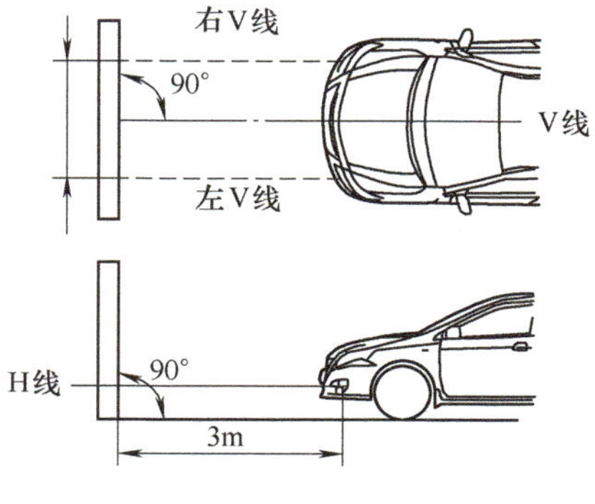	2）准备一张白纸（约 2m（高）×4m（宽））作为屏幕 沿屏幕中心向下画一条垂直线（V 线）。如图所示安放屏幕 3）将屏幕与地面垂直放置 4）将屏幕上的 V 线与车辆中心对准
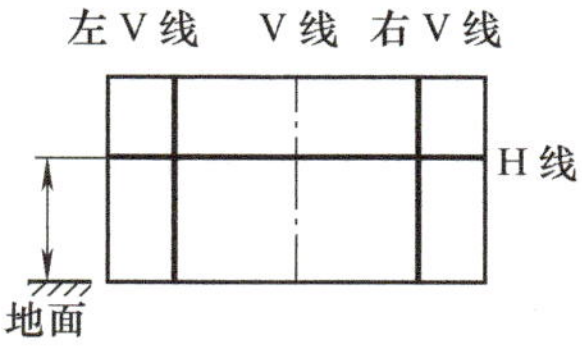	5）在屏幕上画基线（H、左 V 和右 V 线） 　提示：在屏幕上做出雾灯灯泡中心标记。如果在雾灯上不能观察到中心标记，则以雾灯灯泡中心或标记在雾灯上的制造商名称作为中心标记

（续）

示　例　图	操作步骤及方法
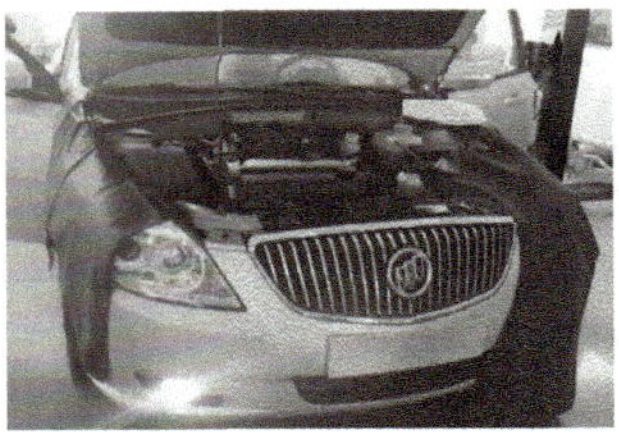	6）雾灯对光检查。遮住或断开另一侧的雾灯插接器，以防止未受检查的雾灯的灯光影响对光检查 注意：盖住雾灯的时间不要超过3min
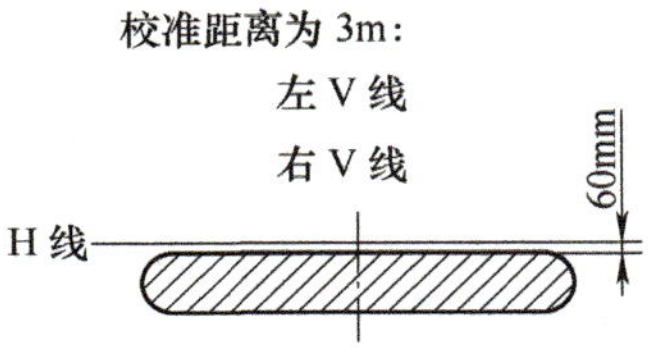 校准距离为3m: 　　　左V线 　　　右V线 　　　　　　　60mm H线	7）起动发动机。打开雾灯并检查明暗截止线是否在左图所示的规定区域内
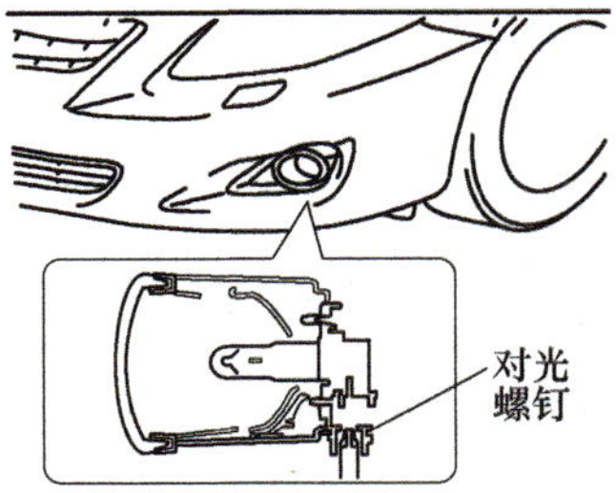 对光螺钉	8）雾灯对光调节。用螺钉旋具转动对光螺钉，将各雾灯的对光调节到规定范围内 注意：对光螺钉的最后一转应该按顺时针方向。如果螺钉紧固过度，则应将其拧松后再次拧紧，这样，螺钉的最后一转才能是顺时针方向

5. 车辆恢复

	整理清洁，填写检测评价记录

检测评价

质量检查		
项　　目	完　成　情　况	解　释　说　明
1）检查熔丝及继电器	是□　　否□	
2）检查喇叭插接器供电电压	是□　　否□	
3）正确拆卸散热器上导流板	是□　　否□	

（续）

质 量 检 查		
项　　目	完 成 情 况	解 释 说 明
4）正确拆卸散热器格栅防护罩及前保险杠总成	是□　　否□	
5）拆卸高、低音喇叭	是□　　否□	
6）喇叭的检查	是□　　否□	
7）按拆卸相反的顺序完成安装	是□　　否□	
8）进行维修后喇叭工作情况的复检	是□　　否□	
9）进行雾灯对光的检查调整	是□　　否□	
10）车辆整理，工具整理，卫生清洁，填写检测评价记录	是□　　否□	
小组综合评价		
学生自我评价		
教师评价		

注：1. 每项工作完成后在"是"后面□内打√，未做或未完成在"否"后面□内打√。

2. 如果项目未做或未完成在"解释说明"中说明原因。

考核练习

一、理论知识

1. 在双喇叭系统中，当调节一个喇叭时，需断开另一个喇叭。被调节喇叭也应在调节后再接通开关检验。（　　　）

A. 正确　　　　　　　　B. 错误

2. 喇叭电路由 _____ 、 _____ 、 _____ 、 _____ 、导线及熔丝等元器件组成。

3. 简述喇叭音量的调整方法。

二、实训操作

简述喇叭的拆装步骤。

任务四　　刮水器电动机总成的更换

任务目标

1. 知识目标

1）了解刮水系统的组成及主要部件的结构原理。

2）了解刮水系统电路。

3）了解风窗洗涤装置及后窗除雾电路。

2. 技能目标

1）了解刮水器控制开关并会使用。

2）能够在维修资料引导下独立完成刮水器电动机总成部件的拆装。

任务描述

顾客报修：顾客私家车刮水器高速档刮水功能失灵。

接车检查：车型：丰田威驰轿车；生产年代：2006 年；检查结果：电路正常，刮水器电动机损坏。

任务说明：刮水器电动机是刮水系统的关键部件，如果电动机损坏必须更换总成。

知识储备

1. 刮水器系统的组成

汽车的刮水器系统由电动刮水器总成和控制电路构成。刮水器的作用是刮除风窗玻璃上影响视线的雨、雪和尘土。

电动刮水器主要由刮水器电动机总成、刮水器臂及刮水器片组件（刮片和橡胶条）、连杆机构等组成，如图 4-19 所示。控制电路由刮水器控制开关、间歇控制器、熔丝、导线及插接器等组成。

（1）刮水器电动机总成　刮水器电动机总成位于前风窗玻璃下通风格栅下面，由驱动电动机、齿轮减速机构、自动停位组件等组成，如图4-20所示。

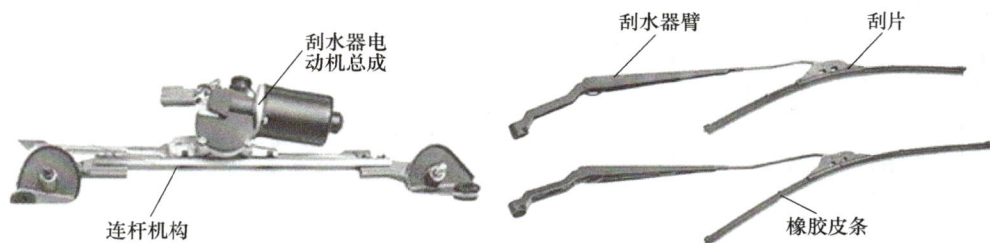

图4-19 电动刮水器组成

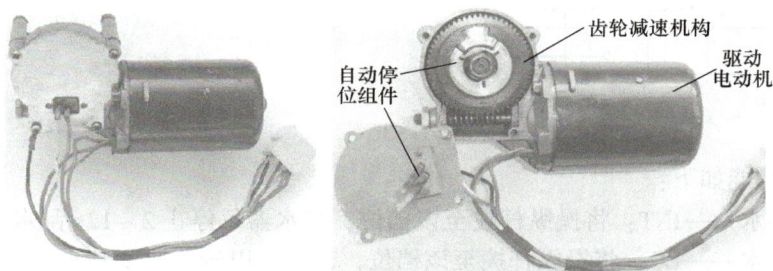

图4-20 刮水器电动机总成结构图

轿车刮水器电动机广泛采用永磁式直流电动机，由永久磁铁构成的定子磁场、整流器及绕在铁心上串联的线圈（绕组）构成的电枢及三个电刷组成，如图4-21所示。

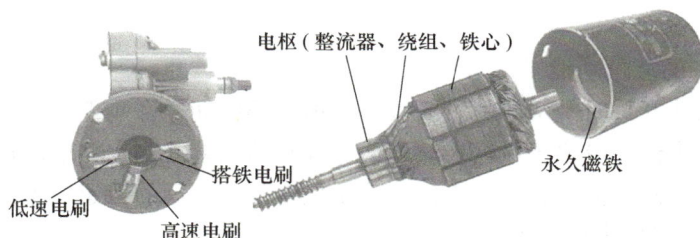

图4-21 刮水器电动机结构图

（2）刮水器电动机工作原理 永磁式刮水器电动机控制电路如图4-22所示。当刮水器开关位于"LO（低速）"档时，刮水器电动机总成4端子接蓄电池正极，电流经A（低速电刷）通过电枢绕组经搭铁电刷C接地；当刮水器开关位于"HI（高速）"档时，刮水器电动机总成3端子接蓄电池正极，电流经B（高速电刷）通过电枢绕组经搭铁电刷C接地。由于B-C间电枢绕组匝数少于A-C间电枢绕组匝数，因此形成的磁场小，产生的反电动势就相对较小，绕组中通过的电流因而相对增大，所以电枢的转速相应较高。

（3）刮水器控制组合开关 刮水器控制组合开关由刮水器控制开关和洗涤液泵控制开关组成，位于转向盘下右侧，如图4-23所示。

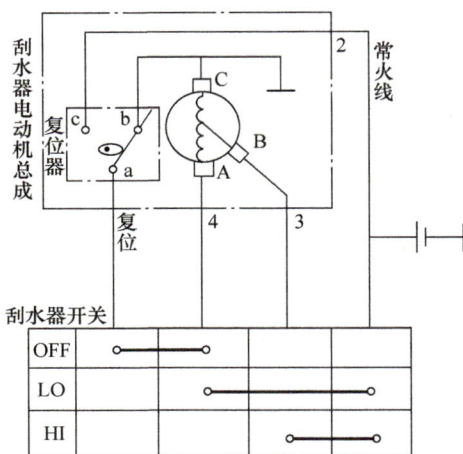

图 4-22　永磁式刮水器电动机控制电路

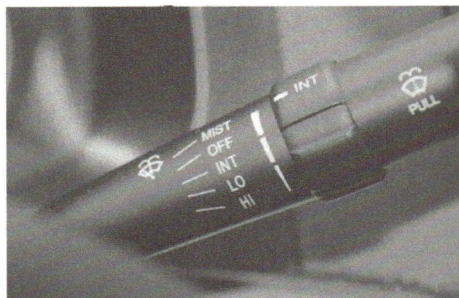

图 4-23　刮水器控制组合开关

图示各档功能如下：

1）间歇刮水——INT：将操纵杆拨至该档位，刮水器每停止 2～12s 刮水一次。

2）慢速刮水——LO：将操纵杆拨至该档位，刮水器以较低速度刮水。

3）快速刮水——HI：将操纵杆拨至该档位，刮水器以较高速度刮水。

4）点动刮水——MIST：将操纵杆向上拨动一次即短促刮水一次。

5）关闭刮水器——OFF：将操纵杆拨至该档位，刮水器即停止工作。

6）清洗并刮水功能：向转向盘方向拉操纵杆，系统立即启动喷洗功能，刮水器稍后开始刮水。

2. 刮水器系统的复位功能

由于关闭刮水器开关时刮水器片可能位于风窗玻璃中间，影响驾驶人的视野，因此在关闭刮水器开关时刮水器片应位于风窗玻璃下面，刮水器系统在刮水器电动机总成内设计了自动停位装置，使关闭刮水器开关后刮水器片停于风窗玻璃下面的特定位置。

3. 刮水器系统间歇刮水功能

当雨量非常稀少的细雨雾天，由于风窗玻璃水分不是很大，需要很少的刮水次数即可，因此，刮水器系统设计了间歇刮水功能，由一个间歇控制器每隔一定时间接通一次刮水器电动机完成一次刮水摆动，间歇控制器有机械式间歇继电器或电子电路间隙控制器等类型。

4. 刮水器系统电路

图 4-24 为丰田威驰轿车刮水器系统电路。威驰轿车刮水器系统电路有一个 20A 的熔丝位于仪表板下熔丝盒内，间歇继电器位于组合开关内。

例：电流路径分析——间歇档电流路径

打开点火开关，将刮水器控制组合开关拨至 INT 档。

工作电流：蓄电池→100A 易熔线 F10→50A 易熔线→点火开关→20A 刮水器熔丝→组合开关 8→刮水器继电器＋B→刮水器开关→组合开关 7→插接器 6→刮水器电动机 1→5→搭铁。

5. 风窗洗涤装置

风窗洗涤装置主要与刮水器系统配合使用，将洗涤液喷洒到风窗玻璃后，再用刮水器片

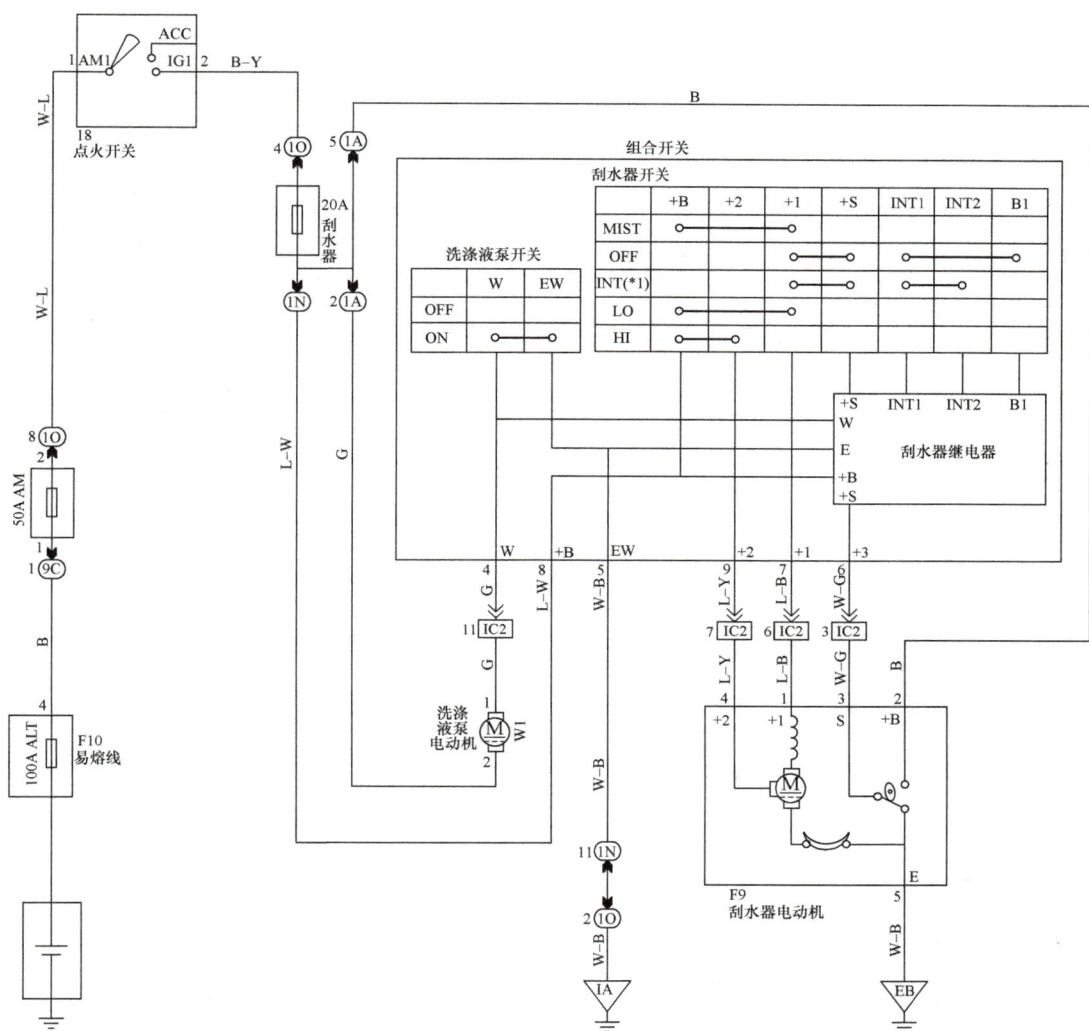

图 4-24　丰田威驰轿车刮水器系统电路

将玻璃上的灰尘及污渍刮去。

　　风窗洗涤装置由储液罐、电动洗涤液泵总成、输液管、喷嘴及控制电路组成。主要部件安装位置如图 4-25 所示。

　　储液罐是一个塑料罐，安装在汽车前部下面的位置，管内储存的洗涤液俗称"玻璃水"，北方地区使用的洗涤液须具有低温防冻的功能。

　　电动洗涤液泵总成位于储液罐侧面，由驱动电动机及一个小的机械液压泵组成。

6. 后窗除霜（雾）电路

　　在较冷的天气下，由于车内温差效应往往使车内玻璃有雾或霜，影响驾驶人视线，因此汽车都配有风窗除霜装置，前风窗的除霜主要采用空调暖风加热方式除霜，后风窗的除霜除了少数较高档轿车采用空调暖风加热方式外，一般采用电加热丝实现加热。电加热丝（图4-26）是一种正温度系数（PTC）电阻，随温度升高电阻升高，这样可以限制电路中电流。

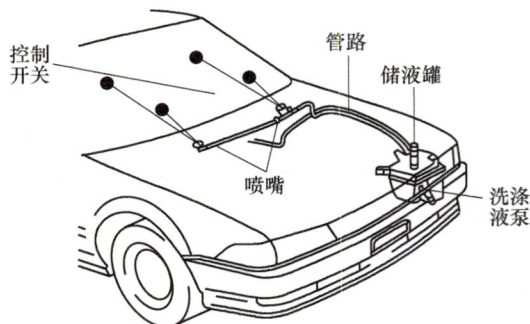

图4-25　风窗洗涤装置主要部件安装位置

图4-26　后窗除霜（雾）电加热丝

任务实施

1. 准备工作

1）工装穿着整洁，戴好工作手套。

2）车辆进入工位并可靠停驻，检查变速杆位于空档位（自动变速器位于"P"位）。

3）打开发动机舱盖，铺好发动机舱周围车身及驾驶人座位防护套。

4）准备好工具器材和检测设备，见表4-5。

表4-5　工具器材和检测设备

名　称	规格或型号
组合工具箱	图4-27
新刮水器电动机	

图4-27　组合工具箱（参考）

5）准备好相关维修信息资料并预习。待维修车辆（本任务示例轿车丰田威驰轿车）的维修手册或已打印好的在电子版车辆维修手册中查询到的丰田威驰轿车刮水器系统相关维修信息。

2. 技术规范及标准

1）在规定时间内完成工作。

2）正确拆装相关功能元件及内饰件。

3）故障排除后刮水器各档应工作正常。

3. 操作步骤

示 例 图	操作步骤及方法
1. 拆卸程序	
	1）拆卸刮水器臂连接螺母护盖
	2）拆卸刮水器臂连接螺母
	3）拆卸刮水器臂-刮水器片组件
	4）打开发动机舱盖，断开蓄电池负极电缆 5）拆卸前罩板通风格栅 ① 拆卸密封胶条，拆卸连接卡扣
	② 拆卸前罩板通风格栅螺栓，卡扣

（续）

示 例 图	操作步骤及方法
	③ 取下前罩板通风格栅
	6）断开刮水器电动机电气插接器
	7）拆卸电动刮水器总成连接螺栓
	8）取下电动刮水器总成
	9）拆卸刮水器摇臂与电动机轴的螺母 提示：拆卸时应注意摇臂位置
	10）拆卸连接螺栓，取下电动机

（续）

示　例　图	操作步骤及方法
2. 安装程序	
	按拆卸相反顺序进行安装 提示：注意安装前进行复位调整：应对刮水器电动机进行通电复位，安装时摇臂应位于初始位置
3. 进行质量检查	
	检查刮水器的工作情况
4. 车辆恢复	整理清洁，填写检测评价记录

检测评价

质量检查		
项　　目	完成情况	解释说明
1）拆卸刮水器臂-刮水器片组件	是□　　否□	
2）断开蓄电池负极电缆	是□　　否□	
3）拆卸前罩板通风格栅	是□　　否□	
4）断开刮水器电动机电气插接器	是□　　否□	
5）正确拆卸电动刮水器总成连接螺栓并取下电动刮水器总成	是□　　否□	
6）拆卸刮水器摇臂与电动机轴的螺母及连接螺栓	是□　　否□	
7）刮水器电动机复位检验	是□　　否□	
8）是否完成安装并进行复检，车辆整理，工具整理，卫生清洁，填写检测评价记录	是□　　否□	
小组综合评价		
学生自我评价		
教师评价		

注：1. 每项工作完成后在"是"后面□内打√，未做或未完成在"否"后面□内打√。

2. 如果项目未做或未完成在"解释说明"中说明原因。

考核练习

一、理论知识

1. 对于刮水器系统的复位功能，甲同学说只要点火开关关闭，刮水器片就能自动回到最低位置；乙同学认为应首先关闭刮水器开关，等刮水器片停于风窗玻璃下面的特定位置后，才可以关闭点火开关。他们哪个人的说法正确？（　　　）

A. 甲同学对　　　　　　B. 乙同学对　　　　　　C. 他们都对　　　　　　D. 他们都不对

2. 永磁式刮水器电动机通过不同电枢绕组匝数使电枢产生不同的转速。（　　　）

A. 正确　　　　　　B. 错误

3. 电动刮水器总成主要由_____、_____、_____及_____组成。

4. 简述刮水器控制组合开关各档控制功能及其对应英文缩写。

二、实训操作

简述刮水器电动机总成的安装程序。

三、社会实践

走访汽车销售服务公司（4S 店）售后维修部门（或修理厂），向维修师傅了解并学习以下内容。

1. 简述风窗洗涤系统电动洗涤液泵的拆装方法。

2. 简述后窗除霜（雾）电加热丝损坏的检修方法。

拓展与提高

雨量感应式刮水器系统

雨量感应式刮水器系统是通过雨量传感器感知落在风窗玻璃上的雨量大小，控制刮水器电动机进行自动改变刮水速度的一种自动刮水器系统。雨量传感器的工作原理（图4-28）是：它有两个主要部件：一个是发光二极管；一个是光电二极管。发光二极管发送光束，当玻璃表面干燥时，光线几乎是100%地被反射回来，这样光电二极管就能接收到很多的反射光线。当玻璃上的雨水增多，反射回来的光线就减少，这时光电二极管就向刮水器间隔时间自动控制继电器发送信号使刮水器接通。

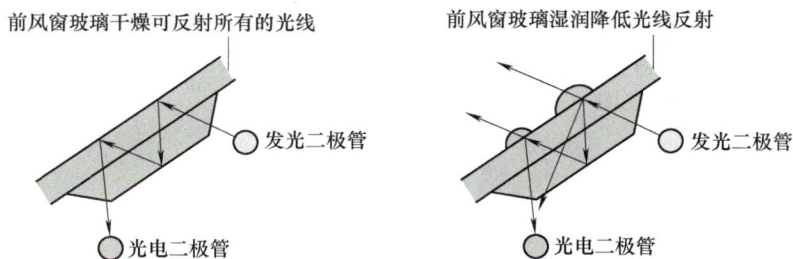

图 4-28　雨量传感器原理

项目五

舒适、安全及音响系统的结构与拆装

汽车车身舒适、安全及音响系统包括电动车窗、中央控制门锁、电动后视镜、电动座椅、电动天窗、照明灯控制系统、遥控装置、防盗报警装置、安全气囊、收音机与音响等，也称之为汽车辅助电气，主要应用如图5-1所示。

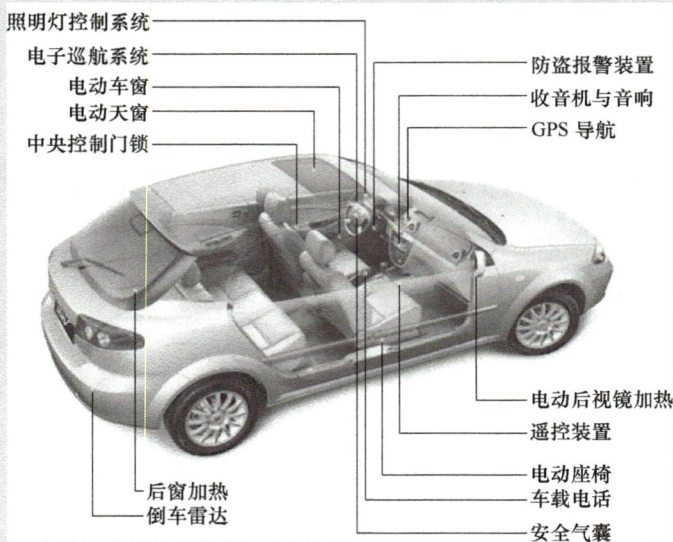

照明灯控制系统
电子巡航系统
电动车窗
电动天窗
中央控制门锁

防盗报警装置
收音机与音响
GPS 导航

电动后视镜加热
遥控装置
电动座椅
车载电话
安全气囊

后窗加热
倒车雷达

图 5-1　汽车车身舒适、安全及音响系统的应用

本项目由六个任务模块构成，通过任务学习和实践你会学到汽车辅助电气系统的相关知识和对相关电气部件的认知，识读相关电路图并能够与实际电气线路进行比较认知，同时运用车辆维修技术信息，在指导教师指导下独立完成实训工作任务。

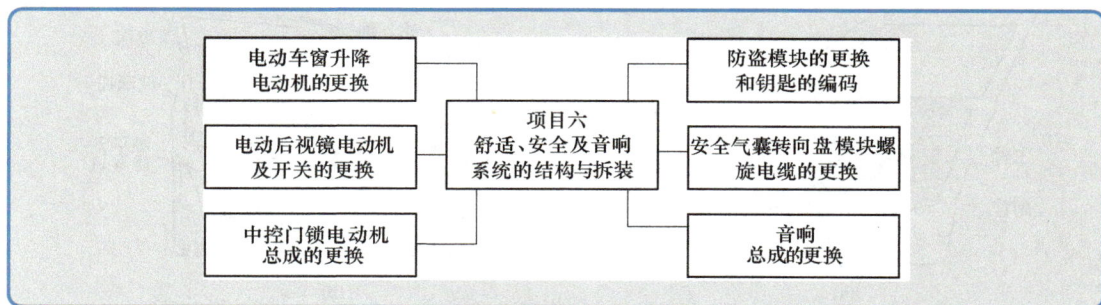

任务一　电动车窗升降电动机的更换

任务目标

1. 知识目标

1）了解电动车窗的组成及结构。

2）识读电动车窗电路的特点。

2. 技能目标

能够在维修资料引导下完成对电动车窗玻璃升降电动机的更换。

任务描述

顾客报修：顾客私家车左前门玻璃不能升降。

接车检查：车型：别克凯越轿车；出厂年份：2012 年；初步检查结果：左前门玻璃升降器电动机故障。

任务说明：玻璃升降器总成包括驱动电动机和机械传动机构两部分，如果电动机损坏通常需要更换总成。

知识储备

电动车窗就是利用电动机取代人工手摇操作车窗玻璃升降，提高乘车的舒适性。电动车窗系统主要由玻璃升降器总成、控制开关、电动车窗电路等组成。

1. 玻璃升降器总成

玻璃升降器总成由机械升降控制部分和驱动电动机及减速机构组成，电动机快速转动通过减速机构减速增扭后驱动机械部分将转动变为上下直线运动，带动车门玻璃上升、下降。玻璃升降器机械部分常见的有齿扇式和钢丝绳索式，如图5-2所示。

（1）齿扇式玻璃升降器　齿扇上连有螺旋弹簧。当车窗上升时，电动机通过减速器使主臂驱动副臂并同时带动玻璃托架上升，弹簧伸展，放出能量，以减轻电动机负荷。当车窗下降时，弹簧压缩，吸收能量，从而使车窗无论上升还是下降，电动机的负荷基本相同。

（2）钢丝绳索式玻璃升降器　电动机通过减速器输出动力，拉动钢丝绳移动玻璃安装托架，迫使门窗玻璃做上升或下降的直线运动。

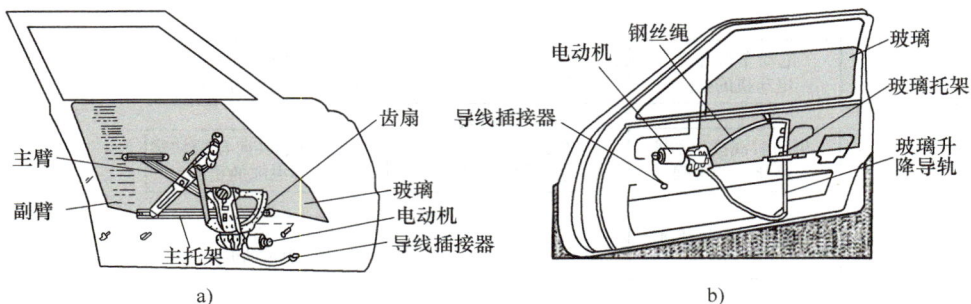

图 5-2　齿扇式和钢丝绳索式玻璃升降器电动车窗示意图

a）齿扇式　b）钢丝绳索式

2. 控制开关

控制开关由主控开关、分控开关等组成。电动车窗控制系统中的主控开关，用于驾驶人对电动车窗系统进行总的操纵，一般安装在左前车门把手上或变速杆附近；分控开关安装在每个车门的中间或车门把手上，用于乘客对车窗进行操纵。

3. 电动车窗电路

不同汽车所采用的电动车窗的控制电路不同，按电动机是否直接搭铁分为电动机不搭铁和电动机搭铁两种类型。

使用永磁电动机时电动机不直接搭铁，电流经电动机回到主控开关（图 5-3）控制搭铁（整个系统的唯一搭铁线位于主控开关上），通过改变电动机的电流方向来改变电动机的转向，从而实现车窗的升降。图 5-4 为别克凯越轿车电动机不直接搭铁的电动车窗电路（2011 年款）。

图 5-3　驾驶人主控开关总成

（1）凯越轿车电动车窗电路特点　电动车窗继电器位于发动机舱熔丝盒内，受点火开关（经仪表板熔丝盒 F20 熔丝）控制，唯一搭铁线经主控开关插接器 11 端子在搭铁点 G303 与车身搭铁。如果以上部件损坏，所有车窗均不工作。

位于发动机舱熔丝盒内的 EF14 熔丝经驾驶人主控开关插接器 3 端子仅为驾驶人车窗提供供电电流，位于发动机舱熔丝盒内的 EF19 控制除驾驶人车窗外所有车窗的供电电流。

（2）电路工作原理　打开运行/起动开关（点火开关），电流经熔丝 F20 向车窗继电器线圈通电，继电器触点闭合，电流经触点向车窗电路供电。当驾驶人向上扳动左前车窗"升"开关接通（图中向右）时，电流路径：

蓄电池（＋）→电动车窗继电器→熔丝 EF14→电动车窗主开关端子 3→左前开关"升"→左前电动机（i→2）→左前开关"降"→电动车窗主开关端子 11→搭铁 G303。

使用双绕组串励电动机时，电动机一端直接搭铁，可以通过接通不同的磁场绕组，使电动机的转向不同，实现车窗的升降，控制电路如图 5-5 所示。

电动机不搭铁的控制方式，尽管开关的结构和线路比较复杂，但因为电动机结构简单，而且开关既控制电动机的电源线，又控制电动机的搭铁线，利于驾驶人集中控制，所以应用比较广泛。

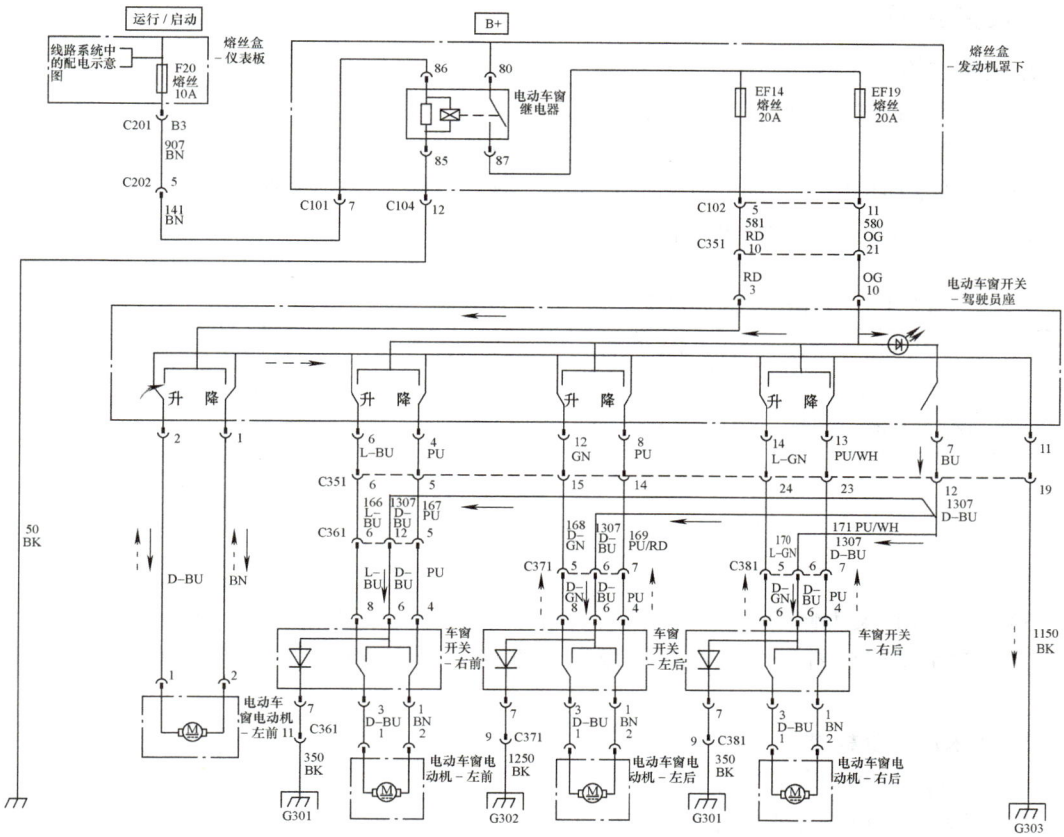

图 5-4　别克凯越轿车电动机不直接搭铁的电动车窗电路（2011 年款）

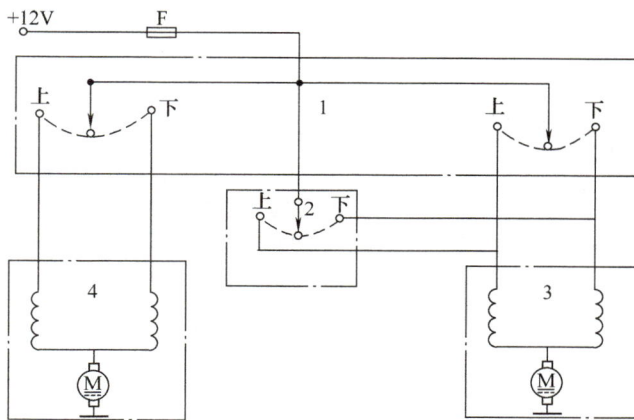

图 5-5　双绕组串励电动机电动车窗电路

1—驾驶人主控开关组件　2—右前车窗开关　3—右前车窗电动机　4—左前车窗电动机

任务实施

1. 准备工作

1）工装穿着整洁，戴好工作手套。

2）车辆进入工位并可靠停驻，检查变速杆位于空档位（自动变速器位于"P"位）。

3）打开发动机舱盖，铺好发动机舱周围车身及驾驶人座位防护套。

4）准备好工具器材和检测设备，见表5-1。

表5-1　工具器材和检测设备

名　　称	规格或型号
内饰拆卸工具	
组合工具箱	图5-6

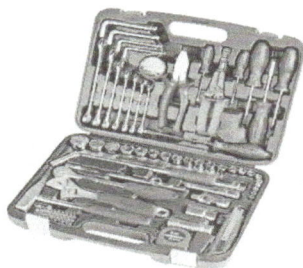

图5-6　组合工具箱（参考）

5）准备好相关维修信息资料并预习。待维修车辆（本任务示例轿车别克凯越2012年款）的维修手册或已打印好的在电子版车辆维修手册中查询到的电动车窗系统相关维修信息。

2. 技术规范及标准

1）在规定时间内完成工作。

2）正确拆装相关功能元件及内饰件。

3）故障排除后左前门玻璃升降应工作正常。

3. 操作步骤

示　例　图	操作步骤及方法
1. 拆卸	
	1）用一字螺钉旋具沿内把手装饰嵌框内侧轻轻插入（注意不要产生划痕，可将螺钉旋具前部缠绕胶布防止划伤内把手装饰嵌框和车门内饰板）撬压装饰嵌框使之脱离
	2）拆卸车门内饰板前部连接螺钉饰盖，拆下前部连接螺钉

（续）

示　例　图	操作步骤及方法
	3）拆卸电动车窗控制开关
	4）断开电动车窗控制开关电气插接器
	5）拆卸后视镜三角窗内饰盖
	6）拆卸车门装饰板上小储物槽连接螺钉，拆卸小储物槽
	7）拆卸其余车门装饰板螺钉
	8）用专用拆卸工具撬开装饰板，拆开车门装饰板

（续）

示　例　图	操作步骤及方法
	9）拆卸车门装饰板上其他电气插接器
	10）拆卸车门密封装饰塑料膜
	11）连接电动车窗控制开关电气插接器。打开点火开关，下降车窗玻璃，直到玻璃托架螺栓露出拆装孔为止
	12）断开蓄电池负极电缆
	13）拆下升降器玻璃托架与玻璃连接螺栓
	14）小心取出玻璃 注意：玻璃后部先向上抬起取出

（续）

示　例　图	操作步骤及方法
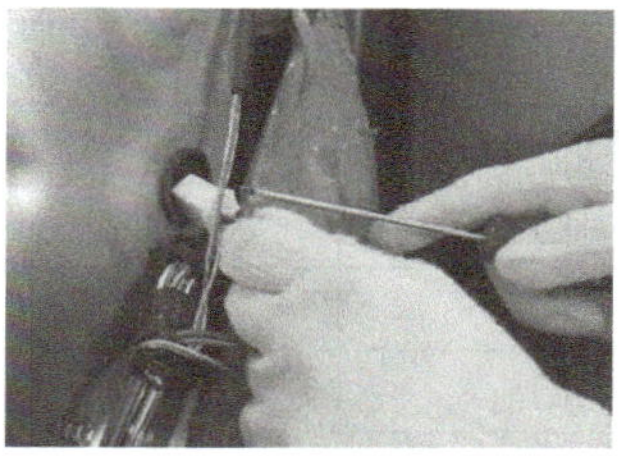	15）取下玻璃升降器电动机插接器
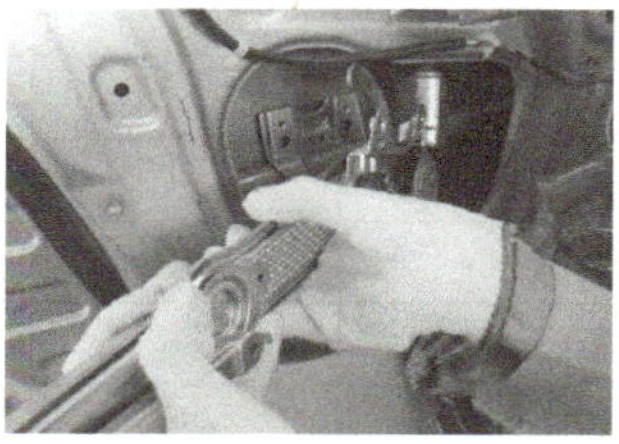	16）取出玻璃升降器总成

2. 安装

|  | 按照与拆卸相反的顺序进行安装

提示：安装玻璃时应前面稍向下放入玻璃导槽，平行后向后轻推玻璃进入后部导槽，再轻轻向下推到位 |

3. 质量检查

| 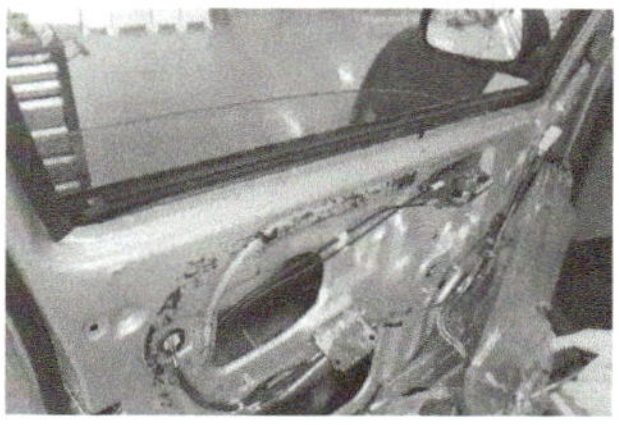 | 进行维修后系统复检
检查玻璃升降功能 |

4. 车辆恢复

| 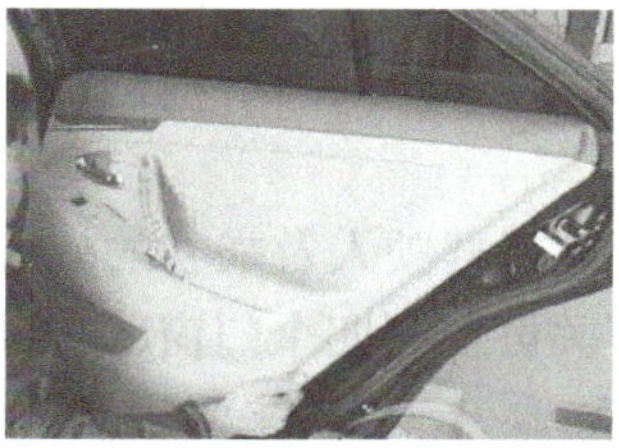 | 整理清洁，填写工作记录 |

检测评价

<table>
<tr><td colspan="3" align="center">质 量 检 查</td></tr>
<tr><td align="center">项　　目</td><td align="center">完 成 情 况</td><td align="center">解 释 说 明</td></tr>
<tr><td>1）拆卸车门内把手装饰嵌框</td><td align="center">是□　　否□</td><td></td></tr>
<tr><td>2）拆卸电动车窗控制开关</td><td align="center">是□　　否□</td><td></td></tr>
<tr><td>3）拆卸插接器并完成安装</td><td align="center">是□　　否□</td><td></td></tr>
<tr><td>4）拆卸车门装饰板螺钉</td><td align="center">是□　　否□</td><td></td></tr>
<tr><td>5）拆开车门装饰板</td><td align="center">是□　　否□</td><td></td></tr>
<tr><td>6）拆卸电气插接器</td><td align="center">是□　　否□</td><td></td></tr>
<tr><td>7）降下车窗玻璃至玻璃托架螺栓露出拆装孔</td><td align="center">是□　　否□</td><td></td></tr>
<tr><td>8）断开蓄电池负极电缆</td><td align="center">是□　　否□</td><td></td></tr>
<tr><td>9）拆卸玻璃</td><td align="center">是□　　否□</td><td></td></tr>
<tr><td>10）拆卸电气插接器及玻璃升降器连接螺栓</td><td align="center">是□　　否□</td><td></td></tr>
<tr><td>11）按照与拆卸相反顺序进行安装</td><td align="center">是□　　否□</td><td></td></tr>
<tr><td>12）是否进行维修后玻璃升降器复检，车辆整理，工具整理，卫生清洁，填写检测评价记录</td><td align="center">是□　　否□</td><td></td></tr>
<tr><td colspan="3">小组综合评价</td></tr>
<tr><td colspan="3">学生自我评价</td></tr>
<tr><td colspan="3">教师评价</td></tr>
</table>

注：1. 每项工作完成后在"是"后面□内打√，未做或未完成在"否"后面□内打√。

2. 如果项目未做或未完成在"解释说明"中说明原因。

考核练习

一、理论知识

1. 对于电动车窗故障，修理工小李说如果驾驶人主控开关搭铁线断开，所有车窗玻璃将无法升降；修理工小张认为只有驾驶人车窗无法升降，其余车窗玻璃升降不受影响。他们哪个人的说法正确？（　　）

A. 小李对　　　　　　B. 小张对　　　　　　C. 他们都对　　　　　　D. 他们都不对

2. 关于电动车窗，下列说法中错误的是（　　）。

A. 有利于提高车辆行驶安全性　　　　　B. 有利于减轻驾驶人及乘客的疲劳程度

C. 主控开关可控制所有门窗的自动升降　　D. 分控开关可控制四个门窗的自动升降

3. 电动车窗的升降主要是利用电动机的_____转和_____转来实现。

4. 简述别克凯越轿车电动车窗电路的工作路径。

二、实训操作

简述更换玻璃升降器应注意哪些事项。

拓展与提高

防夹功能电动车窗

现代汽车大多采用电动车窗，但单纯无防夹功能的电动车窗在自动上升期间存在着较大的安全隐患，因此很多汽车都采用了电动防夹车窗。

具备防夹功能电动车窗系统原理如图 5-7 所示，基本原理是：在车窗上升过程中，驱动机构中的系统控制 ECU 时刻检测电动机的转速，当霍尔传感器检测到电动机转速有变化时就会向 ECU 传送信息，ECU 向驱动装置发出指令，使电动机停转或反转（下降），车窗就停止或下降。系统控制 ECU 通过 LIN（CAN）总线与车身主 ECU 相互传递信息，将工作状态信息传递至车身主 ECU。

1）CAN（控制器局域网络）总线在汽车电动车窗系统中的应用。随着汽车电子技术的发展，越来越多的汽车电子产品得以装备在汽车上。CAN 总线作为一种新型的数据通信总线，由于其信息传输量大、可以大量减少导线的布置，所以在汽车上得到了广泛的应用。CAN 总线可以实现电动车窗玻璃升降器及门锁系统的集中控制。

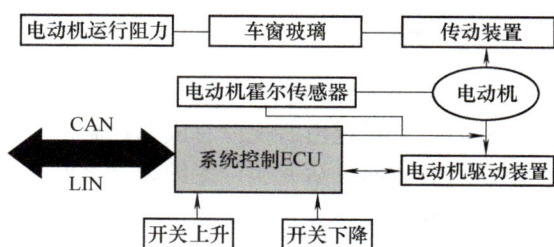

图 5-7　具备防夹功能电动车窗系统原理图

在轿车的每一扇车门内都装有一个控制器，分别对各个车门的门锁和车窗进行控制，同时还有一个中央控制器，接收来自 EMS（发动机管理系统）的信号并对行李箱锁进行控制。中央控制器在接收到 ECU 信号后，会再把这些信号通过总线传递给其他几个控制器。根据上述通信要求，用 CAN 总线来把上述各个控制器连接成一个控制网络，使它们实现协同工作。

2）CAN 总线简介。CAN 总线是一种汽车内部主要用于计算机模块之间数据通信的串行数据通信总线。CAN 总线的信号传输介质可以是双绞线（图 5-8）、同轴电缆或光纤。

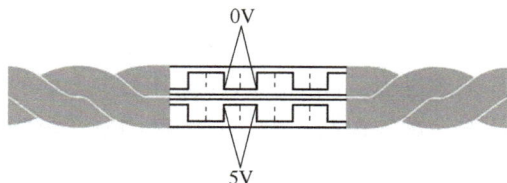

图 5-8　采用双绞线可以防止电磁波干扰

任务二　电动后视镜电动机及开关的更换

任务目标

1. 知识目标

1）了解电动后视镜的组成。

2）会识读电动后视镜电路。

2. 技能目标

1）能够在维修资料引导下进行电动后视镜电路的检查。

2）能够完成电动后视镜主要部件的更换。

任务描述

顾客报修：顾客私家车车外后视镜不能自动调整。

接车检查：车型：别克凯越；出厂年份：2011 年。

任务说明：别克凯越轿车车外后视镜为电动可调整后视镜，不能进行调整的原因有电路、控制开关或调节电动机发生故障。

知识储备

电动调节的车外后视镜，驾驶人只需操作控制开关就能将车外后视镜调整到合适的位置，电动后视镜系统由后视镜总成和控制电路两部分构成，每个后视镜总成由两台使后视镜能上下、左右方向灵活变换位置的独立永磁式微电动机、保持架、反射镜片等组成；控制电路包括选择开关、调节开关、熔丝和导线等，如图 5-9 所示。

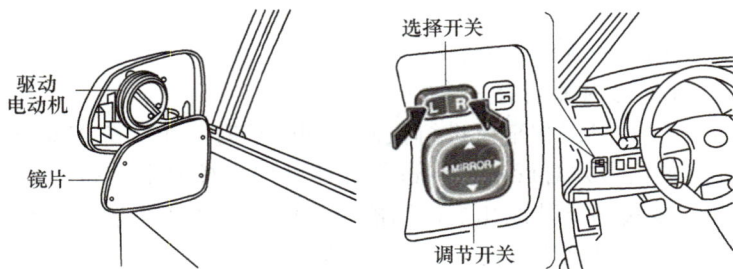

图 5-9　电动后视镜部件

1. 电动后视镜的工作原理

图 5-10 为别克凯越轿车电动后视镜控制电路（2011 年款），下面以左侧（驾驶人侧）后视镜调节为例简单分析其工作过程。此电动后视镜开关中上面的 4 个开关为共用的后视镜方向调节开关，下面两个开关分别为控制左侧及右侧电动后视镜的选择开关。

（1）左侧电动后视镜向上倾斜　首先将电动后视镜开关中下面的选择开关按至"左（L）"位置，然后按住调节开关"上"，电路接通。电流的流向为：蓄电池 + →熔丝 F8→电动后视镜开关端子 8→调节开关"上"的左端开关→电动后视镜开关端子 4→左电动后视镜总成插接器端子4→左电动后视镜 "上下" 调节电动机→左电动后视镜总成插接器端子7→电动后视镜开关端子1→左侧后视镜开关→调节开关 "上" 的右端→电动后视开关端子6→G303搭铁，左侧后视镜实现向上倾斜。

（2）左侧后视镜向下倾斜　电动后视镜开关中下面的选择开关依然在 "左" 的位置，然后按下 "下"，此时电路的电流方向为：蓄电池+→熔丝F8→电动后视镜开关端子8→调节开关 "下" 的左端→左侧后视镜开关→电动后视镜开关端子1→左电动后视镜 "上下" 调节电动机→电动后视镜开关端子4→调节开关 "下" 的右端→电动后视镜开关端子6→搭铁，左侧后视镜实现向下倾斜。

电动后视镜左右运动的电路分析与此类似，此处不再赘述。

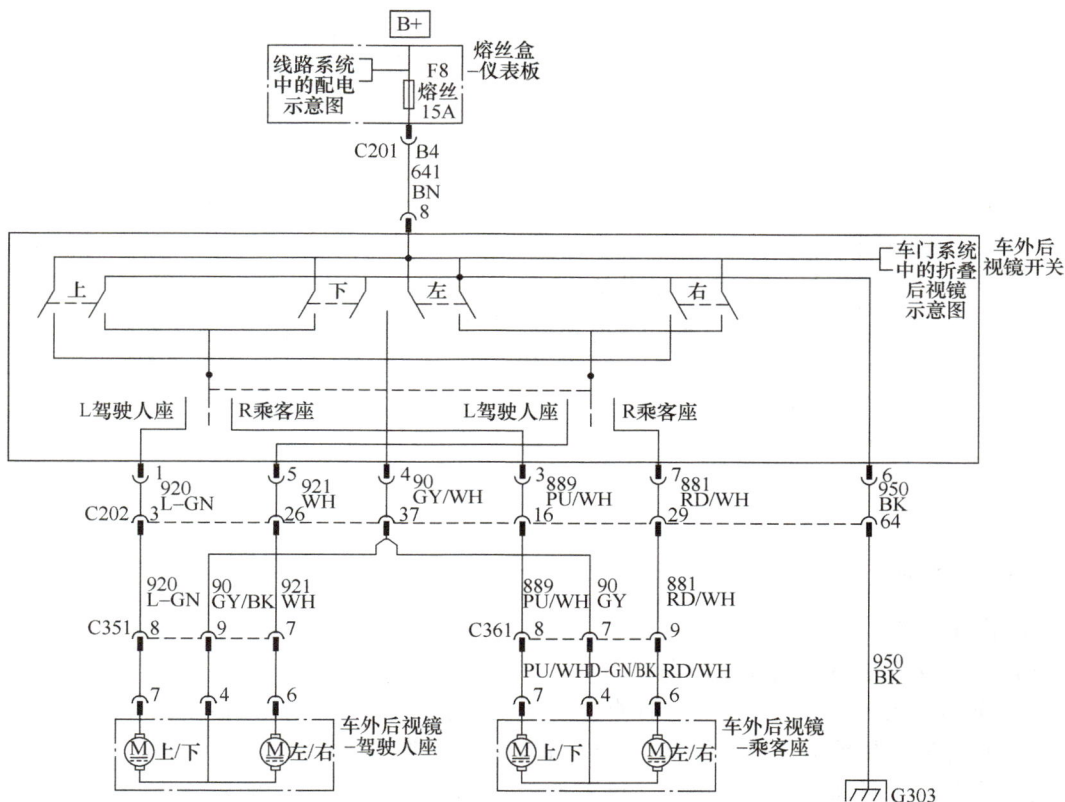

图5-10　别克凯越轿车电动后视镜控制电路（2011年款）

2. 电路特点分析

该车电动后视镜电路不受点火开关控制，只有一条经后视镜开关的搭铁线。

3. 带伸缩功能的电动后视镜

有的轿车电动后视镜还带有伸缩功能，由伸缩开关控制伸缩电动机工作，使整个后视镜回转伸出或缩回。图5-11为丰田皇冠轿车可伸缩式电动后视镜控制系统电路。

在进行调整时，首先通过左/右调整开关选择好要调整的后视镜，如调整左镜时，开关拨向左侧，此时开关分别与端子7、8接通，再通过控制开关即可进行该镜的上下或左右调整。如果进行向上调整，可将控制开关推向上侧，此时控制开关分别与向上接点、左向上接点结合。电路由蓄电池正极→熔丝→点火开关→控制开关向上接点→左/右调整开关→端子7→左侧镜上下调整电动机→端子1→电动镜开关端子2→控制开关左上接点→电动镜开关端子3→蓄电池负极，形成回路，左镜上下调整电动机运转，完成调整过程。其他调整过程与向上调整过程类似，通过接通不同的开关即可完成。

　　电动后视镜的伸缩是通过电动镜开关上的伸缩开关控制的，该开关控制继电器动作，使左右两镜伸缩电动机工作，来完成伸缩功能。

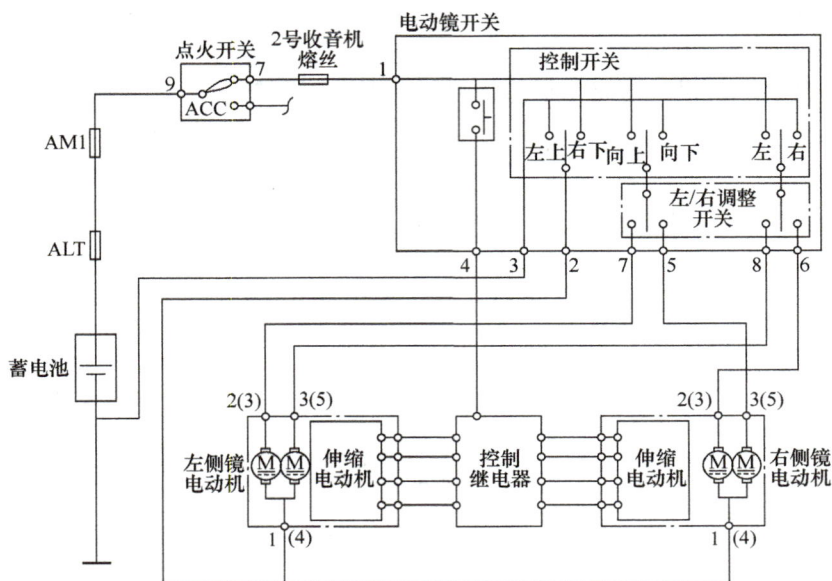

图 5-11　丰田皇冠轿车带可伸缩式电动后视镜控制系统电路

任务实施

1. 准备工作

1）工装穿着整洁，戴好工作手套。

2）车辆进入工位并可靠停驻，检查变速杆位于空档位（自动变速器位于"P"位）。

3）打开发动机舱盖，铺好发动机舱周围车身及驾驶人座位防护套。

4）准备好工具器材和检测设备，见表5-2。

表5-2　工具器材和检测设备

名　称	规格或型号
汽车专用万用表	数字型
组合工具箱	图5-12
备用熔丝	10A，15A
内饰专用拆卸工具	

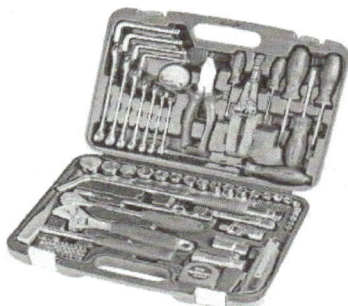

图5-12　组合工具箱（参考）

5）准备好相关维修信息资料并预习。待维修车辆（本任务示例轿车别克凯越 2011 年款）的维修手册或已打印好的在电子版车辆维修手册中查询到的电动后视镜系统相关维修信息。

2. 技术规范及标准

1）在规定时间内完成工作。

2）正确拆装相关功能元件及内饰件。

3）更换电动机后电动后视镜应工作正常。

3. 操作步骤

示　例　图	操作步骤及方法
1. 检查熔丝 F8	
	1）熔丝 F8 是否烧断，若烧断请更换熔丝 F8 2）打开点火开关至"运行档（或 ON 档）"，但不起动发动机 　测量熔丝 F8 上的电压，查看是否在规定范围内，正常值为 11～14V
2. 电动调节车外后视镜开关总成的拆装及检测	
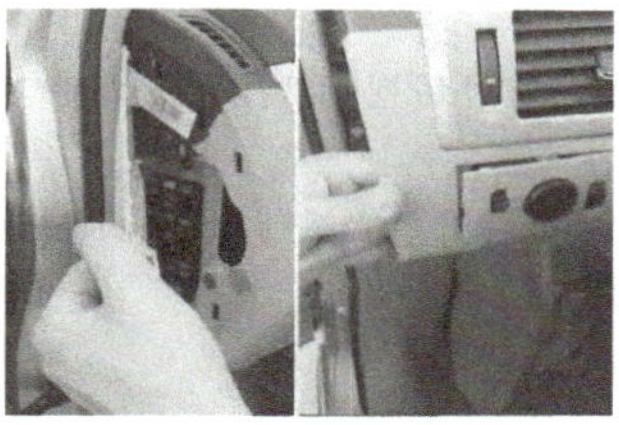	1）拆卸 ① 打开仪表板熔丝盒盖 ② 将手伸进维修孔压开后视镜开关卡夹
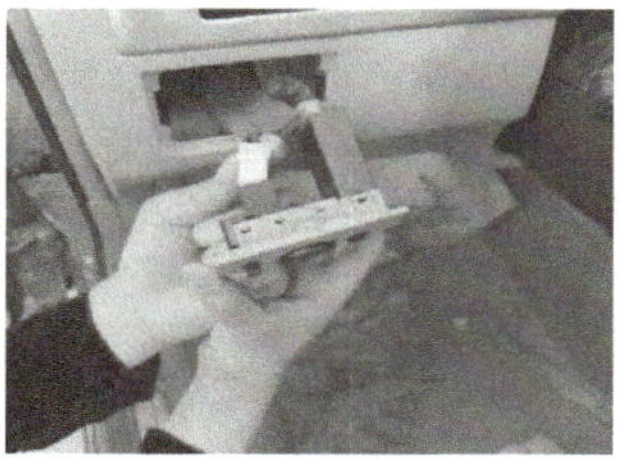	③ 推出后视镜开关，拆下插接器
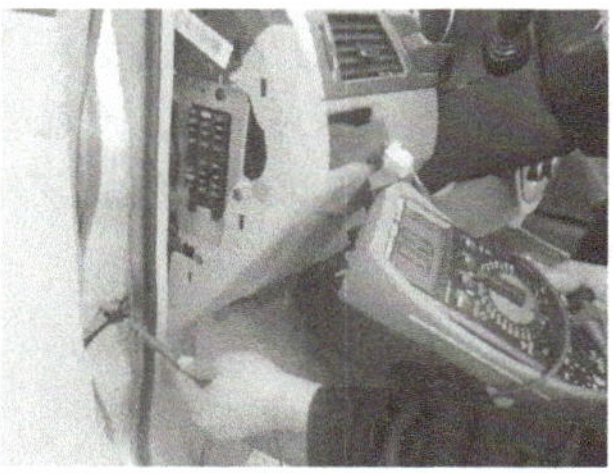	2）车外后视镜开关检查 ① 用万用表欧姆档检查电动调节车外后视镜开关插接器端子 6 和搭铁之间是否接通 　万用表显示的电阻值是否符合规定，正常值为 0Ω

（续）

示　例　图	操作步骤及方法
	② 打开点火开关至"运行档（或 ON 档）"，但不起动发动机 测量电动调节车外后视镜开关插接器端子 8 上的电压是否在规定范围内，正常值为 11～14V

3. 检查后视镜电动机

	1）拆卸三角窗内饰 2）拆开车外后视镜插接器
	3）打开点火开关至"运行档（或 ON 档）"，但不起动发动机 4）在电动调节车外后视镜插接器上，将电压表连接到端子 4 和端子 1（测试驾驶人座一侧）或端子 3（测试乘客座一侧）之间。在开关上进行里/外调整操作，记录每个开关位置的电压 正常值为 11～14V
	5）将电压表连接到端子 4 和端子 5（测试驾驶人座一侧）或端子 7（测试乘客座一侧）之间。在开关上进行上/下调整操作，记录每个开关位置的电压 正常值为 11～14V
	6）在电动调节车外后视镜开关插接器上，从背面测量端子 4 和端子 5（测试驾驶人座一侧）或端子 7（测试乘客座一侧）之间的电压。在开关上进行里/外调整操作，记录每个开关位置的电压 正常值为 11～14V

（续）

示　例　图	操作步骤及方法
	7）将电压表连接到端子 4 和端子 5（测试驾驶人座一侧）或端子 7（测试乘客座一侧）之间。在开关上进行上/下调整操作，记录每个开关位置的电压 　正常值为 11 ~ 14V
4. 更换后视镜总成	
	1）拆卸后视镜总成连接螺栓，拆下后视镜总成
	2）安装新的后视镜总成。按与拆卸相反顺序进行安装 　3）质量检查。安装后接通开关，检查左右后视镜工作情况
5. 车辆恢复	整理清洁，填写检测评价记录

检测评价

质量检查		
项　　目	完成情况	解释说明
1）检查熔丝 F8	是□　　否□	
2）拆卸电动调节车外后视镜开关总成	是□　　否□	
3）用万用表检查电动调节车外后视镜开关插接器端子 6 和搭铁之间是否接通	是□　　否□	
4）测量电动调节车外后视镜开关插接器端子 8 上的电压	是□　　否□	
5）在电动调节车外后视镜插接器上测试每个开关位置的电压	是□　　否□	

（续）

质量检查		
项　目	完成情况	解释说明
6）在电动调节车外后视镜开关插接器上，从背面测量端子之间的电压	是□　　否□	
7）完成更换后视镜总成	是□　　否□	
8）进行维修后电动后视镜工作复检，车辆整理，工具整理，卫生清洁，填写检测评价记录	是□　　否□	
小组综合评价		
学生自我评价		
教师评价		

注：1. 每项工作完成后在"是"后面□内打√，未做或未完成在"否"后面□内打√。

　　2. 如果项目未做或未完成在"解释说明"中说明原因。

考核练习

一、理论知识

1. 电动后视镜的电动机一般为（　　　）。

A. 单向直流电动机　　B. 双向交流电动机　　C. 永磁双向直流电动机

2. 关于电控后视镜，甲同学说：为了使反射镜上下和左右运动，在镜片的背部装有四个电动机；乙同学说：控制电路的特点是通过开关改变两个电动机的电流方向，即可完成后视镜的上下及左右调整。他们哪个人的说法正确？（　　　）

A. 甲对　　　　　　B. 乙对　　　　　　C. 甲乙都对　　　　　D. 甲乙都不对

3. 电动后视镜系统由_____和_____两部分构成。

4. 简述电动后视镜控制电路的组成。

二、实训操作

在发动机关闭的情况下，接通点火开关。测量电控车外后视镜开关连接器端子 8 上的电压是（　　　）。

拓展与提高

带加热功能的后视镜

后视镜加热功能是指当汽车在雨、雪、雾等天气行驶时，后视镜可以通过镶嵌于镜片后的电热丝加热，确保镜片表面清晰。

电加热后视镜的工作原理非常简单，就是在两侧后视镜的镜片内安装一个电热片（电热膜），在雨雪天气时，车主打开后视镜电加热功能，电热片会在几分钟内迅速加热至一个固定的温度，一般在 35～60℃ 之间，起到对镜片加热、除雾除霜的效果。带加热功能的后视镜透视效果如图 5-13 所示。

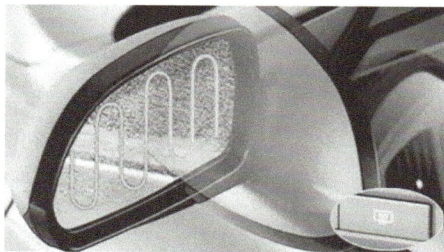
图 5-13　带加热功能后视镜透视效果图

任务三　中控门锁电动机总成的更换

任务目标

1. 知识目标

1）了解汽车电动中控门锁系统的组成。

2）了解中控门锁电路及电动门锁机构的组成。

2. 技能目标

能够在维修资料引导下完成中控门锁电动机总成的更换。

任务描述

顾客报修：顾客私家车右侧副驾驶车门锁车时不能自动上锁。

接车检查：车型：别克凯越轿车；出厂年份：2012 年；检查结果：右侧副驾驶车门锁电动机损坏。

任务说明：门锁电动机损坏需要更换门锁总成。

知识储备

1. 作用

中央控制门锁系统简称中控门锁，是通过中央门锁控制模块，利用电动机（或电磁铁）控制机械门锁装置使所有车门同时完成开锁、闭锁等功能的系统。此外，中控门锁控制装置还与电子防盗系统结合对车辆起防盗作用。

2. 组成

电动中控门锁装置由电气控制和机械机构两部分构成，电气控制部分包括门锁总成、门锁开关和中控门锁控制模块（门锁继电器模块）组成。

（1）门锁总成（图 5-14）　门锁总成由门锁执行器和传动机构组成。门锁执行器有电动机或电磁铁等；传动机构由减速齿轮和位置开关等组成。大多数电动门锁用一个永磁双向旋转电动机来改变电流方向，从而实现双向旋转；通过蜗杆带动蜗轮推动锁杆，使车门上锁或开锁，然后蜗轮在回位弹簧的作用下返回原位。

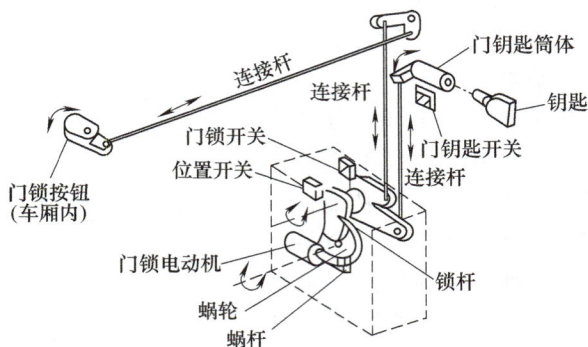

图 5-14　门锁总成机构示意图

（2）门锁开关　门锁开关可由车门内的门锁杆或车门内把手上的按钮开关控制，也可以由安装在驾驶人及副驾驶侧门锁内的锁芯控制。大多数中控门锁的开关都是由中央控制门锁开关和分开关组成，总开关装在驾驶人身旁车门扶手上，驾驶人操纵中央控制门锁开关可将全车所有车门锁住或打开；分开关装在其他各个车门上，可单独控制一个车门。

（3）门锁继电器模块　门锁继电器模块受门锁开关控制，由电子电路及开锁和闭锁继电器组成，由继电器控制门锁执行电动机的电流方向，完成开锁和闭锁动作。图 5-15 为中控门锁控制原理框图。

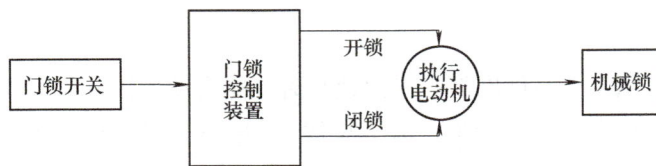

图 5-15　中控门锁控制原理框图

门锁继电器模块有晶体管式、电容式和车速感应式等。晶体管式是利用电容的充放电过程控制一定的脉冲电流持续时间完成开闭锁过程；电容式是利用电容充放电特性，使开锁或闭锁继电器线圈产生电磁力，接通执行机构电磁线圈，完成开锁或闭锁动作；车速感应式装有一个车速为 10km/h 的感应开关（车速表内），当车速大于 10km/h 时，若车门未上锁，则门锁控制器自动将门上锁。

（4）中控门锁电路　图 5-16 为上海通用别克凯越轿车中控门锁电路。

该车中控门锁控制装置与防盗系统相结合，一个保护电路的熔丝位于发动机舱熔丝盒内，四个永磁双向旋转电动机共用一根搭铁线。

其工作原理为：

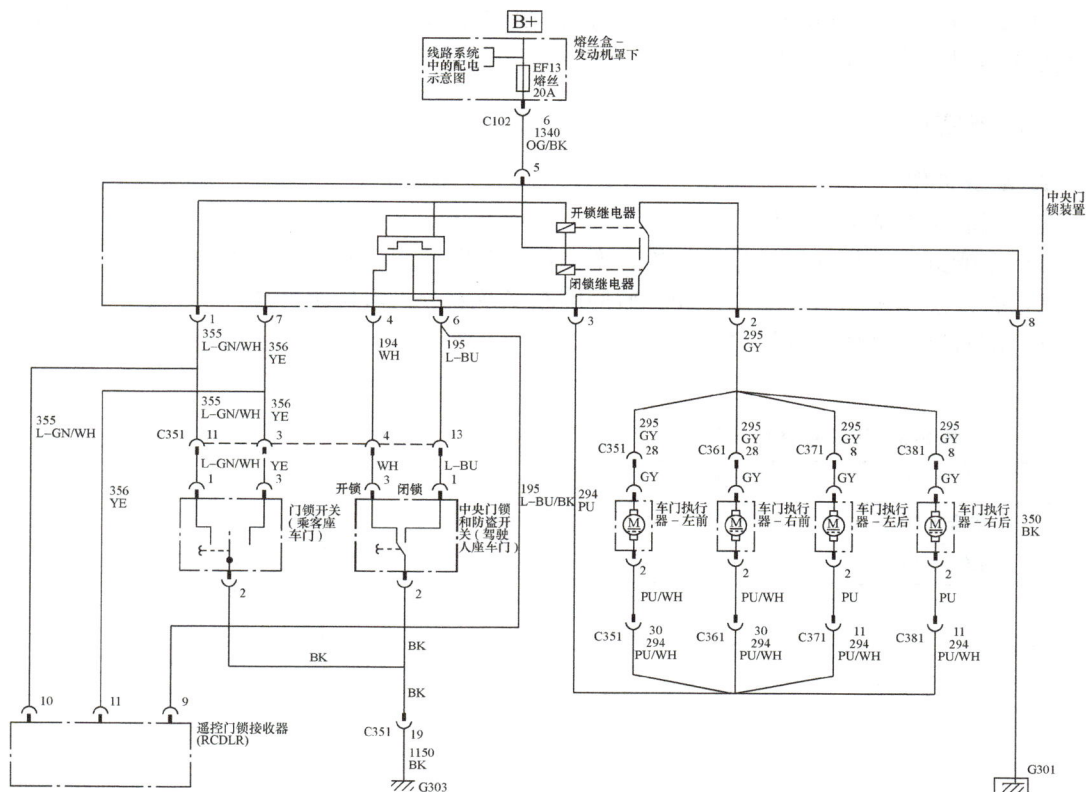

图 5-16　别克凯越轿车中控门锁电路

① 闭锁。当钥匙插进驾驶人侧钥匙锁孔内并向锁门方向转动，中央门锁和防盗开关接通"闭锁"位置，中央门锁装置内的触发控制电路短暂接通闭锁继电器线圈，闭锁继电器开关闭合。电流路径：蓄电池→熔丝 EF13→闭锁继电器→四个车门锁执行器（电动机）→开锁继电器→G301搭铁。四个车门锁执行器（电动机）向"锁门"方向转动，带动机械机构将车门锁上。

② 开锁。开锁控制方式是控制开锁继电器，使流经门锁电动机的电流反向，电动机反转，控制开门。

3. 电动门锁机构

电动门锁机构由机械部分、闭锁器、锁扣、各种锁杆（线）（如锁芯拉杆（线）、外开拉杆（线）、内开拉杆（线）、保险拉杆（线）、闭锁器拉杆（线）等组成。图 5-17 为直流电动机式中央门锁机构。

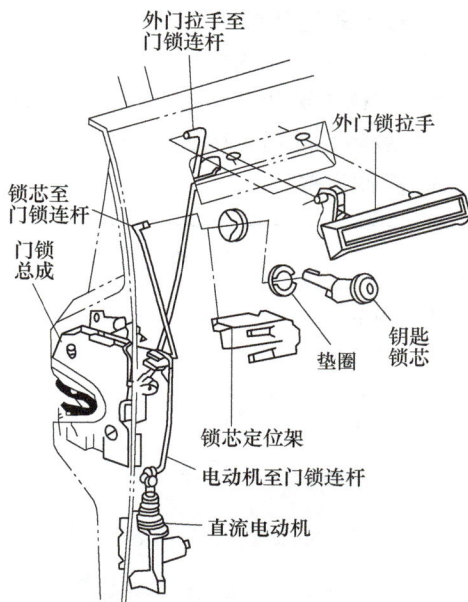

图 5-17　直流电动机式中央门锁机构

现代许多高级轿车采用计算机（ECU）控制中控门锁系统。可以与车身其他舒适系统电气设备实现网络化信息共享。

任务实施

1. 准备工作

1）工装穿着整洁，戴好工作手套。

2）车辆进入工位并可靠停驻，检查变速杆位于空档位（自动变速器位于"P"位）。

3）打开发动机舱盖，铺好发动机舱周围车身及驾驶人座位防护套。

4）准备好工具器材和检测设备，见表5-3。

表 5-3　工具器材和检测设备

名　　称	规格或型号
组合工具箱	图 5-18
内饰拆卸工具	

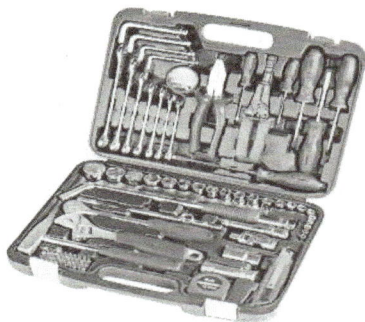

图 5-18　组合工具箱（参考）

5）准备好相关维修信息资料并预习。待维修车辆（本任务示例轿车别克凯越 2012 年款）的维修手册或已打印好的在电子版车辆维修手册中查询到的前照灯系统相关维修信息。

2. 技术规范及标准

1）在规定时间内完成工作。

2）正确拆装相关功能元件及内饰件。

3）故障排除后驾驶人车门锁应工作正常。

3. 操作步骤

示　例　图	操作步骤及方法
1. 拆卸程序	
	1）升起车门玻璃至顶部 2）断开蓄电池负极电缆

（续）

示　例　图	操作步骤及方法
	3）撬开车门内把手装饰嵌框 4）用一字螺钉旋具沿内把手装饰嵌框内侧轻轻插入（注意不要产生划痕。可将螺钉旋具前部缠绕胶布防止划伤内把手装饰嵌框和车门内饰板）撬压装饰嵌框使之脱离
	5）拆卸车门内饰板前部连接螺钉饰盖，拆下前部连接螺钉
	6）拆卸电动车窗控制开关
	7）断开电动车窗控制开关电气插接器
	8）拆卸后视镜三角窗内饰盖

（续）

示 例 图	操作步骤及方法
	9）拆卸车门装饰板上小储物槽连接螺钉，拆卸小储物槽
	10）拆卸其余车门装饰板螺钉 提示：用螺钉旋具轻轻拧出螺钉后，再用螺钉旋具将涨扣撬出
	11）用专用拆卸工具撬开装饰板 用手沿两侧适当用力拆开车门装饰板，将门内饰板向上抬出
	12）拆卸车门装饰板上其他电气插接器
	13）拆卸车门密封装饰塑料膜

（续）

示　例　图	操作步骤及方法
	14）拆卸车门外把手与门锁总成（A）的连接用手指拨开扣在连杆上的塑料卡环，然后将连杆挂钩从塑料连接件孔内拔出 15）拆卸车门钥匙锁芯与门锁总成连杆（B）的连接，拆卸方法同上
	16）拆卸门锁总成连杆（A）与车门内把手的连接 17）拆卸门锁总成锁止锁杆（B）
	18）拆下玻璃升降滑道连接螺栓
	19）拆卸前门锁连接螺钉 20）拆下门锁总成电气插接器
	21）取下门锁总成

（续）

示 例 图	操作步骤及方法
2. 安装	
	按拆卸相反顺序完成门锁总成的安装 螺栓按规定力矩紧固
3. 质量检查	
	进行维修后门锁复检 安装车门内饰板 提示：安装门内饰板时应注意上端面与门玻璃压紧处的密封必须到位。对好内饰板卡扣孔后，将门内板轻轻用手压牢
4. 车辆恢复	
	整理清洁，填写检测评价记录

检测评价

质量检查		
项　目	完成情况	解释说明
1）升起车门玻璃至顶部	是□　否□	
2）断开蓄电池负极电缆	是□　否□	
3）正确拆下电动车窗开关	是□　否□	
4）正确拆下车门装饰板	是□　否□	
5）正确拆下车门密封装饰塑料膜	是□　否□	
6）正确拆下门锁总成锁杆与车门内外把手及钥匙的连接	是□　否□	
7）正确拆下螺钉和前门锁	是□　否□	
8）检查门锁机构机械功能	是□　否□	
9）按照安装程序完成了所有安装	是□　否□	

（续）

质 量 检 查		
项　　　目	完 成 情 况	解 释 说 明
10）是否进行维修后门锁复检，车辆整理，工具整理，卫生清洁，填写检测评价记录	是□　　否□	
小组综合评价		
学生自我评价		
教师评价		

注：1. 每项工作完成后在"是"后面□内打√，未做或未完成在"否"后面□内打√。
　　2. 如果项目未做或未完成在"解释说明"中说明原因。

考核练习

一、理论知识

1. 中控门锁系统中的门锁控制开关用于控制所有车门锁的开关，其安装在（　　）。

A. 驾驶人侧门的内侧扶手上　　　　　B. 每个车门上

C. 门锁总成中　　　　　　　　　　　D. 以上均不正确

2. 中控门锁系统一般由_____和_____两部分构成。

3. 根据别克凯越轿车中控门锁电路，写出闭锁和开锁的电流路径。

二、实训操作

简述拆装门内饰板的注意事项。

拓展与提高

汽车遥控中央门锁系统

遥控中央门锁控制系统也叫无钥匙进入系统（Remote Keyless Entry），它使驾车者打开门锁更方便。该系统还可以提供行李箱、灯光和喇叭的控制功能。

遥控中央门锁系统主要由手持遥控发射器、玻璃印制天线（除雾电热丝）、接收器、遥控门锁 ECU、防盗和门锁控制 ECU 等部件与中央门锁控制系统结合组成。雷克萨斯 LS400 轿车遥控门锁系统具体零部件在车上的位置如图 5-19 所示。

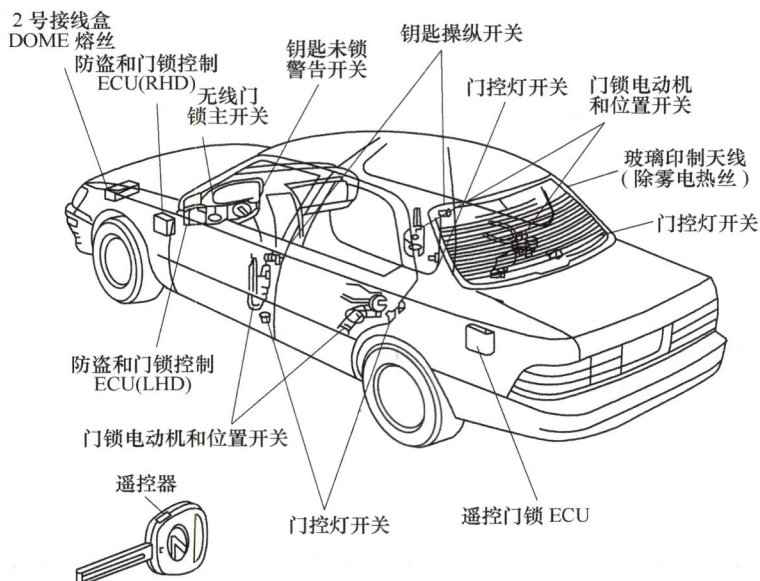

图 5-19 雷克萨斯 LS400 轿车遥控门锁系统布置

任务四　防盗模块的更换和钥匙的编码

任务目标

1. 知识目标

1) 了解汽车防盗系统的作用及结构组成。

2) 了解汽车防盗系统的工作原理。

2. 技能目标

能够独立完成防盗模块的更换及钥匙的匹配编码工作。

任务描述

顾客报修：顾客私家车发动机不能起动。

接车检查：车型：别克凯越轿车；出厂年份：2012 年。

任务说明：发动机不能发动着车，有的是与发动机防盗系统出现故障有关，应用汽车电子系统诊断仪进行诊断，查找故障原因。经过故障检查如果是防盗模块问题需进行更换，并对汽车钥匙重新进行匹配。

知识储备

汽车防盗系统是为防止汽车本身或车上的物品被盗所设的附属装备，包括机械防盗装置和电子防盗系统。机械防盗装置由机械门锁、行李箱锁和转向盘锁构成。电子防盗系统有两种配置形式，一种是仅配置控制发动机起动的防盗系统，例如上海桑塔纳 2000 型轿车、丰田威驰轿车、别克赛欧轿车等低档车型，而中高档车型均采用遥控的车身入侵防盗系统结合控制发动机起动的防盗系统两部分构成。

1. 车身入侵防盗系统

车身入侵防盗系统主要由发射器、遥控门锁电子控制模块/接收器（防盗报警 ECU 模块）、监控元件（所有车门接触开关及门锁开关、行李箱开关及锁开关、发动机舱盖开关、中央门锁控制模块、LED 状态指示灯）、报警执行元件（喇叭继电器、报警器、转向灯）等组成。图 5-20 为丰田卡罗拉轿车车身防盗系统。

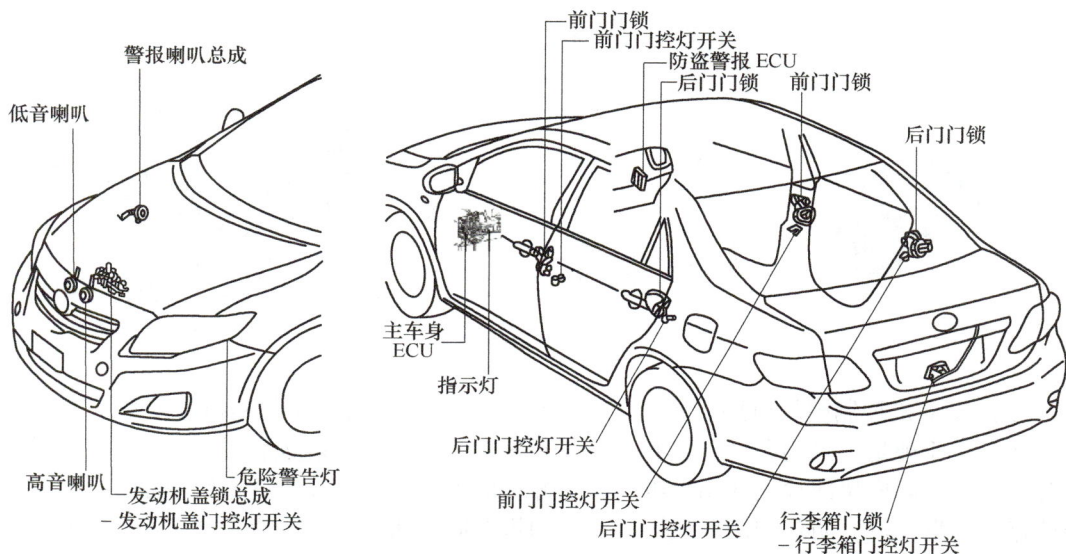

图 5-20　丰田卡罗拉轿车车身防盗系统

防盗系统的启动：当关闭所有车窗，拔出钥匙，关闭所有车门、发动机舱盖和行李箱盖，按下并释放发射器上的闭锁按钮，危险警告灯闪烁一次，安装在车门、发动机舱盖和行李箱盖下的接触开关将关闭状态信号传至防盗报警 ECU 模块，防盗系统进入监控状态。

防盗系统的解除：按下发射器上的开锁按钮，此刻防盗报警 ECU 模块解除系统监控状态，否则在防盗报警 ECU 模块未解除下开启车门、发动机舱盖和行李箱等，将导致防盗系统 ECU 模块激活报警装置发出声光警报。

2. 发动机防盗系统

发动机防盗系统是针对发动机设置的防盗系统（通用轿车称为阻断器系统），目的是即使入侵者进入车辆，如果没有原车钥匙也无法使发动机运行，开走车辆。发动机防盗系统有锁止起动机起动和锁止发动机运行等类型。锁止起动机起动是通过控制起动继电器断电的方式。现代汽车发动机防盗系统主要采用智能电子钥匙防盗系统，它由嵌入电子芯片（收发器）的防盗钥匙、检测线圈、防盗控制模块和发动机控制模块等组成。

（1）防盗钥匙　图 5-21 为具有遥控发射器芯片的钥匙，其由一个微电磁线圈和运算电子芯片（收发器）、遥控门锁发射器以及齿形锁杆组成。电子芯片内储存与防盗控制模块内一致的信息识别密码。

（2）检测线圈及防盗控制模块　图5-22为检测线圈及防盗控制模块组件。防盗控制模块具有系统密码运算比较、控制整个系统的信息交换（包括与收发器、发动机ECU的信息交换）及与故障诊断仪的通信等功能。检测线圈担负防盗控制模块与钥匙上的收发器之间的信号传递及能量传输任务。当开关钥匙插入点火开关锁孔中，接通电路，防盗控制模块通过检测线圈获取钥匙上密码芯片中储存的密码，如果被确认且与已编程的代码一致，再与发动机控制模块密码运算比较，若得到相同结果，则发动机控制模块起动发动机程序，一旦密码交流认证不符，就会进入错误模式，发动机控制模块终止起动发动机程序，使发动机无法起动。

图5-21　带遥控发射器芯片的钥匙

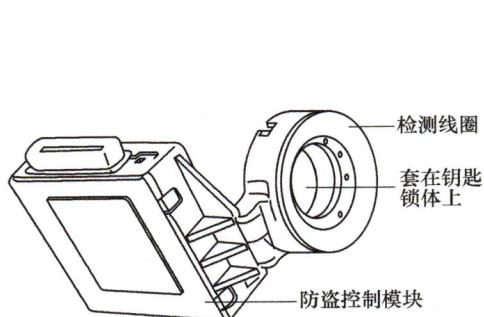

图5-22　检测线圈及防盗控制模块

（3）发动机控制模块电路　图5-23为上海通用别克凯越轿车阻断器防盗系统电路。

其工作原理是：当钥匙插入运行/起动开关（点火开关）的锁孔并旋到"ON（运行）"档时，防盗控制模块向检测线圈供电，激励并读取点火钥匙芯片上的密码信息，并与其内存中储存的信息比较，防盗控制模块同时与发动机控制模块进行信息交换，三者的内存信息比

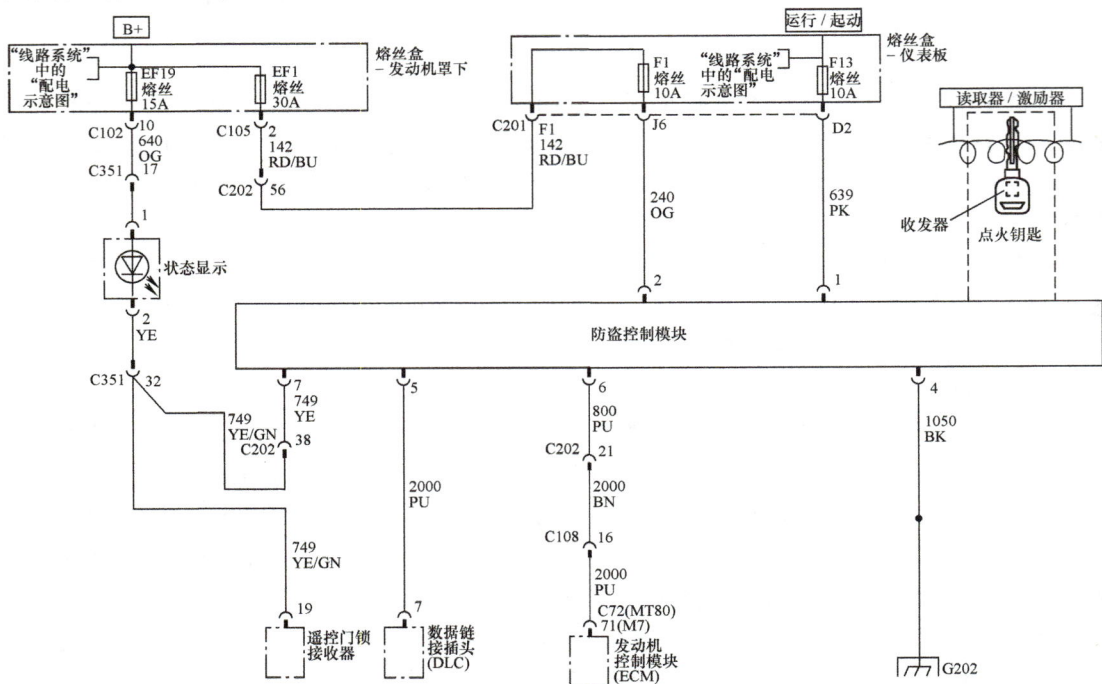

图5-23　上海通用别克凯越轿车阻断器防盗系统电路

较结果如果一致，发动机控制模块即可进入工作运行状态。如果不一致，发动机控制模块将切断点火及喷油电路，使发动机无法发动。

（4）钥匙的匹配　如果更换了防盗控制模块或发动机控制模块，需要对系统进行重新编程，若需增加汽车钥匙，应对新钥匙进行编程，即完成匹配过程。防盗系统部件的编程匹配需要通过汽车诊断仪来完成，诊断仪通过防盗系统诊断通信接口（OBD——汽车在线诊断系统）进行操作。

任务实施

1. 准备工作

1）工装穿着整洁，戴好工作手套。

2）车辆进入工位并可靠停驻，检查变速杆位于空档位（自动变速器位于"P"位）。

3）打开发动机舱盖，铺好发动机舱周围车身及驾驶人座位防护套。

4）准备好工具器材和检测设备，见表5-4。

表5-4　工具器材和检测设备

名　　称	规格或型号
汽车诊断仪	KT600
组合工具箱	图5-24
备用钥匙	

图5-24　组合工具箱（参考）

5）准备好相关维修信息资料并预习。待维修车辆（本任务示例轿车别克凯越2012年款）的维修手册或已打印好的在电子版车辆维修手册中查询到的防盗系统相关维修信息。

2. 技术规范及标准

1）在规定时间内完成工作。

2）正确拆装相关功能元件及内饰件。

3）故障排除后防盗系统应工作正常。

3. 操作步骤

示　例　图	操作步骤及方法
1. 防盗模块的拆装	
	1）拆卸程序 ① 断开蓄电池负极电缆 ② 拆卸转向盘转向柱下护盖 ③ 从阻断器控制单元上断开电气插接器

（续）

示 例 图	操作步骤及方法
	④ 拆卸阻断器控制单元连接螺钉
	⑤ 拆卸阻断器控制单元
	2）安装程序 按照拆卸相反顺序进行安装
2. 用钥匙编码程序重新授权钥匙	
	1）关闭点火开关 2）安装故障诊断仪
	3）插入钥匙，接通开关

（续）

示　例　图	操作步骤及方法
	4）打开诊断仪开关，进入"汽车诊断"功能菜单，按下"OK"键，进入下一菜单
	5）按"→"键选择"通用"，按下"OK"键，进入下一菜单
	6）按"↓"键选择"别克"，按下"OK"键，进入下一菜单
	7）按"↓"键选择"（B）2011"，按下"OK"键，进入下一菜单
	8）按"↓"键选择"J凯越"，按下"OK"键，进入下一菜单

（续）

示　例　图	操作步骤及方法
	9）按"↓"键选择"车身"，按下"OK"键，进入下一菜单
	10）按"↓"键选择"4车门旅行小轿车"，按下"OK"键，进入下一菜单
	11）选择"阻断器"，按下"OK"键，进入下一菜单
	12）选择"阻断器钥匙编程"，按下"OK"键
	13）按照屏幕说明进行操作，按下"OK"键

（续）

示　例　图	操作步骤及方法
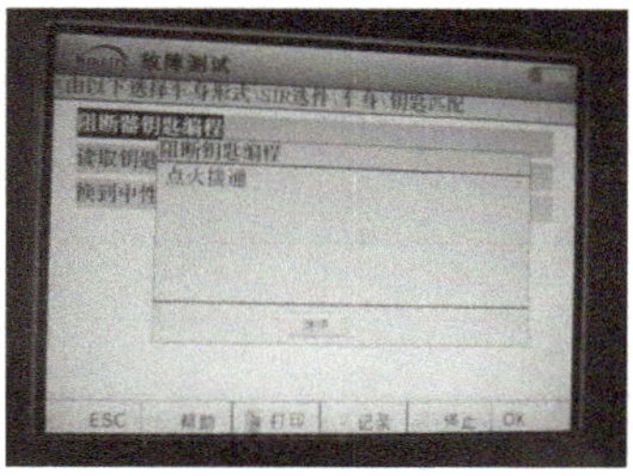	14）按照屏幕说明进行操作，按下“OK”键
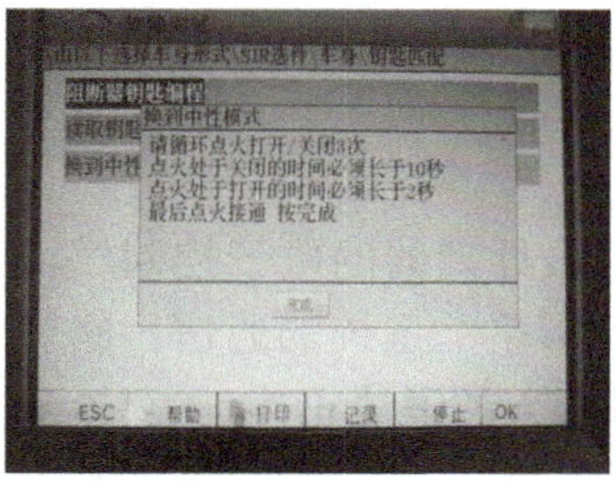	15）按照屏幕说明进行操作，完成按下“OK”键 16）最后起动车辆，检查结果
3. 车辆恢复	
	整理清洁，填写检测评价记录

检测评价

质量检查		
项　　目	完成情况	解释说明
1）断开蓄电池负极电缆，拆卸转向盘转向柱下护盖	是□　　否□	
2）拆卸阻断器控制单元	是□　　否□	
3）按照拆卸相反顺序安装阻断器控制单元	是□　　否□	
4）按照操作规范用钥匙编码程序重新授权钥匙	是□　　否□	
5）用重新授权钥匙起动车辆	是□　　否□	

（续）

质 量 检 查		
项　　目	完 成 情 况	解 释 说 明
6）进行车辆恢复，工具整理，卫生清洁，填写检测评价记录	是□　　否□	
小组综合评价		
学生自我评价		
教师评价		

注：1. 每项工作完成后在"是"后面□内打√，未做或未完成在"否"后面□内打√。
　　2. 如果项目未做或未完成在"解释说明"中说明原因。

考核练习

一、理论知识

1. 对于防盗系统 ECU，修理工小李说它是一个包括微处理器的电子控制模块，在点火开关接通时，防盗 ECU 用于系统密码？运算比较，并控制整个系统的通信；修理工小张认为防盗 ECU 同时还能完成与故障诊断仪的通信。他们哪个人的说法正确？

　　A. 小李对　　　　　　B. 小张对　　　　　　C. 他们都对　　　　　　D. 他们都不对

2. 现代汽车的电子防盗系统有两种配置形式，一种是_____防盗系统；一种是采用_____防盗系统。

3. 简述上海通用别克凯越轿车阻断器防盗系统的工作原理。

二、实训操作

简述用诊断仪重新进行钥匙匹配的过程。

拓展与提高

汽车防盗技术的发展

（1）全球通信网络汽车防盗系统　以呼叫器控制汽车起动系统和车门的开关，可在汽车被盗后，以电话的方式将动力系统的功能解除，使车辆在 10s 内停止行驶，并使警铃鸣响。

（2）电话控制系统　该系统仅有香烟盒大小，可暗藏在汽车的任何部位。车主和警方可在世界上的任何地方，通过拨打电话，使汽车置于控制中。如逐渐减少燃料供应使汽车渐渐停止；关闭其他电动控制设备。这样，不仅可以找回汽车，还可以确保车主的人身安全，达到将盗贼抓获的目的。

任务五　　安全气囊转向盘模块螺旋电缆的更换

任务目标

1. 知识目标

1）了解安全气囊系统的构成。

2）了解安全气囊电路。

2. 技能目标

1）学会安全气囊转向盘模块及螺旋电缆的拆装方法。

2）了解拆装过程中的注意事项。

任务描述

顾客报修：顾客私家车发生碰撞事故，转向盘安全气囊弹开。

接车检查：车型：别克凯越轿车，2011 年款。

任务说明：当汽车发生碰撞事故，转向盘安全气囊弹出后，应更换系统全部部件。

知识储备

安全气囊系统的作用是当车辆发生碰撞事故时控制安全气囊迅速打开（图 5-25），在驾乘人员与车内前方部件或壳体之间形成充气间隔的缓冲，从而减轻乘员的伤害程度。英文缩写为 SIR（辅助充气式保护系统）或 SRS（辅助约束系统）。

1. 安全气囊系统的构成

图 5-26 为安全气囊系统部件构成及在车上位置示意图。这些部件主要包括：传感器、安全气囊模块（包括驾驶人一侧安全气囊和副驾驶一侧安全气囊）、安全气囊指示灯、诊断控制模块、安全气囊系统线束等。

在较高级轿车上还加装有侧气帘，电子控制安全带预紧器等。

图 5-25　安全气囊保护效果图

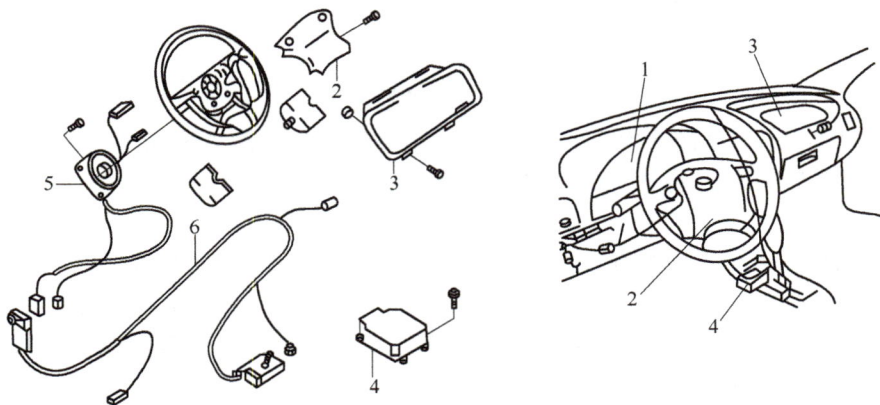

图 5-26　安全气囊系统部件构成及在车上位置

1—安全气囊指示灯　2—驾驶人一侧安全气囊（充气装置）模块　3—副驾驶一侧安全气囊（充气装置）模块
4—传感和诊断模块（SDN）　5—螺旋电缆　6—安全气囊系统线束

（1）传感器　传感器包括碰撞传感器、识别传感器和中央气囊传感器。碰撞传感器安装在汽车的前部及周围或驾乘舱前面（仪表板后面），有磁固定滚球式、滚轴式及偏心锤式等类型；识别传感器安装在仪表板后面，当碰撞发生时，只有识别传感器与至少一个碰撞传感器同时触发（接通），气囊才能被触发。中央气囊传感器是一种安装在控制单元内的集成传感器，它是一种电子减速传感器，测量汽车的减速率，通过计算机进行逻辑运算处理，判定安全气囊是否需要打开。

（2）安全气囊模块　安全气囊模块由气体发生器（火药和氮气发生剂等）、点火器、气囊、饰盖和底板等组成。驾驶人侧安全气囊模块位于转向盘中心处，副驾驶侧安全气囊模块位于仪表板右侧杂货箱上方。

（3）安全气囊（SRS）指示灯　安全气囊指示灯位于仪表板上，接通点火开关时，诊断控制模块对系统进行自检，若点亮 6s 后熄灭，表示安全气囊系统正常；若 6s 后安全气囊指示灯依然闪烁或一直不熄灭，表示安全气囊系统有故障，提示驾驶人应进行维修。

（4）诊断控制模块　诊断控制模块（SRS 控制电脑）是气囊系统的核心部件，其安装位置因车型而异。当中央气囊传感器与诊断控制模块在一起时，诊断控制模块通常安装在驾驶室变速杆前、后的装饰板下面。模块的主要作用是监测汽车纵向减速度或惯性力是否达到设定预值，控制安全气囊模块中的点火器引爆点火剂。模块还有监视气囊系统部件工作状态功能，当发生故障时记录储存故障码同时点亮警告灯。

（5）安全气囊系统线束　安全气囊系统的所有线束都套装在黄色的波纹管内，以便于区别。为了保证转向盘具有足够的转动角度而又不致损伤驾驶人侧安全气囊模块的连接线束，在转向盘与转向柱管之间采用了螺旋线束，即将线束安装在螺旋形弹簧内，再将螺旋弹簧放到弹簧壳体内。

电喇叭线束也安装在螺旋弹簧内，螺旋弹簧安装在转向盘与转向管柱之间，安装时应注意其安装位置和方向，否则将导致螺旋线束和电喇叭线束折断、转向盘转向角度不足或转向沉重。

2. 安全气囊系统工作原理

当汽车发生正面碰撞事故时，安全气囊诊断控制模块检测到冲击力（减速度）超过设定值时，立即接通充气元件中的电爆管电路，点燃电爆管内的点火介质，火焰引燃点火药粉和气体发生剂，产生大量气体，在大约 0.03s 的时间内即将气囊充气，使气囊急剧膨胀，冲破转向盘上装饰盖板向驾驶人和乘员展开，使驾驶人和乘员的头部和胸部压在充满气体的气囊上，缓冲对驾驶人和乘员的冲击，气囊的两侧有两个大的通风口，随后将气囊中的气体很快放出。图 5-27 所示为安全气囊工作过程原理图。

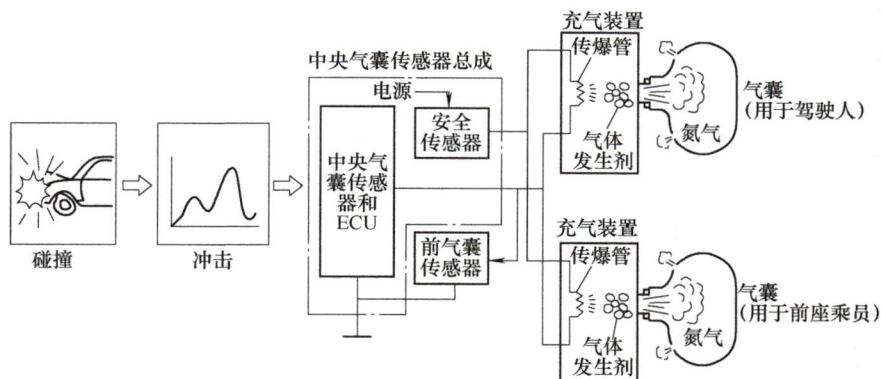

图 5-27　安全气囊工作过程

3. 别克凯越轿车安全气囊系统

别克凯越轿车安全气囊系统电路如图 5-28 所示。

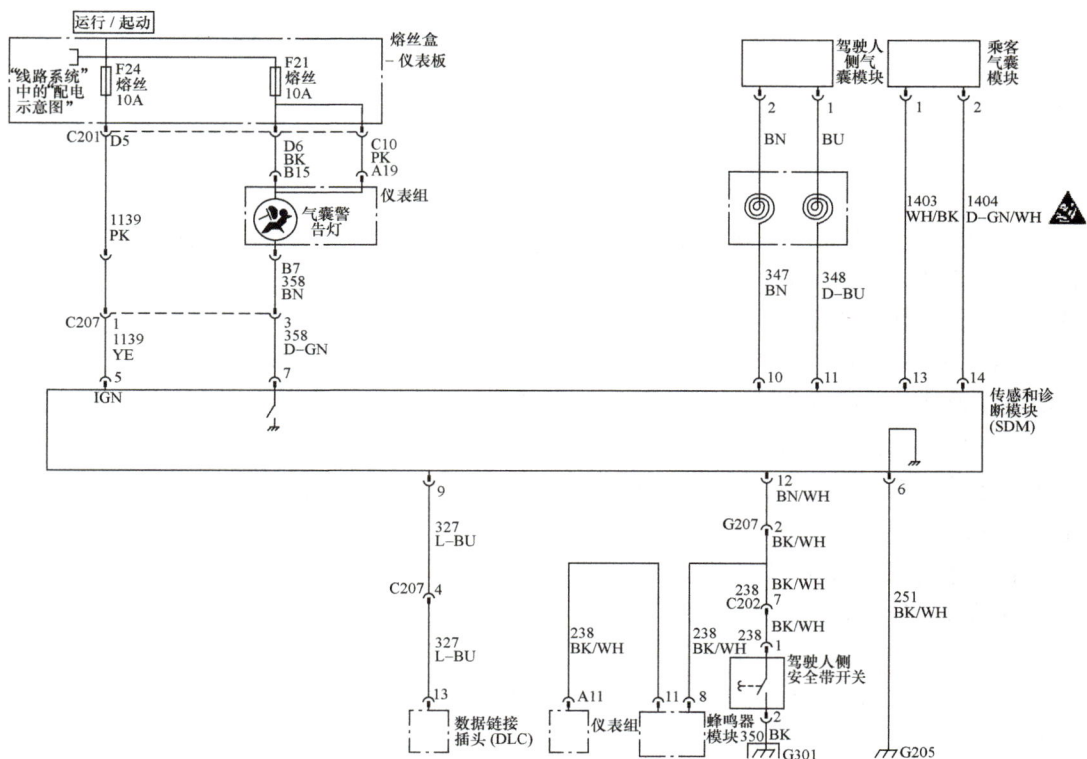

图 5-28　别克凯越轿车安全气囊系统电路（2011 年款）

别克凯越轿车安全气囊系统主要由驾驶人一侧气囊模块、副驾驶一侧气囊模块、传感和诊断模块（SDM）、螺旋弹簧电缆、导线线束和插接器及仪表盘上气囊警告灯组成。它没有前碰撞传感器，集成的中央气囊传感器安装在传感和诊断模块（SDM）内，位于变速杆地板控制台总成下部的地板上。

任务实施

1. 准备工作

1）工装穿着整洁，戴好工作手套。

2）车辆进入工位并可靠停驻，检查变速杆位于空档位（自动变速器位于"P"位）。

3）打开发动机舱盖，铺好发动机舱周围车身及驾驶人座位防护套。

4）准备好工具器材和检测设备，见表5-5。

表5-5　工具器材和检测设备

名　　称	规格或型号
内饰拆卸工具	
组合工具箱	图5-29

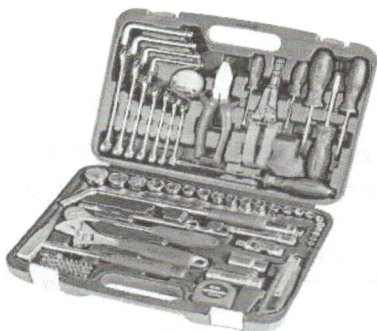

图5-29　组合工具箱

5）准备好相关维修信息资料并预习。待维修车辆（本任务示例轿车别克凯越2012年款）的维修手册或已打印好的在电子版车辆维修手册中查询到的安全气囊转向盘模块螺旋电缆的更换相关维修信息。

6）在断开点火开关、拆卸熔丝后，传感和诊断模块（SDM）能将气囊和预张紧器展开所需的电压保持1min。如果气囊和预张紧器未断开，必须在传感和诊断模块电源断开1min后，才能开始维修，否则可能导致人身伤害。

在搬运带电充气模块时，气囊正面不应朝向本人，以防止气囊意外展开伤人。禁止在搬运充气模块时用手拉扯导线及手持模块下面的插接器。

2. 技术规范及标准

1）在规定时间内完成工作。

2）正确拆装相关功能元件及内饰件。

3）故障排除后转向盘应转动正常，安全气囊故障灯应熄灭。

3. 操作步骤

示　例　图	操作步骤及方法
1. 拆卸驾驶人一侧安全气囊模块	
	1）将转向盘转到正前方向 2）断开蓄电池负极电缆
	3）拆卸转向盘两侧气囊装饰盖
	4）拆卸驾驶人一侧安全气囊模块的两个安装螺栓并报废
	5）从驾驶人一侧安全气囊模块上拆卸插接器 拆卸驾驶人一侧安全气囊模块 提示：拆卸后将气囊和饰板盖向上放置
2. 拆卸转向盘	
	1）拨开喇叭线插头

（续）

示　例　图	操作步骤及方法
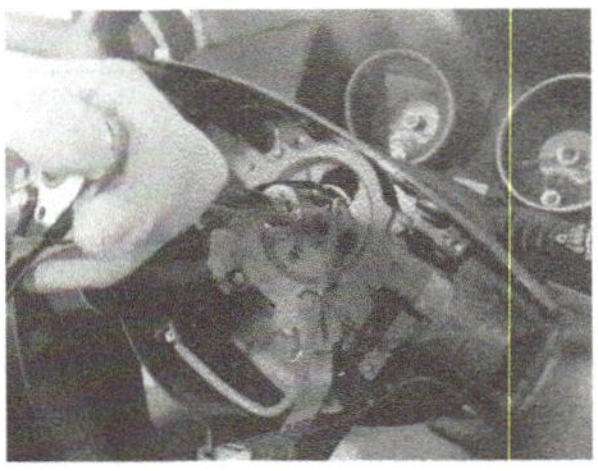	2）拆卸转向盘螺母
	3）用转向盘拔出器拔出转向盘

3. 拆卸螺旋电缆

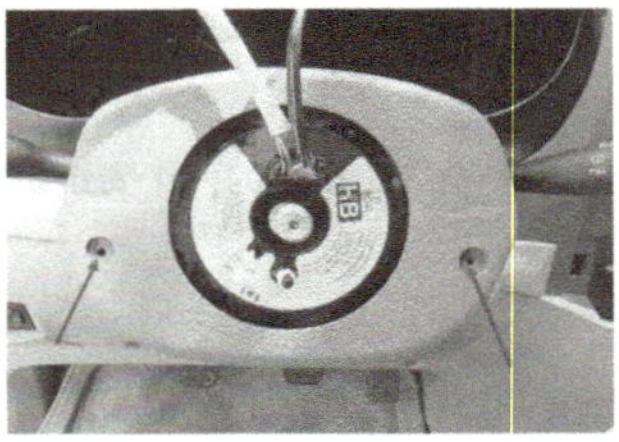	1）拆卸转向柱上、下盖螺钉，并拆卸转向柱盖板
	2）拆卸螺旋弹簧固定螺钉
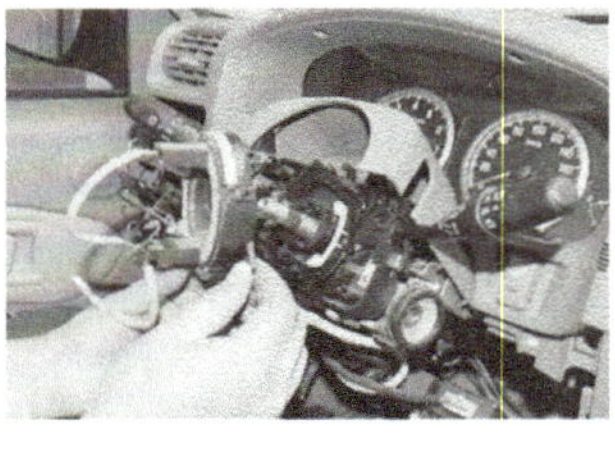	3）拆卸螺旋弹簧插接器 4）拆卸螺旋弹簧

（续）

示　例　图	操作步骤及方法
4. 安装螺旋弹簧	
	1）沿顺时针方向拧螺旋弹簧凸角至锁定位置，不要用力过猛 2）在前轮处于正前位置时，再沿逆时针方向拧动螺旋弹簧凸角约三圈，至中间位置 提示：拧动螺旋弹簧超过三圈会损坏螺旋弹簧
	3）对准螺旋弹簧部件上的至锁定位置标记
	4）安装螺旋弹簧固定螺钉 5）连接螺旋弹簧插接器
	6）安装转向柱盖板，并拧紧上、下盖螺钉
5. 安装转向盘及气囊模块	
	1）安装转向盘 2）安装气囊模块

（续）

示 例 图	操作步骤及方法
	3）连接蓄电池负极，检查气囊系统情况 黄色气囊灯应闪烁 7 次后熄灭 转向盘左右应能旋转到位 提示：接通点火开关时应避开气囊模块
6. 车辆恢复	整理清洁，填写检测评价记录

检测评价

质量检查		
项　　目	完成情况	解 释 说 明
1）将转向盘转到正前方向并断开蓄电池负极电缆	是□　　否□	
2）按要求拆卸驾驶人一侧安全气囊模块的两个安装螺栓并报废	是□　　否□	
3）拆卸驾驶人一侧安全气囊模块并放置	是□　　否□	
4）拆卸转向盘	是□　　否□	
5）完成螺旋电缆的拆卸	是□　　否□	
6）完成螺旋电缆的安装，对准螺旋弹簧部件上的锁定位置标记	是□　　否□	
7）安装转向柱盖板	是□　　否□	
8）完成安装转向盘及气囊模块	是□　　否□	
9）完成气囊系统情况检查及转向盘旋转检查	是□　　否□	
10）进行车辆整理，工具整理，卫生清洁，填写检测评价记录	是□　　否□	
小组综合评价		
学生自我评价		
教师评价		

注：1. 每项工作完成后在"是"后面□内打√，未做或未完成在"否"后面□内打√。

　　2. 如果项目未做或未完成在"解释说明"中说明原因。

考核练习

一、理论知识

1. 在讨论安全气囊系统相关知识时，修理工甲说 SRS 指示灯接通点火开关后点亮，诊断控制模块对系统进行自检，若点亮 6s 后熄灭，表示安全气囊系统正常；若 6s 后 SRS 指示灯依然闪烁不熄灭，表示安全气囊系统有故障，应进行维修。修理工乙说当汽车发生碰撞时，安全气囊弹开后，再次安装时所有安全气囊系统组件必须全部更换。他们哪个人的说法正确？（　　）

A. 甲正确　　　　B. 乙正确　　　　C. 两人均正确　　　　D. 两人均不正确

2. 碰撞传感器安装在 ＿＿＿＿＿＿＿ 以及 ＿＿＿＿＿＿＿＿＿，有 ＿＿＿＿＿ 式 ＿＿＿＿＿＿式及＿＿＿＿＿＿式等几种类型。

3. 安全气囊系统所有线束都套装在黄色的波纹管内，以便于与其他车身线束区别。（　　）

A. 正确　　　　　　B. 错误

4. 在 SRS 系统中，中央气囊传感器与碰撞传感器的作用分别是什么。

二、实训操作

简述维修安全气囊系统的注意事项。

拓展与提高

双级安全气囊

双级安全气囊不同于一般采用叠氮化钠为气体发生剂的单级型安全气囊，它采用以新型固体气体发生剂的双级气体发生器，一般说来，"双级"气体发生器设有两个引燃器，在不同时间段有选择地产生不同量的气体。事实上，在两个引燃器之间展开时间能够按照不同的组合关系加以改变，从而获得可调节的一系列的气体发生量。在使用过程中，双级安全气囊可以更好地避免导致乘客伤害的事故的发生，交通事故统计分析指出，几乎所有碰撞事故的75％属于低碰撞严重程度，只需触发第一级气体发生器，就能起到保护乘员的作用，而如果在较严重碰撞时则触发第二级气体发生器，以减轻对乘员的伤害程度，因而能更好地保护驾驶人和乘客的安全。

任务目标

1. 知识目标

1）了解收音机基本的工作原理。

2）了解扬声器的类型及使用。

3）了解收音机噪声及干扰的原因及消除方法。

2. 技能目标

能够在维修资料引导下完成对收音及音响总成的更换。

任务描述

顾客报修：顾客私家车收音机无法收到调频广播，右侧车门内扬声器不响，有时 CD 换碟不顺利。

接车检查：车型：别克凯越轿车；生产年代：2004 年；检查结果：经检查判断为收音机故障；CD 换碟机机械故障。

任务说明：维修收音机故障是汽车音响系统常见的维修工作之一。

知识储备

1. 音响系统的组成

汽车音响系统主要由天线、主机总成（包括收音机、声音均衡器、磁带录放机或 CD 换碟机等）、功率放大器和分频器、扬声器等组合而成。除了给驾乘人员收听广播外，更为驾乘人员提供高质量的音响享受。各部件在汽车上的安装位置大致相同，图 5-30 为奥迪 A4 轿车音响系统元件位置图（较低成本配置的系统没有安装影碟机、功率放大器及后部扬声器等）。

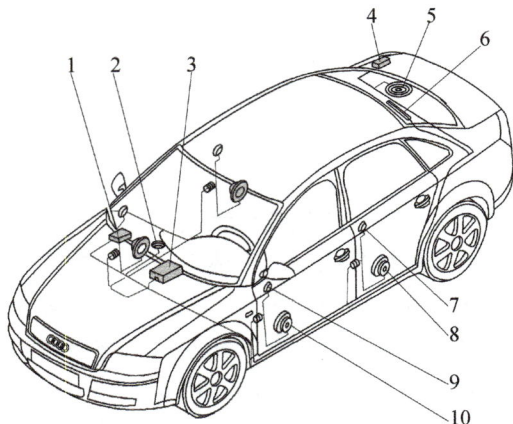

图 5-30　奥迪 A4 音响系统元件位置图

1—CD 换碟机　2—中央扬声器　3—收音机　4—后部扬声器功放　5—超重低音扬声器（低音炮）
6—天线功率放大器或天线选择控制器　7—后部高音扬声器　8—后部低音、中音扬声器
9—前部高音扬声器　10—前部低音、中音扬声器

2. 主要部件

（1）收音机　接收广播电台 AM/FM 频段的广播节目。把无线电信号解调成音频信号，用扬声器等音响设备将声音信号送出。现代汽车收音机已发展成数字调谐方式，如图 5-31 所示。

1）数码收音机的基本工作原理。操作人员通过按键输入功能选取信号，经微处理器分析整理，对机内的各控制单元进行调

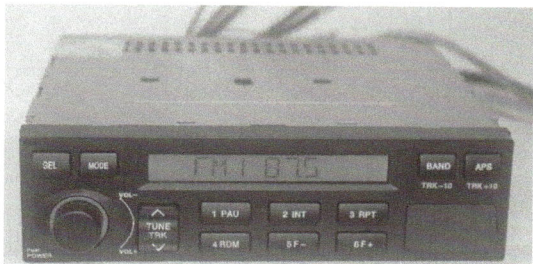

图 5-31　车载数码收音机总成

节，从而进行无线电广播信号搜索或读取存储器节目，并将操作结果以数据的形式储存在存储芯片中，同时以特定的程序监控内部及外接的各种部件的工作状态，实时调整输入输出，以 LCD（液晶）显示的形式将控制结果反馈给操作者。

图 5-32 为数码调谐收音机基本构成图。

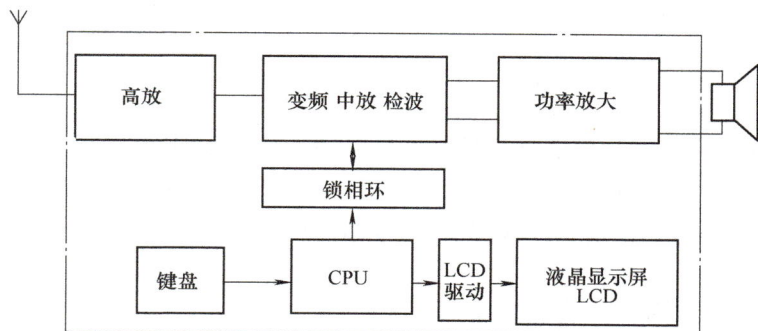

图 5-32　数码调谐收音机基本构成图

2）调幅波。调幅波是一种通过改变载波信号的振幅和强度来传递声音信号的电波，如图 5-33c 所示。调幅波有中波和短波，调幅波主要通过大气层反射来传输，所以传播距离较远，缺点是易受噪声干扰，如果信号弱，噪声干扰更敏感。

3）调频波。调频波是一种通过改变载波信号的振幅和强度来传递声音信号的电波，如图 5-33d 所示。调频波的频率远高于调幅波，因此大气层无法反射调频波，所以调频波传输距离受限，但其优点是不易受噪声干扰，因此，声音质量比调幅波好。

（2）天线　天线是收音机接收无线电信号的部件。汽车上的天线可以是固定的伸出式天线、电动可伸缩式天线或者利用后风窗加热丝的天线。

电动可伸缩式天线由电动机、电动天线杆、尼龙绳卷盘等组成（图 5-34）。电动天线的控制在汽车收音机打开和关闭的同时，自动调节天线的伸缩。电动天线总成通常安装在前翼子板的外侧和内侧之间或者后围板上。

（3）分频器和声音均衡器

1）分频器。为了使车内获得高质量声音的重放，通过分频器将不同频段的声音信号区分开来，分别给予放大，然后送到相应频段的扬声器中再进行重放。

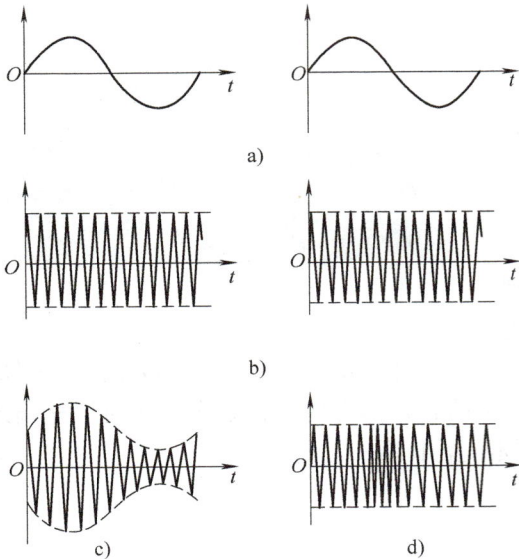

图 5-33 调幅波和调频波

a) 调制波　b) 载波　c) 调幅波　d) 调频波

图 5-34 电动天线总成

2）声音均衡器。声音均衡器是一种可以分别调节各种频率成分电信号放大量的电子设备，通过对各种不同频率的电信号的调节来补偿扬声器和声场的缺陷，补偿和修饰各种声源及其他特殊作用。通过均衡器可以体现不同频段的声音效果，使人更能欣赏到汽车音响的美妙旋律。

（4）扬声器　扬声器是电声转换设备，汽车上的扬声器有低、中、高音频等类型。

最常见的扬声器是电动圆锥形纸盆扬声器（图 5-35）。圆锥形纸盆扬声器主要由磁回路系统（永磁体、芯柱、导磁板）、振动系统（纸盆、音圈）和支撑辅助系统（定芯支片、盆架、垫边）三大部分构成。

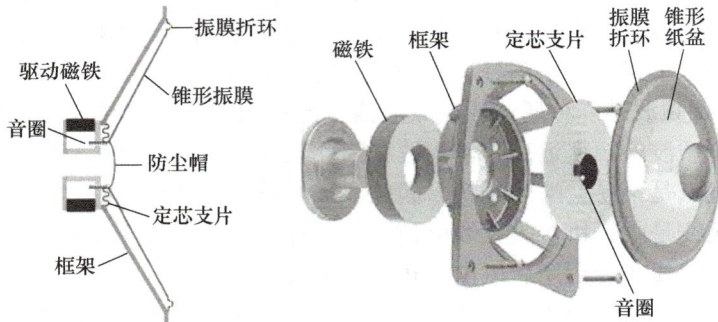

图 5-35 圆锥形纸盆扬声器

（5）CD 换碟机　CD 换碟机是能够自动转换 CD 唱盘的设备，一般可预先放入 6～12 张 CD 唱碟，然后通过中控台按键就可以任意选择唱盘和曲目。CD 换碟机多数设置在行李箱内，有的设在前座下部、前扶手箱内或杂物箱内。

任务实施

1. 准备工作

1）工装穿着整洁，戴好工作手套。

2）车辆进入工位并可靠停驻，检查变速杆位于空档位（自动变速器位于"P"位）。

3）打开发动机舱盖，铺好发动机舱周围车身及驾驶人座位防护套。

4）准备好工具器材和检测设备，见表5-6。

表5-6　工具器材和检测设备

名　　称	规格或型号
汽车专用万用表	数字型
组合工具箱	图5-36
内饰拆卸工具	

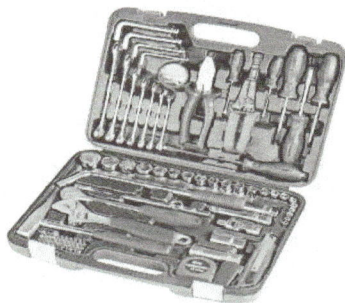

图5-36　组合工具箱

5）准备好相关维修信息资料并预习。待维修车辆（本任务示例轿车别克凯越2012年款）的维修手册或已打印好的在电子版车辆维修手册中查询到的系统相关维修信息。

2. 技术规范及标准

1）在规定时间内完成工作。

2）正确拆装相关功能元件及内饰件。

3）故障排除后收音机及音响应工作正常。

3. 操作步骤

示　例　图	操作步骤及方法
1. 收音机总成的更换	
	1）用内饰拆卸工具轻轻撬开内饰模制件，在卡夹处用手施加适当的力将其从卡槽内拉出
	2）沿周围均匀用力，避免损坏内饰件，取出内饰模制件

（续）

示　例　图	操作步骤及方法
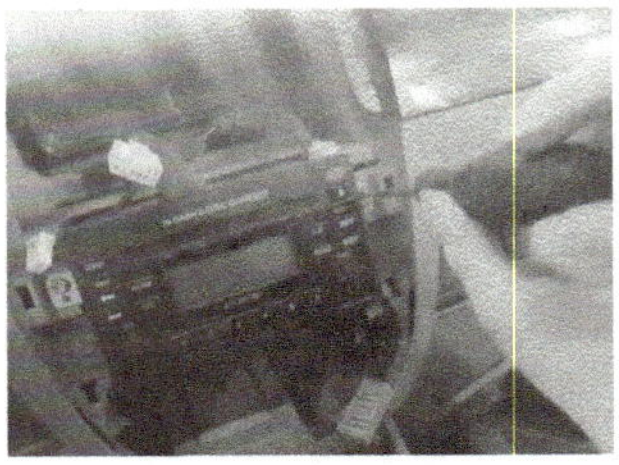	3）拆卸音响系统总成的四个螺栓
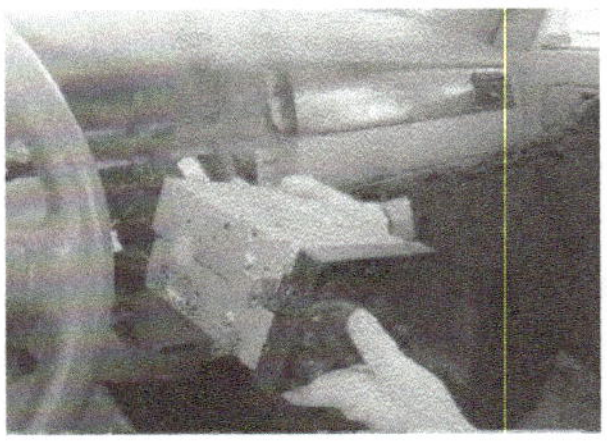	4）从仪表板中部取出音响系统总成
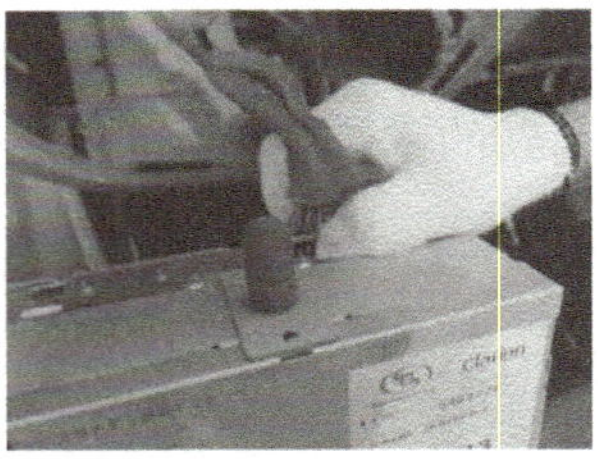	5）拆下插接器

2. CD 换碟机的更换

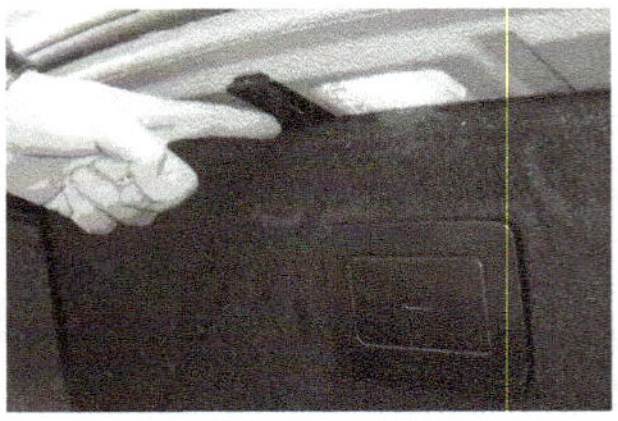	1）打开行李箱，拆下侧面内饰板
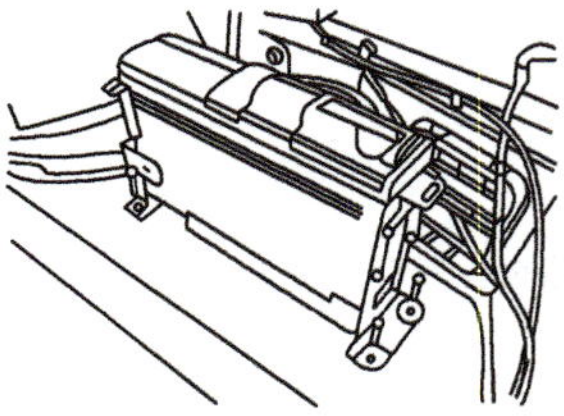	2）拆下 CD 换碟机连接螺栓。取出 CD 换碟机

（续）

示　例　图	操作步骤及方法
3. 安装	
	1）按照与拆卸相反顺序进行安装 2）进行维修后音响系统的复检
4. 车辆恢复	整理清洁，填写检测评价记录

检测评价

质　量　检　查		
项　　目	完　成　情　况	解　释　说　明
1）按要求拆卸中控台内饰模制件	是□　　否□	
2）完成音响总成的拆卸并安装	是□　　否□	
3）拆卸行李箱内饰	是□　　否□	
4）拆卸 CD 换碟机并安装	是□　　否□	
5）进行维修后音响系统的复检	是□　　否□	
6）是否进行车辆恢复，工具整理，卫生清洁，填写检测评价记录	是□　　否□	
小组综合评价		
学生自我评价		
教师评价		

注：1. 每项工作完成后在"是"后面□内打√，未做或未完成在"否"后面□内打√。
　　2. 如果项目未做或未完成在"解释说明"中说明原因。

考核练习

一、理论知识

1. 汽车音响系统是由_____、主机总成、_____和_____、扬声器等部件组合而成的较大的电气系统。

2. 收音机接收广播电台_____频段的广播节目，把_____信号解调成音频信号，用_____设备将声音信号送出。

3. 调频波是一种通过改变载波信号的振幅和强度来传递声音信号的电波。（　　）

A. 正确　　　　　　　　B. 错误

二、实训操作

简述收音机总成更换过程中的注意事项。

三、社会实践

走访汽车销售服务公司（4S 店）售后维修部门（或修理厂），向维修师傅了解并学习：简述本项目的六个工作任务在其他车型上的拆装方法有什么不同。

拓展与提高

1. 汽车多媒体——车载 DVD 系统

车载 DVD 系统就是将 DVD 影像技术融进汽车音响系统当中，使乘客在车内享受到更佳的乘坐环境。车载 DVD 系统一般由车载 DVD 机、收音机模块、LCD（液晶显示）部分和主控芯片 MCU 等组成，如图 5-37 所示。

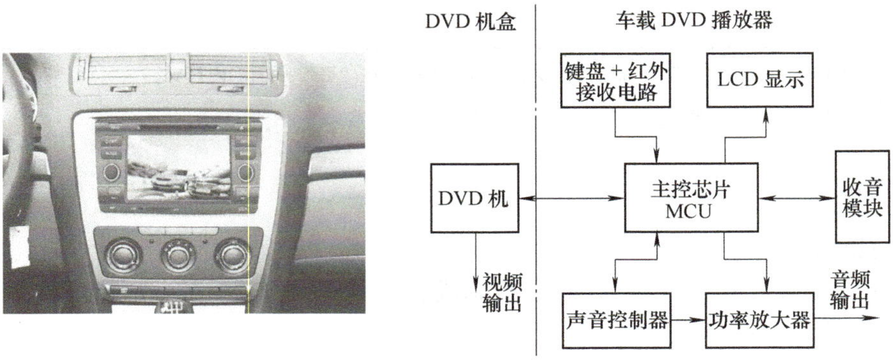

图 5-37　车载 DVD 机及系统结构原理框图

2. 汽车蓝牙技术

蓝牙技术是一种支持设备短距离通信（一般 10m 内）的无线电技术。车载蓝牙就是以无线蓝牙技术为基础的车内无线免提电话系统。可以在汽车正常行驶中用蓝牙技术与手机连接进行免提通话，达到解放双手，降低交通肇事隐患的目的。

项目描述

　　汽油发动机是通过点燃气缸内被压缩的汽油-空气混合气使发动机工作的。汽油机点火系统按照各缸的点火次序,适时地供给足够高能量的电火花,点燃气缸内的可燃混合气。图6-1为电火花点燃气缸内混合气示意图。

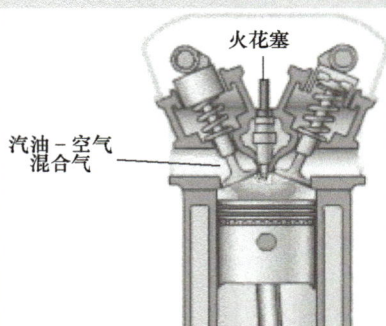

图6-1　电火花点燃混合气示意图

　　本项目由两个任务模块构成,通过任务学习和实践达到对汽油机点火系统的组成及主要部件结构原理的认识,并能够正确完成主要部件的更换。

任务一　点火系统的检修

任务目标

1. 知识目标

1）了解点火系统的类型特点及工作原理。

2）了解点火线圈的结构及工作原理。

3）了解火花塞的结构及使用。

2. 技能目标

1）能够在维修资料引导下进行点火线圈、高压线的检查及分电器的调整。

2）能够独立完成火花塞的更换。

任务描述

顾客报修：顾客私家车发动机起动困难，油耗增加。

接车检查：车型：上海桑塔纳轿车普通型；出厂年份：2001 年。

任务说明：点火系统性能的好坏直接影响发动机的工作。本次任务通过对点火系统部件的检查及火花塞更换实训来进行学习。

知识储备

1. 点火系统的类型与发展

汽车点火系统发展到现在已经经历了从机械触点式分电器控制点火系统、晶体管控制的无触点式分电器控制点火系统、计算机模块有分电器式控制点火系统发展到现代的计算机模块控制无分电器式点火系统，如图 6-2 所示。

（1）机械触点式分电器控制点火系统　又称传统点火系统，如图 6-2a 所示。这种点火系统低压电路的通断由断电器的一对触点通过凸轮轴控制，由于这种点火系统存在易磨损、触点烧蚀、点火能量不高、高速缺火等缺点，已不适应现代汽车发动机的工作要求，所以已经被淘汰。

（2）晶体管控制的无触点式分电器点火系统　又称半导体点火系统，这种点火系统取消了机械触点，由点火信号发生器采集凸轮轴（曲轴位置）信号，并通过晶体管电路控制低压电路的通断，因而不存在传统点火系统的机械故障，点火能量和高速性能也有提高，因此取代了传统点火系统。

（3）计算机控制的点火系统　计算机（即电子控制模块 ECM）控制的点火系统（以下简称计算机控制点火系统）是由计算机模块根据曲轴位置传感器等许多传感器及相关开关输入的信号，经过计算机运算和逻辑处理，控制低压电路通断的数字化点火系统。它除了具有点火能量高、点火精确、提高发动机动力性和燃油经济性等优点外，通过点火调整有利于发动机排放控制和其他相关电子控制系统的工作。计算机控制的点火系统在现代汽车上应用越来越广。

计算机控制点火系统分为有分电器式和无分电器式。

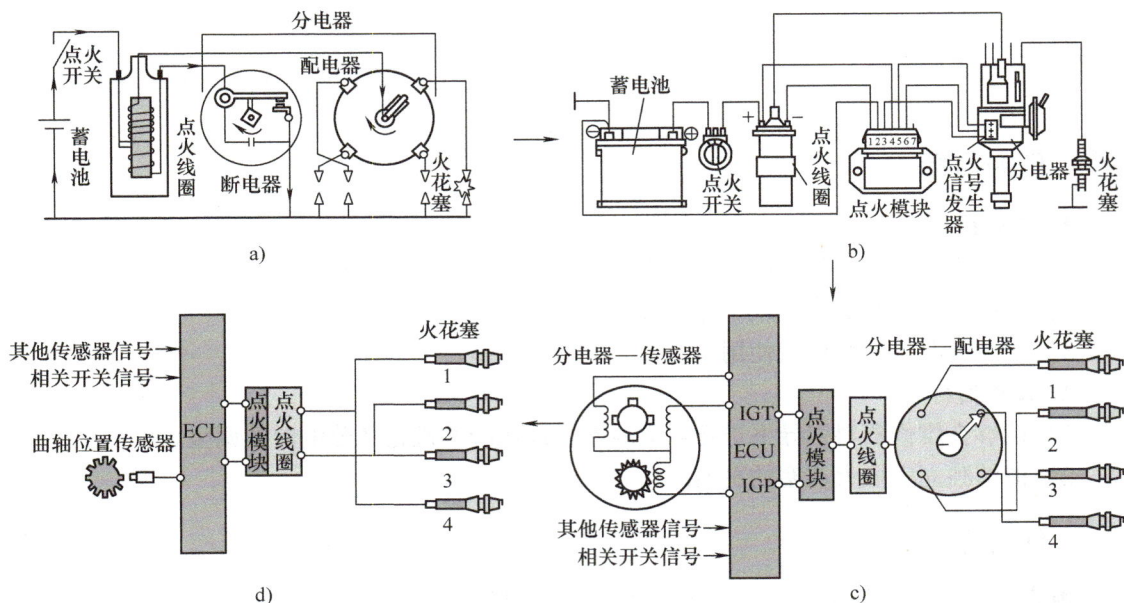

图6-2　不同类型汽车点火系统构成

a）机械触点式分电器控制点火系统　b）晶体管控制的无触点式分电器控制点火系统
c）计算机模块控制有分电器式点火系统　d）计算机模块控制无分电器式点火系统

2. 点火系统的原理

点燃汽油发动机气缸内的汽油混合气需要的点火器件是火花塞，火花塞电极间通过跳火的方式产生电火花来点燃汽油混合气（火花塞电极产生电火花的跳火电压需要1万伏以上，一般为15000～30000V）。气缸数不同的发动机工作顺序是不同的，所以点火系统应按照发动机做功的顺序进行点火，例如4缸发动机点火顺序是1-3-4-2；6缸发动机的点火顺序是1-5-3-6-2-4。点火系统还应保证点火准确，准确的点火时刻应在压缩行程活塞接近上止点前，称为点火正时，由于点火时曲轴与活塞到达上止点时曲轴位置有一个夹角，这个夹角称为点火提前角，所以点火正时也可用点火提前角表示。点火正时与发动机的转速和负荷变化等因素有关。为了产生足够高的跳火（击穿混合气）电压，点火系统利用一组线圈的电磁感应原理将低压电转换成高压电，因此点火系统有低压电路（12V）和高压电路（又称为初级电路和次级电路），在维修车辆时应注意高压安全。

3. 点火系统的组成

点火系统由低压电路和高压电路两部分构成。低压电路由电源、点火开关、点火线圈初级绕组和点火控制装置等部件组成。高压电路由点火线圈次级绕组、高压分配组件、高压线和火花塞等部件组成。

早期的点火控制装置主要是由凸轮和一对触点构成的断电器，现代点火控制装置是计算机控制模块-点火控制模块组件。早期的高压分配组件是由分电器盖和分火头组成的配电器，现代高压分配由计算机直接控制完成。

晶体管点火系统分电器主要由配电器、点火信号发生器和机械点火提前机构及机械驱动机构等组成，如图6-3所示。

1）配电器。配电器包括分电器盖和分火头。配电器是将中心插孔（来自点火线圈）过来的高压电经分火头按发动机工作顺序依次通过旁电极，经旁高压插孔通过高压线送至各缸火花塞。分电器盖和分火头是用胶木材料制作的绝缘性优良的器件，以防止高压电短路。分火头顶部有一中间带阻尼电阻（抑制高压电振荡干扰无线电）的导电铜片，分电器盖内中心插孔下有一带压紧弹簧的导电碳柱，旁插孔下端是铜电极。

2）点火信号发生器。点火信号发生器是产生对应于各缸点火位置的信号。由通过连接在分电器轴上的信号转子和安装在壳体侧面的霍尔电子模块（或感应线圈）组成。它将凸轮轴上对应于各缸的点火位置信号转变为电信号送至晶体管点火控制器，晶体管点火控制器控制点火线圈低压电路的通断，使之产生高压电。

3）机械点火提前机构包括离心提前机构和真空提前机构。离心提前机构利用离心原理，使点火时间随发动机转速变化而改变以得到最佳点火时刻；真空提前机构利用节气门后进气歧管真空度调节点火时间使点火时间随发动机转速变化而改变。

4）机械驱动机构由分电器轴以及凸轮轴连接齿轮等组成。

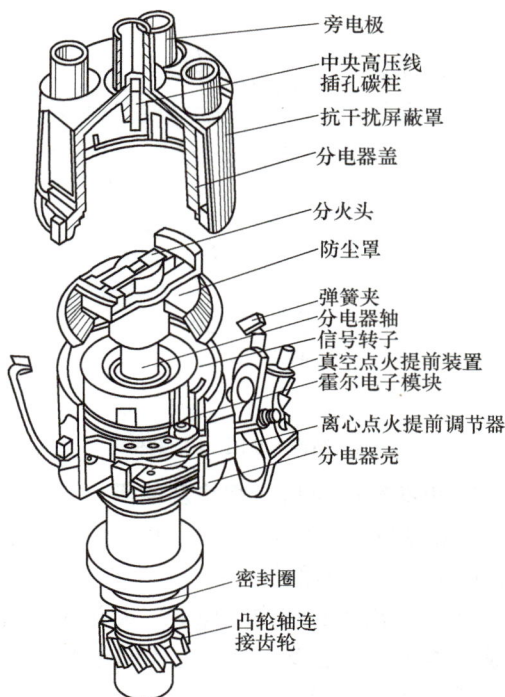

图6-3 晶体管点火系统分电器结构

4. 点火线圈

（1）点火线圈的结构 点火线圈是点火系统将低压电（12V）转变为高压电的核心部件，它由两个独立缠绕在一块层叠状硅钢片构成的铁心上的铜线圈构成（图6-4）。位于内侧的是约20000匝左右的绝缘漆包细铜线圈，称为次级线圈，绕在次级线圈外侧的是200~300匝的绝缘漆包粗铜线圈，称为初级线圈。初级线圈两端分别为低压接线柱"＋"和"－"。电源经点火开关与低压接线柱"＋"相连；低压接线柱"－"与点火模块相连。点火线圈外部用导磁钢套包围，最外面是一个薄金属壳体。导磁钢套和薄金属壳体之间填充沥青或变压器油来绝缘和散热。

（2）点火线圈的工作原理 当点火模块接通低压回路后，电流通过点火线圈内初级线圈，产生磁场，铁心被磁化，由于线圈的自感效应（通电时，线圈产生一个与通电电流方向相反的一个感应电流，阻碍通电电流增大），磁场增大有一个短暂的过程；当点火模块迅速断开低压回路时，磁场迅速消失，次级线圈将瞬间产生一个很高的电压，这称为互感效应。由于产生的电压随线圈匝数增加而增大，所以次级线圈产生的电压非常高，通过高压导线将高压电送至火花塞电极，使电极间空气发生电离跳火导电。

5. 电子点火控制器（点火模块）

电子点火控制器的主要作用是根据点火信号发生器的凸轮轴位置信号接通和断开点火线圈初级电路，使点火线圈完成储能和放电（高压电）过程。图6-5为桑塔纳普通型轿车电子点火控制器。

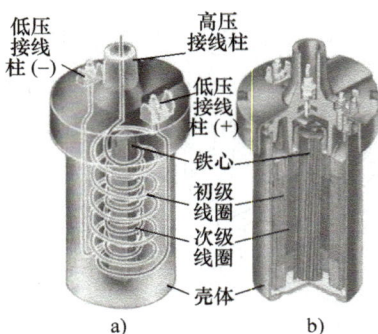

图 6-4　点火线圈结构

a）结构示意图　b）剖视图

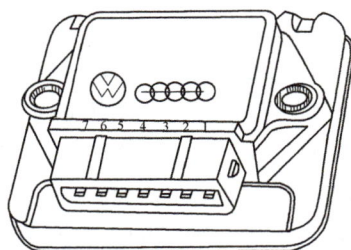

图 6-5　电子点火控制器

6. 火花塞的结构、规格及使用

火花塞安装在气缸盖上，电极位于气缸内，是将点火线圈产生的高压电引入气缸燃烧室，产生电火花的部件。

（1）火花塞的结构及规格　火花塞的结构如图 6-6 所示。火花塞的主要部分即钢壳体、绝缘瓷体和一对电极，绝缘瓷体起绝缘和导热作用，一对电极的中心电极在绝缘瓷体内绝缘，通过连接螺母与高压线相连，侧电极通过壳体搭铁，钢壳体上部是用于拆装火花塞的六角形，下部是安装在发动机上的螺纹。有些火花塞在连接螺母与中心电极间存在电阻，衰减振荡电流，减小对无线电的干扰。火花塞中心电极与侧电极之间的缝隙称为火花塞电极间隙，正确的火花塞间隙可以使发动机具有良好的工作性能，为了保证火花塞正常工作，火花塞电极间隙必须应按规定参数进行检查和调整（铂火花塞不能调整因为调整将导致铂电极断裂）。

（2）火花塞的使用　火花塞在燃烧室内工作，因而承受极为恶劣的高温高压强腐蚀的工作环境，因此，为了保证火花塞良好的工作性能，必须按照生产厂家规定的保养周期更换火花塞。

火花塞规格的选择很重要，高速、高压缩比的大功率发动机其燃烧室内产生的热量要大于低速、低压缩比的小功率发动机，因此使用时应考虑火花塞的散热能力应与其对应，火花塞的散热能力即热值用数字表示，数字越大表明火花塞散热能力越强。火花塞型号规范各国生产厂商都有所不同，图 6-7 为我国火花塞型号标识，F 表示火花塞的结构，7 表示热值，T 表示绝缘体突出型，C 表示镍铜复合电极型

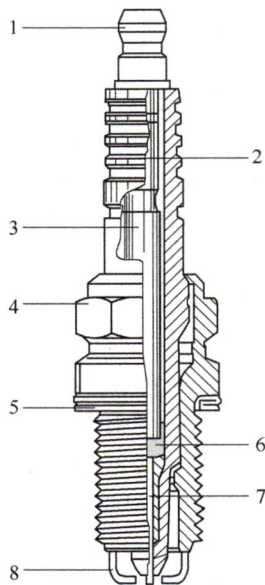

图 6-6　火花塞的结构

1—连接螺母　2—绝缘瓷体　3—导电杆　4—壳体

5—密封垫圈　6—导电玻璃　7—中心电极　8—侧电极

火花塞。火花塞的更换最好使用生产厂家规定型号的火花塞，否则将造成火花塞故障。正常火花塞与常见电极故障火花塞如图6-8所示。

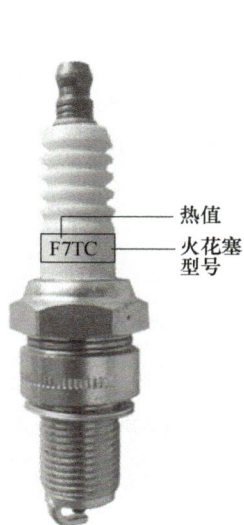

图6-7　火花塞型号标识

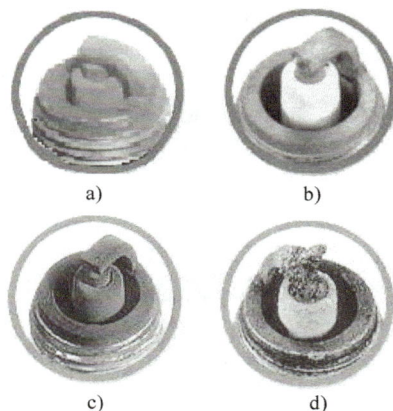

图6-8　正常火花塞与常见电极故障火花塞
a）正确热值火花塞绝缘体裙部呈棕红色
b）火花塞热值过低，散热不足火花塞呈白色氧化状
c）火花塞热值过高，混合气过浓或点火
时间不正确导致火花塞积炭　d）发动机温度过高
火花塞热值过低，电极呈熔化烧损状态

任务实施

1. 准备工作

1）工装穿着整洁，戴好工作手套。

2）车辆进入工位并可靠停驻，检查变速杆位于空档位（自动变速器位于"P"位）。

3）打开发动机舱盖，铺好发动机舱周围车身及驾驶人座位防护套。

4）准备好工具器材和检测设备，见表6-1。

表6-1　工具器材和检测设备

名　　称	规格或型号
汽车专用万用表	数字型
组合工具箱	综合工具箱
火花塞拆装套筒工具	
扭力扳手	

5）准备好相关维修信息资料并预习。待维修车辆（本任务示例轿车上海桑塔纳普通型）的维修手册或已打印好的在电子版车辆维修手册中查询到的前照灯系统相关维修信息。

2. 技术规范及标准

1）在规定时间内完成工作。

2）正确拆装相关功能元件及内饰件。

3）故障排除后点火系统应工作正常。

3. 操作步骤

示 例 图	操作步骤及方法
1. 点火正时的检查与调整	
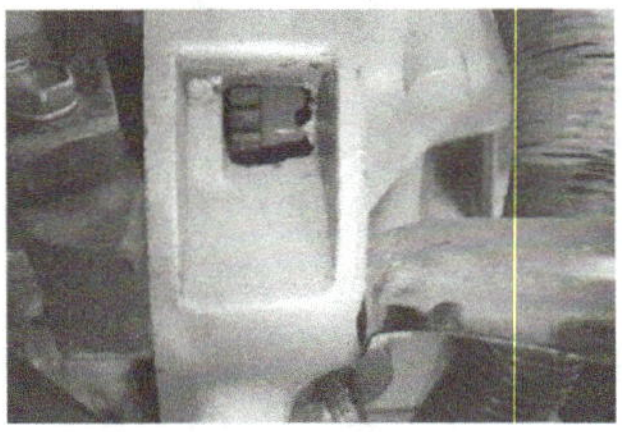	将飞轮 A 调整到一缸的上止点位置
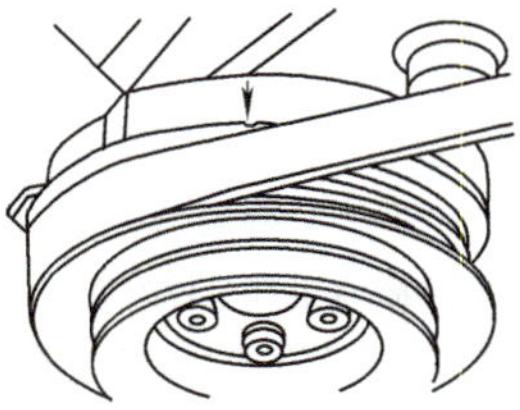	或用扳手转动发动机，将 V 带轮调整到一缸的上止点位置（图中箭头所指处）
	将凸轮轴正时带轮上的标记与气门罩盖上的箭头对齐（图中箭头所指处）
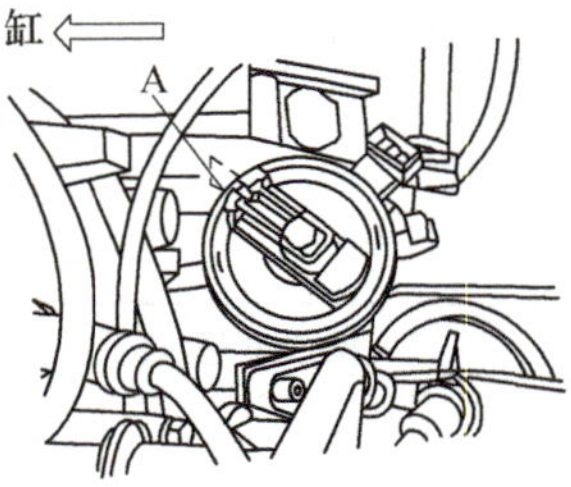	分火头的标记应与分电器壳体上标记（A）对齐，或大概指向一缸位置。否则拆卸分电器重新安装
2. 点火线圈的检修	
	用万用表欧姆档测量点火线圈的电阻。初级绕组的电阻应为 $1.2 \sim 1.4 k\Omega$，次级绕组的电阻应为 $6 \sim 8 k\Omega$ 若不在范围内，则更换点火线圈

（续）

示　例　图	操作步骤及方法
3. 高压回路部件的检修	
	检查分火头电阻，应为（1±0.4）kΩ
4. 检查防干扰接头和中央高压线电阻之和	
 中央高压线 防干扰接头	应为 1.2 ~ 2.8kΩ
5. 检查火花塞插头和高压分线的电阻之和	
 高压分线 火花塞 插头	应为 4.6 ~ 7.6kΩ
6. 火花塞的检查及更换	
	1）拆卸 清洁火花塞附近灰尘 拔出各缸火花塞高压线

（续）

示 例 图	操作步骤及方法
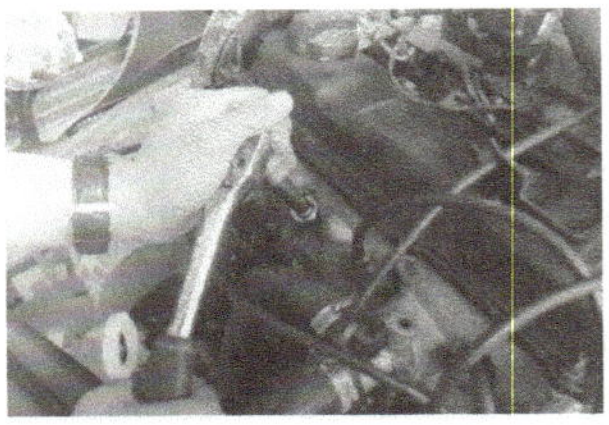	拆卸火花塞。用14mm火花塞扳手和100mm加长杆拆下4个火花塞 按气缸安装顺序摆放好
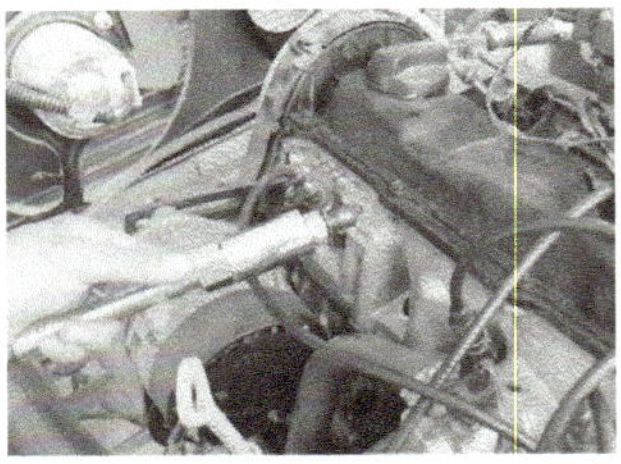	2）检查火花塞工作情况及火花塞间隙 提示：若火花塞电极有湿炭痕迹，待其干燥后用火花塞清洁器以低于588kPa的压力清洁火花塞电极20s左右。若有机油痕迹，在使用火花塞清洁器之前，先用汽油清除机油
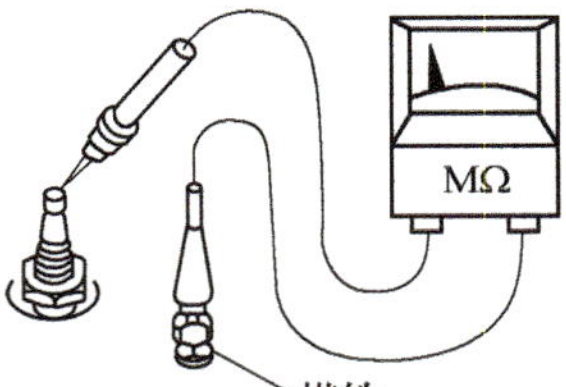 搭铁	3）测量火花塞绝缘电阻。电阻值应为10MΩ或更大
	4）安装。按照与拆卸相反的顺序安装火花塞。按规定力矩紧固火花塞 提示：安装火花塞时先用手拧入至底部，再使用扳手拧至规定力矩 注意：按点火顺序插入高压线

7. 车辆恢复

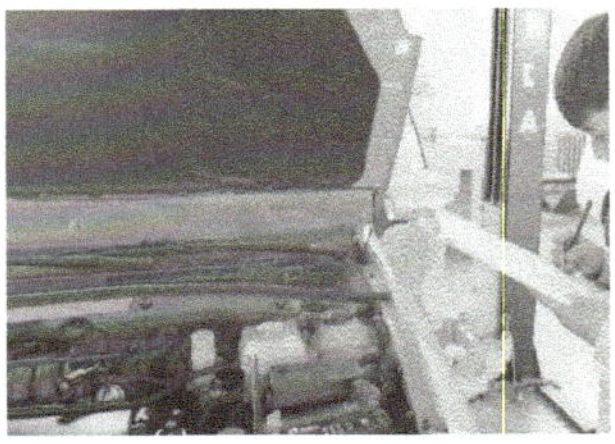	整理清洁，填写检测评价记录

检测评价

质量检查		
项　　目	完 成 情 况	解 释 说 明
1）按规范完成点火正时的检查与调整	是□　否□	
2）按要求用万用表欧姆档检查测量点火线圈的电阻	是□　否□	
3）完成高压回路部件中分火头电阻、火花塞插头电阻、防干扰接头电阻、高压导线电阻的检查及诊断	是□　否□	
4）按要求完成火花塞的拆卸、检查及更换	是□　否□	
5）起动车辆，检查发动机的工作情况	是□　否□	
6）车辆恢复，工具整理，卫生清洁，填写检测评价记录	是□　否□	
小组综合评价		
学生自我评价		
教师评价		

注：1. 每项工作完成后在"是"后面□内打√，未做或未完成在"否"后面□内打√。

　　2. 如果项目未做或未完成在"解释说明"中说明原因。

考核练习

一、理论知识

1. 汽油发动机气缸内点燃汽油混合气的点火器件是_____。

2. 计算机控制点火系统分为_____控制点火系统和_____控制点火系统。

3. 点火线圈主要由_____、_____和_____等构成。

4. 简述点火系统的组成。

二、实训操作

简述上海桑塔纳普通型轿车火花塞的拆装步骤及规范。

拓展与提高

不同电极类型的火花塞

汽车火花塞依据不同电极特征有标准型、绝缘体突出型、多侧极型、细电极（铂金）型等，如图 6-9 所示。

（1）标准型　标准型火花塞是绝缘体裙部端略低于壳体螺纹端面的单侧电极火花塞，主要用于侧置气门式发动机。

（2）绝缘体突出型　绝缘体裙部突出壳体螺纹端面之外，伸入燃烧室内。具有吸收较多热量，怠速时有较高的工作温度，避免污损等优点；由于气门顶置，吸入的气流对准绝缘体裙部，将其冷却，因而热范围较大。突出型火花塞适用于顶置气门式发动机。

（3）多侧极型　侧电极有 2~4 个，与单侧极相比，这种旁置式的火花间隙消除了侧电极盖住中心电极的缺点，有助于改善混合气燃烧状况并减少废气排放。由于多侧极可以有多个跳火通道，因而延长了使用寿命，提高了点火的可靠性。

（4）细电极型　现代汽车发动机具有大功率、高转速、大压缩比等特点，普通火花塞已越来越不适应其工作要求，此种火花塞采用熔点高的贵金属（如铂、铱）和耐腐蚀的贵金属制成的细中心电极火花塞具有耐腐蚀、长寿命、火花强烈、提高发动机低速和低温性能、无须调整间隙及降低排放等优点，因此，细电极型火花塞具有优越的发展前景。

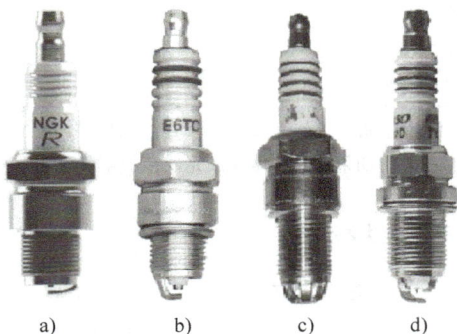

图 6-9　汽车火花塞
a）标准型　b）绝缘体突出型
c）多侧极型　d）细电极（铂金）型

任务二　凸轮轴位置传感器的更换

任务目标

1. 知识目标

1）了解计算机控制点火系统的组成及工作原理。

2）了解凸轮轴位置传感器的工作原理及电路原理。

2. 技能目标

在维修资料地引导下，完成对凸轮轴位置传感器的更换。

任务描述

顾客报修： 顾客私家车起动困难，故障灯点亮。

接车检查： 车型：别克凯越轿车；生产年代：2008 年；检查结果：凸轮轴位置传感器失效。

任务说明： 在实际工作中，凸轮轴位置传感器信号缺失将导致汽车起动困难甚至无法起动。

知识储备

发动机的点火正时与发动机转速及负荷等因素有关，传统点火系统和晶体管控制点火系统通过安装在分电器上机械式的离心提前机构及真空调节机构来调节点火正时，无法满足现代汽车发动机极高的动力性和燃油经济性要求，所以计算机控制点火系统通过数字化处理提供精确的点火正时，取消了这些机械装置。

1. 有分电器式计算机控制点火系统

（1）有分电器式计算机控制点火系统的组成及工作原理　有分电器式计算机控制点火系由分电器、凸轮轴位置传感器、曲轴位置及转速传感器、计算机控制单元（ECU）、点火模块、点火线圈、高压线和火花塞等组成。图 6-10 为较早期丰田轿车有分电器式计算机控制点火系统原理图。

计算机通过安装在分电器内的曲轴位置及转速传感器、凸轮轴位置传感器、发动机冷却液温度传感器、节气门位置传感器、进气压力传感器、爆燃传感器等输入的发动机各种工作信息与储存在模块内的固定数据比较后，确定合适的点火时间后向电子点火组件（点火模块）输出点火信号，由电子点火组件电路的终端大功率晶体管快速断开低压电路，在点火线圈内产生高压电使火花塞跳火，同时大功率晶体管迅速接通低压电路进行第二次工作循环。

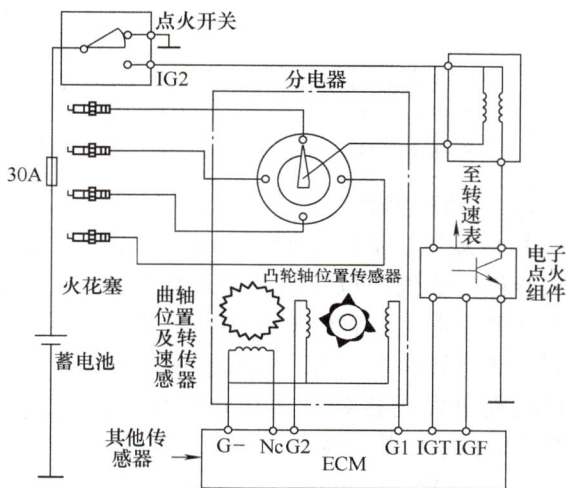

图 6-10　丰田轿车有分电器式计算机控制点火系统原理图

有分电器式计算机控制点火系统还具有点亮故障灯、存储故障信息帮助检查系统故障的功能。

（2）主要部件

1）分电器。分电器主要由配电器部分和曲轴位置及转速传感器、凸轮轴位置传感器构成，配电器组成部分与前述半导体点火系统配电器组成部分相同，结构如图 6-11 所示。

2）凸轮轴位置传感器。凸轴位置传感器又称相位传感器，其信号主要用于计算机进行气缸判别及首次点火正时。它由与分电器轴相连的转子和信号采集线圈组成，图 6-12 为磁感应式凸轮轴位置传感器示意图。

当信号转子旋转时，其上与气缸位置相对应的凸齿就会与传感线圈带磁性的铁心交替接近或远离，使磁场发生强弱变化，通过电磁感应在传感线圈内就会产生交变电压，通过导线将交变电压信号送到计算机模块，经过信号处理形成表达凸轮轴位置的方波信号。

3）曲轴位置及转速传感器。曲轴位置及转速传感器主要用于采集曲轴转角和发动机转速，用于计算机确定点火系统低压电路的通断时间，同时也向燃油喷射系统提供喷油量依据信号。磁感应式的曲轴位置及转速传感器的构成及工作原理与凸轮轴位置传感器的基本相同，后面不再描述。

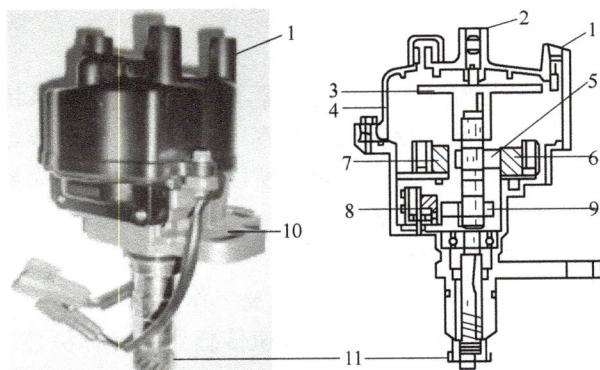

图 6-11　有分电器式计算机控制点火系统分电器结构图

1—旁插孔（接火花塞高压线）　2—中心插孔（接点火线圈高压线）　3—分火头　4—分电器盖
5—凸轮轴位置传感器转子　6—凸轮轴位置传感器 1 线圈（G1）　7—凸轮轴位置传感器 2 线圈（G2）
8—曲轴转速传感器线圈　9—曲轴转速传感器转子　10—调节板孔　11—连接凸轮轴驱动齿轮

4）其他传感器。

① 发动机负荷传感器。发动机负荷传感器包括节气门位置传感器、空气流量传感器、进气歧管绝对压力传感器及空调、动力转向开关等，负荷传感器向计算机提供发动机各种不同负荷信号，计算机依据这些信号调整点火正时。

② 冷却液温度传感器。冷却液温度传感器用于探测发动机水套冷却液温度信号，发动机 ECU 用于发动机冷却液温度正常前对点火时间进行修正（也包括喷油修正）。

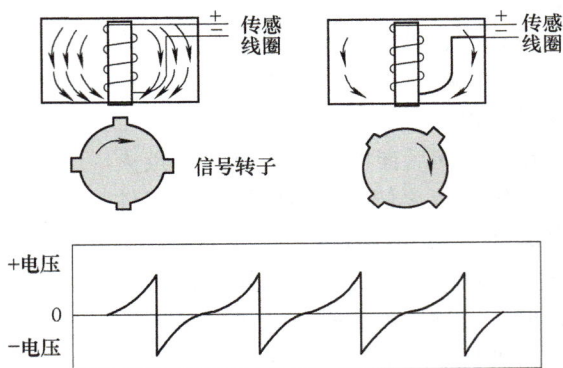

图 6-12　磁感应式凸轮轴位置传感器

③ 爆燃传感器。当发动机发生爆燃时，爆燃传感器将爆燃信号传送至计算机模块，将点火时间推迟直至爆燃消失。

④ 氧传感器。氧传感器位于排气歧管末端，探测排气中的氧含量，计算机用于确定燃烧状况、调整空燃比及对点火时间间接反馈调节控制。

2. 无分电器式计算机控制点火系统的组成

无分电器式计算机控制点火系统（英文缩写 DLI）采用电子方法完成点火分配功能，从而取消了分电器，所以点火能量又有所增大，进一步提高了发动机动力性和燃油经济性，降低了排放，消除了分火头相关的机械故障。由于不存在分火头与旁电极之间的高压跳火，故对无线电干扰大大降低。

无分电器式计算机点火系统组成部件除没有了分电器外，其余组成部件与有分电器式计算机点火系统基本相同。不同的是曲轴位置及转速传感器大多位于曲轴的前端或后端，凸轮轴位置传感器位于凸轮轴的前端或后端。无分电器式计算机点火系统的组成部件及安装位置如图 6-13 所示。

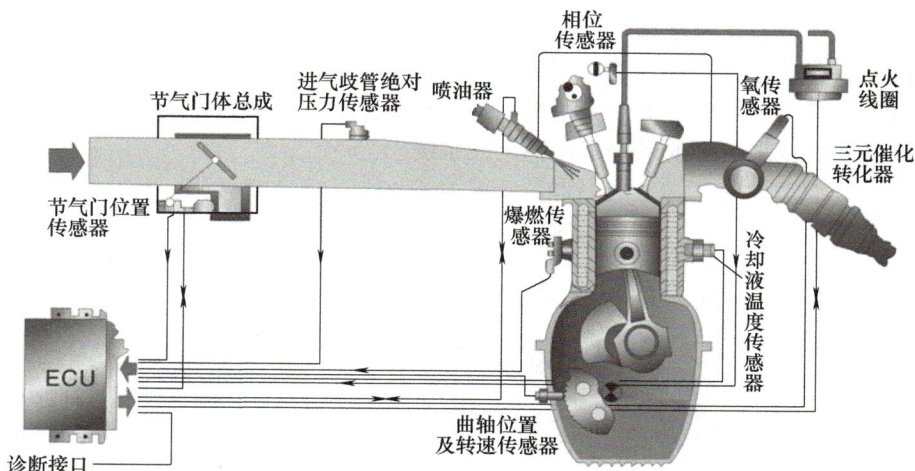

图 6-13   无分电器式计算机控制点火系统的组成部件及安装位置示意图

无分电器式计算机控制点火系统有两种类型，一种是两个火花塞同时点火称为双火花点火系统（或称分组直接点火或同时点火），另一种是单个火花塞按工作顺序点火称为单缸独立点火系统。现代汽车越来越多地采用了这两种点火系统。

（1）双火花点火系统   这种点火系统是由两个火花塞使用一个点火线圈构成高压回路。图 6-14 为 6 缸发动机同时点火电路原理示意图，其中有三个点火线圈，这种点火线圈的特点是初级线圈和次级线圈互不连接。次级线圈产生高压电时，两个火花塞同时跳火，由于两个火花塞安装在工作顺序刚好相反的两个气缸上，因此当一个火花塞在一个气缸压缩行程末段产生电火花时，另一个气缸火花塞位于排气冲程，无法点火，只起到电路接地作用。这种点火系统的缺点是一个火花塞出现故障，两个气缸均受影响。这种点火系统又称为分组直接点火系统，如图 6-15 所示。

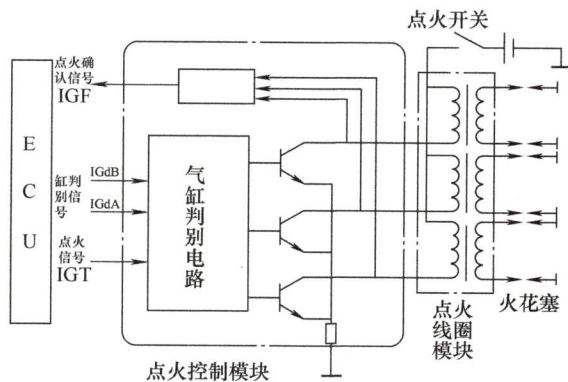

图 6-14   6 缸发动机同时点火电路原理示意图

图 6-15   分组直接点火系统

（2）单缸独立点火系统（图6-16）　双火花点火系统仍然需要高压线将高压电送到各缸火花塞，单缸独立点火系统是每个火花塞均由一个点火线圈控制，按气缸工作顺序点火，点火线圈直接安装在火花塞（图6-17）上部，取消了高压线，也就避免了高压线引起无线干扰及损失点火能量的负效应。由于采用按气缸工作顺序点火，所以使点火更加精确。现代汽车汽油机点火系统越来越多地采用了这种点火系统。

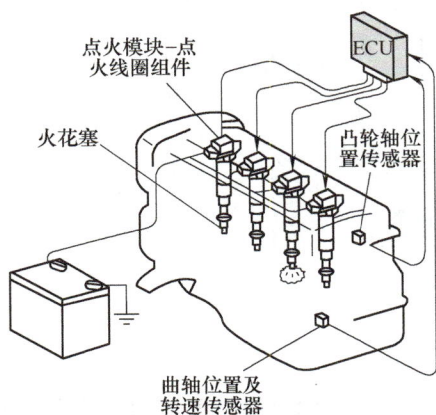

图6-16　单缸独立点火系统

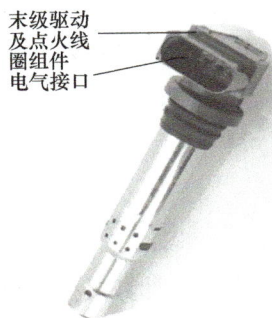

图6-17　火花塞

单缸独立点火系统中凸轮轴位置传感器信号被发动机控制模块用于判定第1缸活塞到达压缩行程上止点时间。

（3）霍尔传感器　霍尔传感器是利用霍尔效应原理制成的传感器，它由霍尔元件和集成电子电路组成。与磁感应传感器相比，霍尔传感器具有信号采集精度高、灵敏度高等优点，所以低速性能好，且不受灰尘、油污影响。

如图6-18所示，A、B为外接电源电压，当信号轮转动时，由于带缺口的信号轮间隔遮挡永久磁铁，磁场强度发生变化，当信号轮的缺口处于永久磁铁与霍尔元件之间时，磁力线通过霍尔元件，在其C、D方向产生感应电压，即霍尔电压，霍尔电压值很小，通常只有几个毫伏，需经集成电路放大器放大，使该电压放大到足以输出较强的信号送至发动机计算机控制模块。

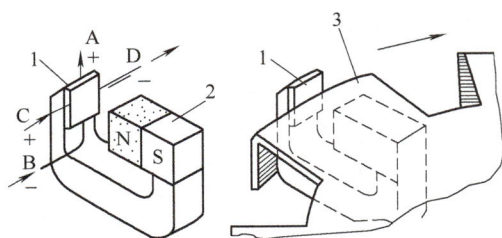

图6-18　霍尔传感器结构原理
1—霍尔元件　2—永久磁铁　3—信号轮

任务实施

1. 准备工作

1）工装穿着整洁，戴好工作手套。

2）车辆进入工位并可靠停驻，检查变速杆位于空档位（自动变速器位于"P"位）。

3）打开发动机舱盖，铺好发动机舱周围车身及驾驶人座位防护套。

4）准备好工具器材和检测设备，见表6-2。

表6-2 工具器材和检测设备

名 称	规格或型号
组合工具箱	
汽车诊断仪	通用型

5）准备好相关维修信息资料并预习。待维修车辆（本任务示例轿车别克凯越2012年款）的维修手册或已打印好的在电子版车辆维修手册中查询到的发动机控制系统中凸轮轴位置传感器更换的相关维修信息。

2. 技术规范及标准

1）在规定时间内完成工作。

2）正确拆装相关功能元件及内饰件。

3）故障排除后点火系统应能工作正常。

3. 操作步骤

示 例 图	操作步骤及方法
1. 拆卸	
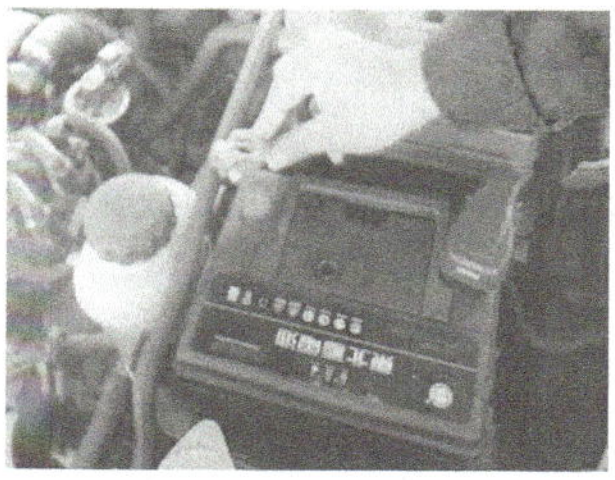	1）断开蓄电池负极电缆 2）拆卸发动机罩螺栓和螺母
2. 拆卸发动机罩	
	拆卸发动机罩
3. 断开凸轮轴位置传感器电气插接器	
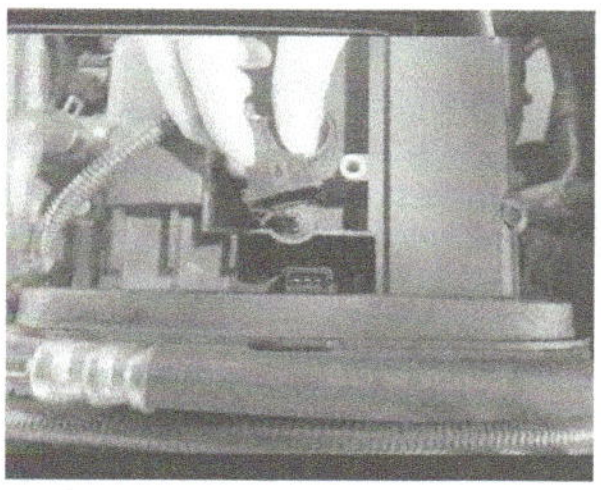	断开凸轮轴位置传感器电气插接器

（续）

示 例 图	操作步骤及方法
4. 拆卸正时带前罩	
	1）从空气滤清器出口软管拆卸曲轴箱强制通风管
	2）从空气滤清器出口软管断开进气温度传感器电气接头
	3）从节气门体上拆卸空气滤清器出口软管
5. 拆卸空气滤清器上壳体螺栓	
	1）取下空气滤清器上壳体 2）取下空气滤清器滤芯
6. 拆卸空气滤清器下壳体螺栓	
	取下空气滤清器下壳体

（续）

示　例　图	操作步骤及方法
7. 拆卸前上正时带罩螺栓	
	拆卸前上正时带罩螺栓
8. 拆卸前上正时带罩	
	拆卸前上正时带罩
9. 拆卸凸轮轴位置传感器	
	1）拆卸凸轮轴位置传感器螺栓
	2）从顶部拆卸凸轮轴位置传感器
10. 质量检查	
	安装： 按与拆卸相反顺序完成安装，螺栓按规定力矩紧固 起动发动机，检查发动机起动是否顺利 检查仪表盘上发动机故障灯是否熄灭 若熄灭，则正常 若点亮，则用诊断仪读取故障码并清除
11. 车辆恢复	整理清洁，填写检测评价记录

检测评价

质量检查		
项　目	完 成 情 况	解 释 说 明
1）正确拆卸蓄电池负极电缆	是□　否□	
2）正确拆卸发动机罩	是□　否□	
3）正确拆卸空气滤清器壳体	是□　否□	
4）正确拆卸凸轮轴位置传感器电气插接器	是□　否□	
5）拆卸前上正时带罩	是□　否□	
6）按规定力矩紧固各连接螺栓	是□　否□	
7）维修后发动机的运行检查	是□　否□	
8）车辆整理，工具整理，卫生清洁，填写检测评价记录	是□　否□	
小组综合评价		
学生自我评价		
教师评价		

注：1. 每项工作完成后在"是"后面□内打√，未做或未完成在"否"后面□内打√。

　　2. 如果项目未做或未完成在"解释说明"中说明原因。

考核练习

一、理论知识

1. 在讨论凸轮轴位置传感器相关知识时，修理工甲说凸轮轴位置传感器属于发动机负荷传感器；修理工乙说在单缸独立点火系统中，凸轮轴位置传感器信号用于计算机确定第1缸活塞什么时候到达压缩行程上止点。他们谁的说法正确？（　　　）

A. 甲正确　　　　　B. 乙正确　　　　　C. 两人均正确　　　　D. 两人均不正确

2. 发动机的点火正时与发动机_____及_____等因素有关。

3. 无分电器式计算机控制点火系统可分为_____和_____两种类型。

4. 简述凸轮轴位置传感器的工作原理。

二、实训操作

在安装完凸轮轴位置传感器时，故障指示灯没有熄灭，但故障现象没有了，该如何处理？

三、社会实践

走访汽车销售服务公司（4S 店）售后维修部门，向技术服务顾问了解：

对于不同的车型，当凸轮位置传感器出现故障时发动机都有哪些故障现象。

拓展与提高

双火花塞点火系统

双火花塞点火系统是一种新的点火技术，称为 i-DSI（智能双火花塞顺序点火）。该技术是在半球形燃烧室进气侧和排气侧对称布置两个同型号的火花塞。i-DSI 系统的主要工作原理是 ECU 根据发动机转速及进气歧管压力来控制进、排气侧火花塞的点火时间。

（1）怠速时　两火花塞同时点火，通过加快燃烧速度降低油耗。

（2）低速、低负荷时　燃烧室内温度较低的进气侧先点火，以促进燃烧，降低油耗。

（3）低速、大负荷时　进气侧提前点火，排气侧延迟点火，可以增大扭力，防止爆燃。

（4）高速时　两火花塞同时点火，通过加快燃烧速度来提高功率。

i-DSI 技术的优点是缩短了燃烧室内火焰传播的时间，实现了全域范围内的急速燃烧，同时降低了爆燃的倾向，使得大幅度提高压缩比成为可能，实现了高输出功率、高输出转矩及低油耗的目标。

项目七
发动机起动系统的结构与拆装

项 目 描 述

　　发动机以自身动力进行工作运转之前，必须借助外力使曲轴旋转完成初始燃烧发出动力来起动发动机。目前，几乎所有的汽车发动机都采用电力起动方式，通过电力起动机将蓄电池的电能转换成机械能，从而起动发动机。电力起动机简称起动机，均安装在汽车发动机后部的飞轮壳座孔上，用螺栓连接。

　　本项目由两个任务模块构成，通过任务学习和实践你会学到汽车起动系统的相关知识和对相关电气部件的认知，识读相关电路图并能够与实际电气线路进行比较，运用车辆维修技术信息，在指导教师的指导下独立完成实训工作任务。

```
┌─────────────────────────────────────────┐
│  项目七　发动机起动系统的结构与拆装          │
└─────────────────────────────────────────┘
        │                        │
┌──────────────────┐    ┌──────────────────┐
│ 起动机不工作电路的检修 │    │ 起动机的拆装与解体检查 │
└──────────────────┘    └──────────────────┘
```

任务一　起动机不工作电路的检修

任务目标

1. 知识目标

1）了解汽车起动电路的组成。

2）会识读分析起动电路。

2. 技能目标

能够在维修资料引导下对起动电路进行检测。

任务描述

顾客报修： 将点火开关旋至起动档位，顾客私家车起动机不转。

接车检查： 车型：丰田威驰轿车；生产年代：2006 年；直观检查：按喇叭并打开前照灯，喇叭、灯光正常，说明蓄电池正常，应检查起动电路。

任务说明： 实际工作中，起动系统故障有很多原因，本次任务的检修实训步骤是以假定存在的故障案例来设计的。

知识储备

1. 起动系统的组成

一般汽车起动系统由起动机、起动继电器（有的小型汽车不安装）、点火开关（运行/起动开关）、蓄电池及相关电缆和导线等组成，如图 7-1 所示。

起动系统由上述部件构成两个电气线路：一个是起动电流电路；一个是控制电流电路。起动电流电路需要 200 ~ 600A（汽油机）的强电流使起动机驱动发动机曲轴完成发动机工作所需的最低转速（汽油机为 30 ~ 40r/min）。所以连接起动机的电缆和搭铁电缆必须有足够的横截面积允许通过大负载电流。

起动系统控制电流电路分为点火开关直接控制和起动继电器控制等类型。

点火开关直接控制型是指起动开关直接控制起动机电磁开关的电路，如图 7-2 所示。这种类型起动系统控制电路主要应用于小型车辆发动机上，通过起动开关上的电流不是很大。

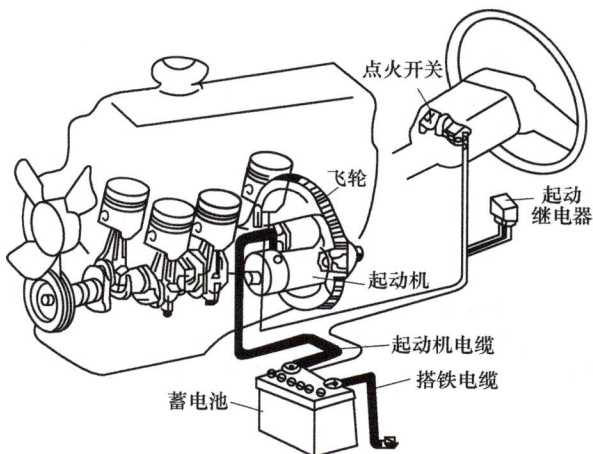

图 7-1　起动系统的组成

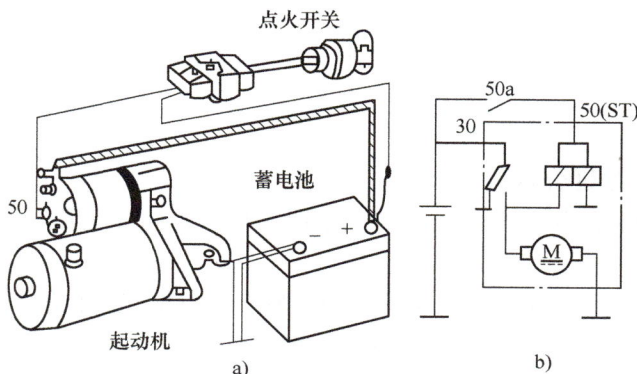

图 7-2　点火开关直接控制类型

a）接线图　b）电原理图

起动继电器控制型是指起动开关通过起动继电器控制起动机电磁开关的电路，如

图 7-3 所示。这种类型起动系统控制电路利用起动继电器控制起动机电磁开关较大电流，有利于保护起动开关。

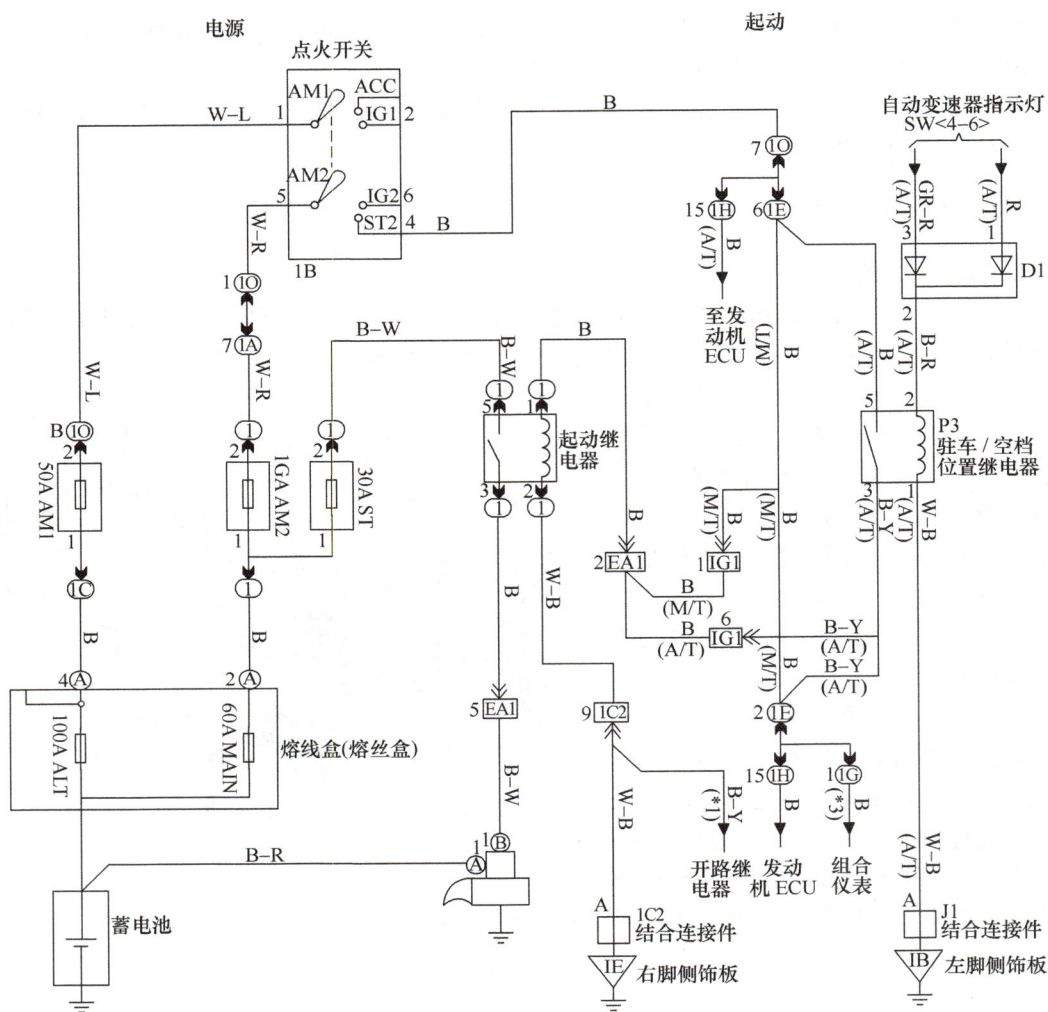

图 7-3　丰田威驰轿车发动机起动电路（自动变速器车型）

2. 电路图识读与原理分析

丰田威驰轿车发动机起动电路有手动变速器车型和自动变速器车型两种类型电路，图 7-3 为后者。

当点火开关旋至起动档位时，在自动变速器驻车/空档位置开关位于闭合（P 或 N 位）的情况下，驻车/空档位置继电器接通，起动控制电流路径：

蓄电池→60A 主易熔线（MAIN）→AM2 熔丝（15A）→点火开关（5→4）→驻车/空档位置继电器触点（5→3）→起动继电器线圈→搭铁 J2。起动继电器接通，起动机电磁开关电流路径：

蓄电池→60A 主易熔线→AM2 熔丝（15A）→ST 熔丝（30A）→起动继电器线圈→起动

机电磁线圈（B→搭铁）。

起动机电磁线圈通电，电磁开关接通起动机主电路，使电动机转动产生驱动力，通过传动机构驱动发动机曲轴转动。

3. 运行/起动开关及使用

运行/起动开关（图7-4）又称为"点火开关"，位于驾驶人转向盘下右侧转向柱上，是用钥匙通过旋转操纵的开关，它控制汽车上绝大部分用电设备与电源的连接运行，是汽车上最重要的电气开关。

图7-4　运行/起动开关总成

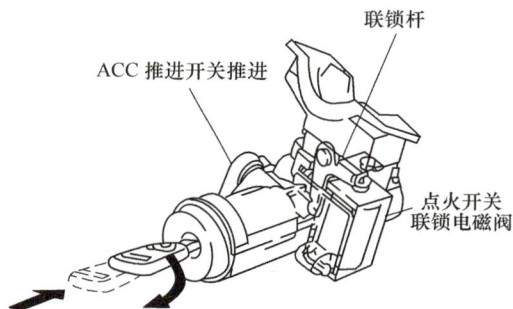

点火开关是组合联动旋转式开关，内部由附属电器（附件）控制开关（ACC档）、电气设备运行开关、起动机运行开关等电气开关和一个转向盘锁开关组成，图7-5为点火开关（运行/起动开关）档位图及操作示意图。

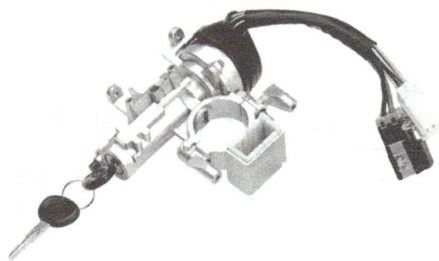

图7-5　点火开关（运行/起动开关）档位图及操作示意图

LOCK：是钥匙插入和拔出的位置，此位置转向盘锁住，电气系统关闭。

ACC：附属电器系统电源接通，例如收音机，CD等。

ON：所有受其控制的电气系统与电源接通，如照明、仪表盘灯和点火线路等，车辆电子计算机系统开始自检。

START：接通起动电路及发动机电子控制系统电路，起动发动机。

> 提示：在LOCK位置拔出钥匙后，左右轻轻转动转向盘，转向盘会被固定，这样可以防止车辆被盗。当插入钥匙后，因转向盘在被固定状态，钥匙不能转动。可以左右轻轻转动转向盘再旋转钥匙。

起动后应迅速松开钥匙，使钥匙自动回到ON位置。

任务实施

1. 准备工作

1）工装穿着整洁，戴好工作手套。

2）车辆进入工位并可靠停驻，检查变速杆位于空档位（自动变速器位于"P"位）。

3）打开发动机舱盖，铺好发动机舱周围车身及驾驶人座位防护套。

4）准备好工具器材和检测设备，见表7-1。

表7-1　工具器材和检测设备

名　　　称	规格或型号
汽车专用万用表	数字型
组合工具箱	图7-6

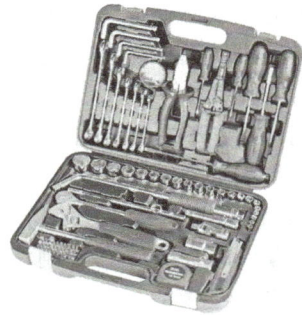

图7-6　组合工具箱

5）准备好相关维修信息资料并预习。待维修车辆（本任务示例轿车丰田威驰2006年款）的维修手册或已打印好的在电子版车辆维修手册中查询到的发动机起动系统电路相关维修信息。

2. 技术规范及标准

1）在规定时间内完成工作。

2）正确拆装相关功能元件及内饰件。

3）故障排除后起动机应正常起动。

3. 操作步骤

示　例　图	操作步骤及方法
1. 用万用表测量蓄电池和起动机电磁开关之间的蓄电池正极电缆电阻	
	0Ω：正常 电阻过大：维修正极电缆线路故障
2. 测试蓄电池和起动电动机之间的搭铁电路电阻	
	0Ω：正常 电阻过大：维修搭铁线路故障

（续）

示　例　图	操作步骤及方法
3. 检查起动继电器	
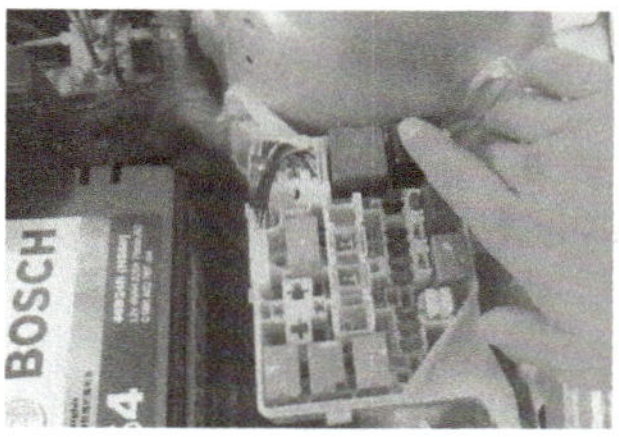	打开点火开关，直观检查起动继电器 有声响及振动：继电器工作；没有声响或振动：继电器或线路有故障
4. 检查ST熔丝（30A）和AM2熔丝（15A）	
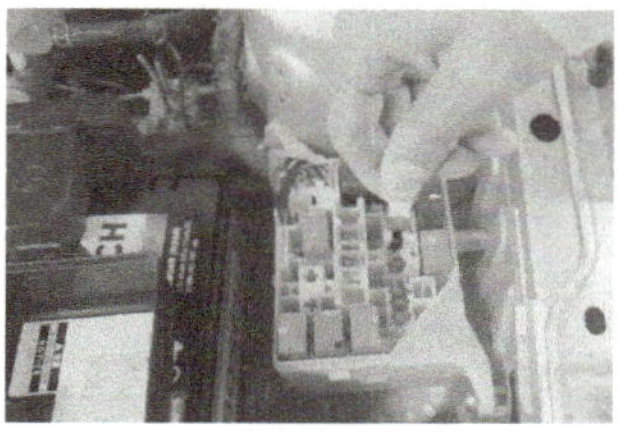	正常：继续检查 烧断：检查短路位置★
5. 检查起动开关（点火开关）	
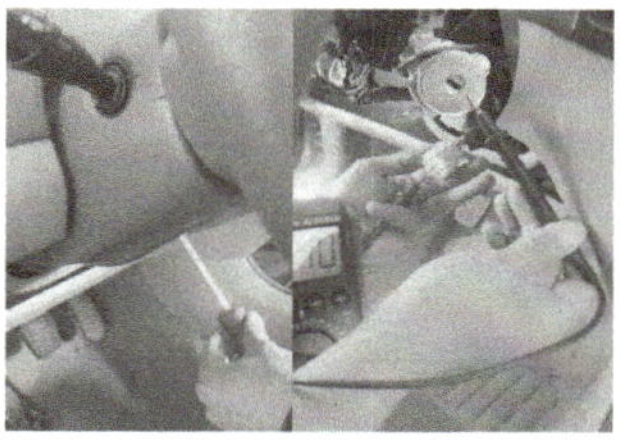	拆卸转向柱管下装饰护板 拆下点火开关插接器 检查插接器5端子电压 12V：正常 0V：检查插接器5端子与AM2熔丝间断路故障
6. 检查起动开关的导通性	
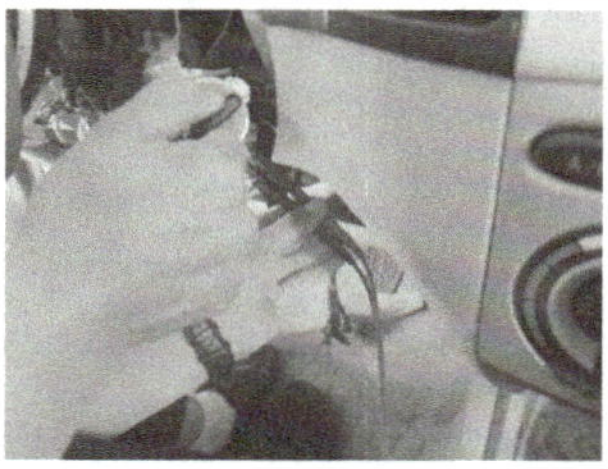	接通点火开关起动档，用万用表蜂鸣档连接点火开关5、4端子 鸣响：开关良好 不鸣响：起动开关损坏，更换
7. 拆下起动继电器	
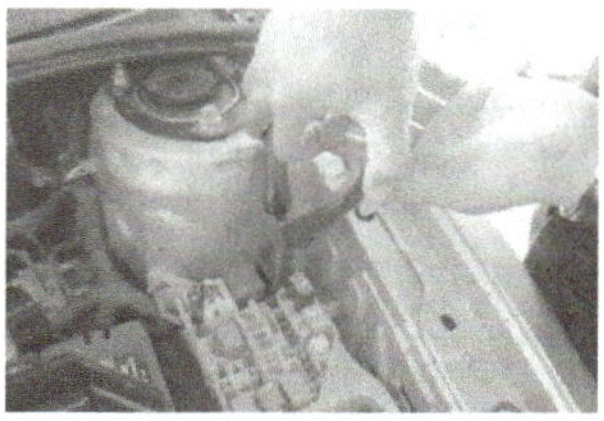	检查起动继电器座5端子电压 12V：正常 0V：检查起动继电器与ST熔丝间断路故障 提示：拆下起动继电器时先用螺钉旋具撬开位于外侧的继电器锁卡，图中箭头所示

（续）

示 例 图	操作步骤及方法
8. 接通点火开关起动档，检查起动继电器 1 端子电压	
	12V：正常 0V：检查起动继电器与点火开关间断路故障
9. 用万用表蜂鸣档检查 2 端子接地状态	
	鸣响：接地良好 不鸣响：检查接地线路
10. 检测起动继电器线圈电阻	
	正常值：无故障 过大或过小：继电器线圈故障
11. 起动继电器性能检查	
	在起动继电器 1 和 2 端子间连接蓄电池 万用表蜂鸣档连接 3 和 5 端子 鸣响：继电器良好 不鸣响：更换继电器
12. 检查起动机控制电路电压	
	拆下起动机 ST 端子插接器 接通点火开关至"START"用万用表检查供电电压 12V：起动机故障，更换起动机 0V：检查起动继电器 3 端子至起动机 ST 端子插接器之间断路故障
13. 车辆恢复	整理清洁，填写检测评价记录

检测评价

质量检测		
项　　目	完成情况	解释说明
1）检查蓄电池和起动机电磁开关之间的蓄电池正极电缆电阻	是□　　否□	
2）测试蓄电池和起动电动机之间的搭铁电路电阻	是□　　否□	
3）直观检查起动继电器	是□　　否□	
4）检查 ST 熔丝（30A）和 AM2 熔丝（15A）	是□　　否□	
5）检查起动开关的供电及导通性		
6）按规范检查起动继电器 5 端子电压及 2 端子接地状态	是□　　否□	
7）检测起动继电器线圈电阻		
8）检查起动继电器的性能		
9）检查起动机的控制电路电压		
10）车辆恢复，工具整理，卫生清洁，填写检测评价记录		
小组综合评价		
学生自我评价		
教师评价		

考核练习

一、理论知识

1. 一辆汽车起动机起动无力（起动机驱动发动机转速过低），打开前照灯并按喇叭，正常。修理工甲认为，起动机本身故障可能性大；修理工乙认为蓄电池电量不足。他们谁的判断正确？（　　　）

A. 甲对　　　B. 乙对　　　C. 甲乙都对　　　D. 甲乙都不对

2. 起动系统有两个电气线路，一个是＿＿＿＿＿＿＿；另一个是＿＿＿＿＿＿＿。

3. 起动系统控制电路的类型有＿＿＿＿＿＿、＿＿＿＿＿＿以及＿＿＿＿＿等。

4. 简述点火开关各档位的英文缩写及其功能？

5. 简述起动机不工作的原因。

二、实训操作

在检查起动继电器时，需要检查哪些项目？

拓展与提高

汽车一键起动

汽车点火开关常规起动为钥匙起动，但一些现代车辆安装了包括电子记忆功能的一键起动系统。一键起动系统也常称无钥匙起动系统。一键起动的按钮或旋钮（图7-7）必须在接收到智能钥匙的存在信号时才能起动，这种感应距离一般在50cm左右。一般情况下智能钥匙中也有我们通常所说的带有锯齿或凹槽的钥匙。它的作用是防止一键起动功能发生故障时，利用机械起动方式进行起动。具有一键起动功能的车辆一般不用插入钥匙，但有的有插入钥匙的位置（作用是防止一键起动功能发生故障时，利用钥匙进行起动）。

图7-7　一键起动开关

无钥匙起动原理采用无线射频及编码识别技术，当车主进入车内时，车内的检测系统会马上识别车主钥匙内的智能卡，经过确认后车内的电脑才会进入工作状态，这时车主只需轻轻按动车内的起动按钮（或者是旋钮），就可以正常起动车辆了。

丰田卡罗拉智能上车和起动系统（无须钥匙即可打开车门及按键起动发动机系统）主要由主车身ECU、发动机开关、识别码盒、转向锁ECU、电子钥匙、ACC继电器、IG1及IG2继电器和认证ECU等组成，如图7-8所示。

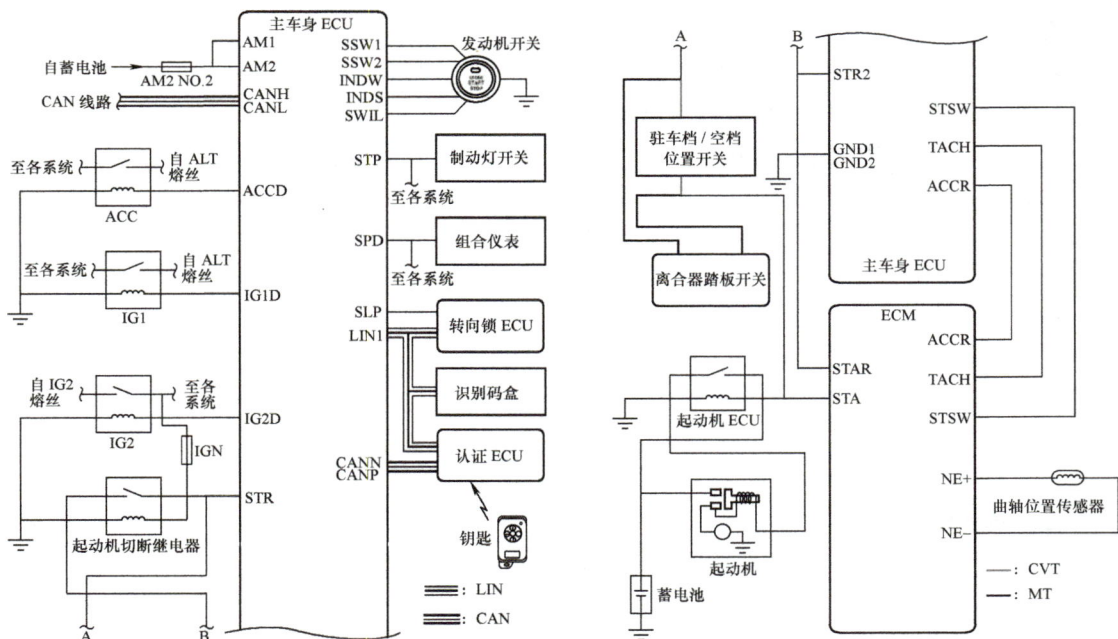

图7-8　丰田卡罗拉智能上车和起动系统图

任务二 起动机的拆装与解体检查

任务目标

1. 知识目标

1) 了解汽车起动机的结构。

2) 了解起动机的工作原理。

2. 技能目标

1) 学会起动机的更换方法。

2) 学会对起动机的解体安装并能对主要部件进行检测。

任务描述

顾客报修：顾客私家车发动机起动转速太低以致不能着车。

接车检查：车型：丰田威驰轿车生产年代：2006 年；检查结果：起动电路正常，起动机故障。

任务说明：起动时起动机必须驱动发动机达到最低起动转速，若起动机内部故障将导致动力不足，需检查修理或更换。

知识储备

1. 起动机的组成及分类

（1）组成 起动机将蓄电池输入的电能转换为机械能，产生电磁转矩来驱动发动机曲轴完成起动。起动机由直流电动机、传动机构和控制机构三大部分组成，如图 7-9 所示。

直流电动机的作用是将蓄电池输入的电能转换为机械能，产生电磁转矩。

传动机构的作用是将直流电动机产生的电磁转矩通过齿轮传递给发动机曲轴。

控制机构即电磁开关，其作用是控制直流

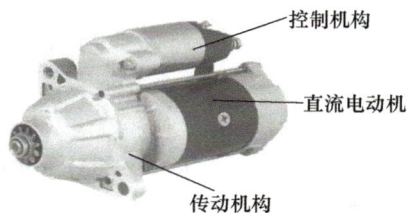

图 7-9 起动机的组成

电动机与蓄电池之间的起动电路电流通断，并使传动机构部件完成电磁转矩的传递。

（2）起动机的类型 现代汽车使用的起动机主要有强制啮合式起动机和齿轮减速式起动机等类型。

2. 起动机用直流电动机

（1）组成部件 直流电动机的组成部件有转子（电枢）、定子（磁极）、换向器和电刷等。直流电动机根据定子的类型分为励磁式直流电动机和永磁式直流电动机两种。

1) 励磁式直流电动机。励磁式直流电动机主要由定子、转子、绕组线圈、电刷装置和端盖等组成，如图 7-10 所示。

定子产生磁场。由固定在机壳内的铁心、缠绕在铁心上的励磁绕组和电刷组成。

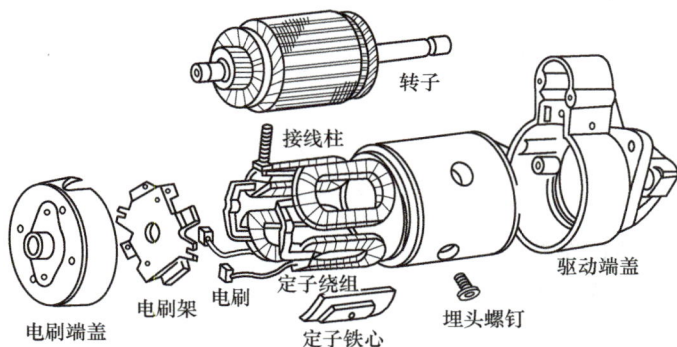

图 7-10　励磁式直流电动机

转子产生电磁转矩。由外围开有线槽的铁心、压在线槽内的电枢绕组、换向器以及电枢轴等组成。

绕组线圈是表面附着一层高强度绝缘漆的铜导线，绕组与铁心之间也用绝缘材料隔开以保证绝缘性能。

电刷装置由电刷和电刷架组成。电刷用铜粉（80%～90%）和石墨粉压制而成，通过压紧弹簧压靠在转子上的换向器片上，与之接触连接，为电枢绕组供电并构成搭铁回路，如图 7-11 所示。

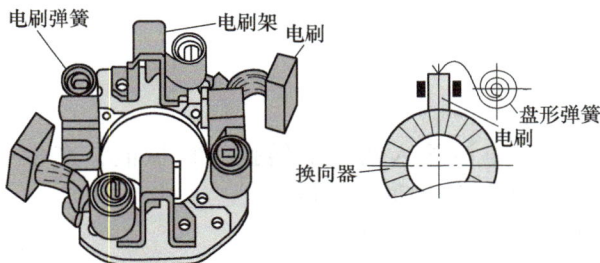

图 7-11　电刷装置及连接示意图

端盖构成电动机壳体的一部分，中间有安装转子轴承的座孔以及外侧用于连接到发动机飞轮壳的螺栓孔。驱动端盖上还有用于传动机构和控制机构使用的座孔等。

励磁式直流电动机定子绕组和电枢绕组常用的连接方式如图 7-12 所示。这种连接方式（定子绕组和电枢绕组串联连接）称为串励式电动机，具有起动转矩大、轻载转速高、重载转速低、能在短时间内输出最大功率等特点，因此，特别适合应用于直接驱动型起动机，主要应用于轿车，特别是商用车。

图 7-13 为励磁式直流电动机结构图。

2）永磁式直流电动机。图 7-14 为永磁式电动机结构图。

永磁式直流电动机直接用永久磁铁作磁极，取消了磁场绕组，因此，电流经电刷和换向器后直接到达电枢，故具有结构简单、质量轻、体积小、温升低等优点。但存在着输出转矩不如励磁式电动机大的缺点，所以为了提高输出转矩，在永磁式电动机都附加有齿轮减速机构，目的是达到增大转矩的作用。永磁式直流电动机在轿车等小型车上应用广泛。

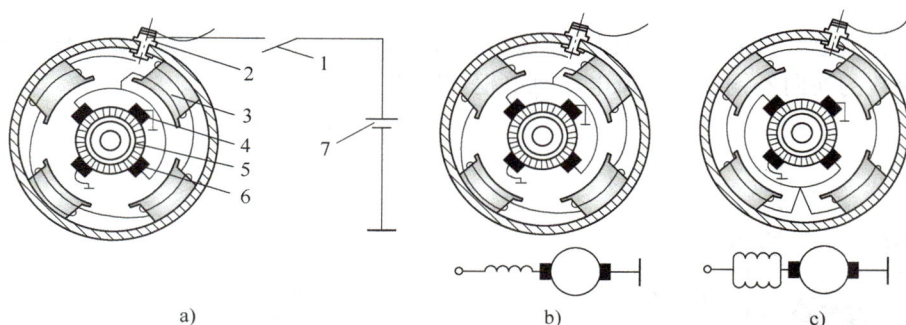

图 7-12　绕组的连接方式

a）绕组连接电路　b）四个励磁绕组相互串联　c）励磁绕组两两串联后并联
1—起动开关　2—接线柱　3—励磁绕组　4—负电刷　5—换向器　6—正电刷　7—蓄电池

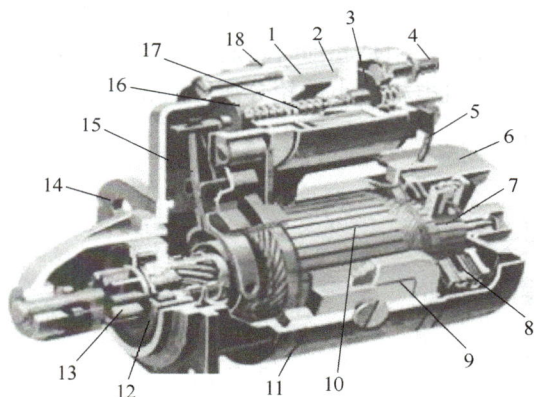

图 7-13　励磁式直流电动机结构图

1—保持线圈　2—吸引线圈　3—接触盘　4—接线柱
5—电磁开关　6—后端圈　7—换向器　8—电刷
9—磁场绕组　10—电枢　11—壳体　12—单向离合器
13—电动齿轮　14—前端盖　15—拨叉　16—活动铁心
17—回位弹簧　18—电磁开关

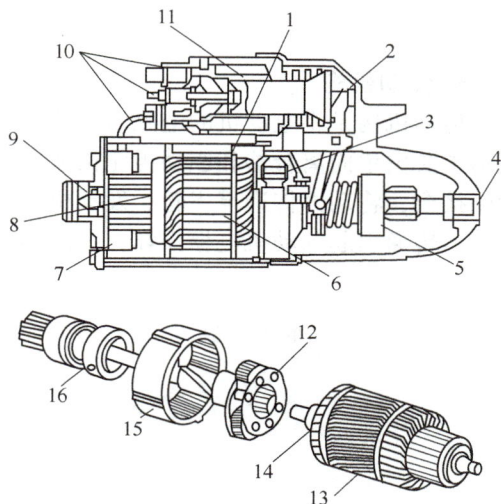

图 7-14　永磁式直流电动机结构图

1—永外磁铁　2—起动机构　3—行星齿轮减器总线
4—端子轴承　5—单向离合器　6—电源　7—电刷
8—焊接连接　9—密封的球输承　10—气体保护焊连接
11—活动铁心　12—行星齿轮器　13—电枢　14—太阳轮
15—不动的齿环　16—DR-115 型电动机构

（2）工作原理　直流电动机是产生电磁转矩，将电能转变为机械能的部件。它是根据载流导体在磁场中受到电磁力作用而发生运动的原理工作的，如图 7-15 所示，位于磁场里面的线圈称为电枢绕组，根据左手定则判定绕组 ab、c d 两边均受到电磁力 F 的作用，由此产生逆时针旋转方向的电磁转矩 M 使电枢转动。由于电枢绕组是转动的，所以供电回路不可能是固定连接的，而是由特殊的输电部件（电刷）与电枢绕组进行接触式连接，这种接触片又具有随电枢绕组旋转改变供电电流方向，使电枢绕组始终沿一个方向转动的作用，所以称为换向器。

实际的直流电动机需要产生很大的电磁转矩以及转动平稳性，因此，必须有很多电枢绕组和相应对数的换向器铜片，直流电动机电枢如图7-16所示。

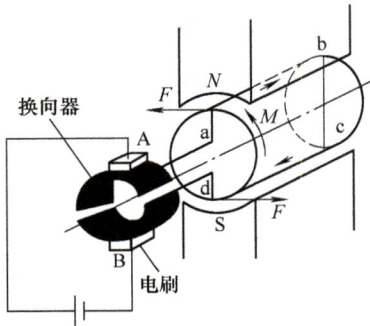

图7-15 直流电动机工作原理图

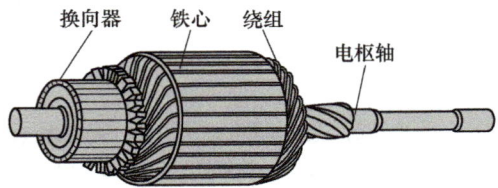

图7-16 电动机电枢

3. 传动机构

传动机构是将电动机的电磁转矩传递给发动机飞轮的机械机构。直接驱动型起动机传动机构主要由单向离合器和驱动齿轮构成，单向离合器的作用是起动时将起动机电枢与驱动小齿轮接合，将动力传递至飞轮；发动机起动后将起动机电枢与小齿轮分离，防止驱动齿轮逆向动力传递引起起动机电枢损坏，如图7-17所示。

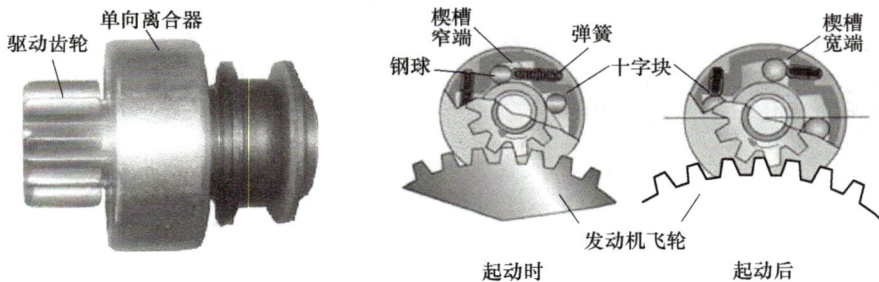

图7-17 传动机构部件及单向离合器工作原理示意图

4. 控制机构

控制机构的作用是控制驱动齿轮与飞轮齿圈的啮合与分离；控制电动机电路的接通与切断。主要由电磁开关和拨叉等组成。

5. 起动机的工作原理

永磁式起动机的工作原理是：当接通点火开关起动档位时，电流流向电磁开关内的吸拉线圈和保持线圈，产生磁场吸引活动铁心移动，带动拨叉使小齿轮与发动机飞轮啮合，同时铁心另一端的移动使电磁开关主触点闭合，蓄电池大电流经主触点流入直流电动机电枢，在磁场作用下电枢转动，通过减速机构放大转矩后将转矩通过驱动小齿轮传递给飞轮，再传至发动机曲轴，如图7-18所示。

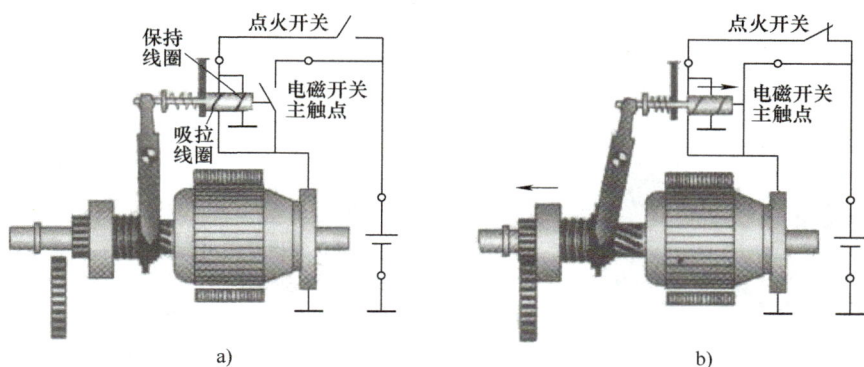

图7-18 起动机工作过程示意图

a）点火开关断开时 b）点火开关闭合时

任务实施

1. 准备工作

1）工装穿着整洁，戴好工作手套。

2）车辆进入工位并可靠停驻，检查变速杆位于空档位（自动变速器位于"P"位）。

3）打开发动机舱盖，铺好发动机舱周围车身及驾驶人座位防护套。

4）准备好工具器材和检测设备，见表7-2。

表7-2 工具器材和检测设备

名 称	规格或型号
汽车专用万用表	数字型
组合工具箱	图7-19
扭力扳手	
游标卡尺	

图7-19 组合工具箱

5）准备好相关维修信息资料并预习。待维修车辆（本任务示例轿车丰田威驰2006年款）的维修手册或已打印好的在电子版车辆维修手册中查询到的起动机相关维修信息。

2. 技术规范及标准

1）在规定时间内完成工作。

2）正确拆装相关功能元件及内饰件。

3）故障排除后起动机应正常起动。

3. 操作步骤

示　例　图	操作步骤及方法
1. 拆卸起动机总成	
	1）举升车辆至合适高度 2）断开蓄电池负极 3）拆卸起动机电磁开关电气插接器；拆卸起动机电缆连接螺母，断开电缆连接 4）拆下起动机与飞轮壳连接螺栓
	5）取出起动机总成
2. 起动机总成解体	
	1）拆卸电磁开关至电动机间的供电缆线 2）拆卸电磁开关与前端盖两个连接螺栓 3）拆下电磁开关，取出活动铁心
	4）拆卸电磁开关与后端盖两个连接螺栓，取下后端盖
	5）取下电刷及电刷架组件

（续）

示 例 图	操作步骤及方法
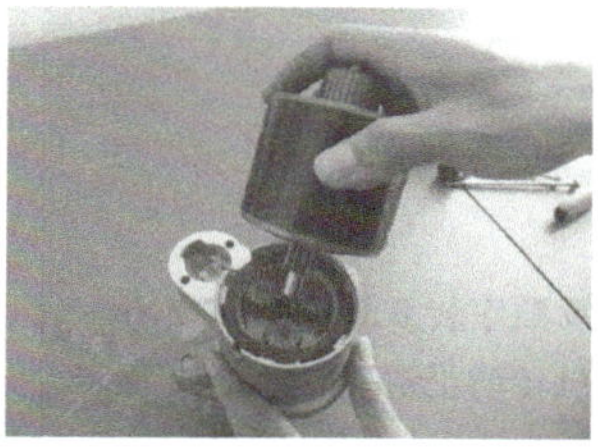	6）取下电枢
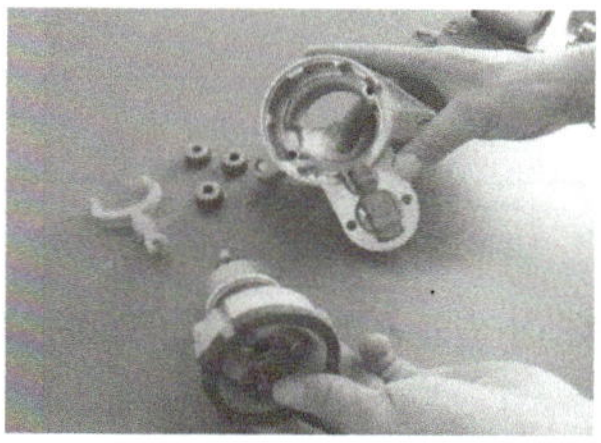	7）从前端盖内拆下拨叉和行星小齿轮，取出传动机构组件

3. 部件检测

	1）检测电枢绕组绝缘性 用万用表欧姆档检测换向器和转子线圈之间应不导通（若导通说明线圈绝缘层破损线圈短路），记录结果
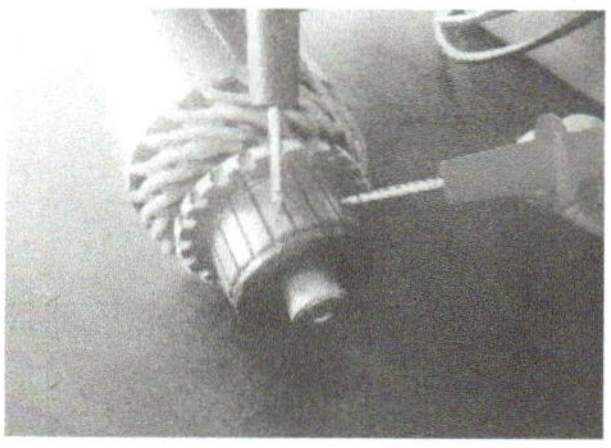	2）检测电枢绕组是否断路 用万用表欧姆档检测换向器的簧片之间应导通（若不导通说明线圈断路） 记录检测结果
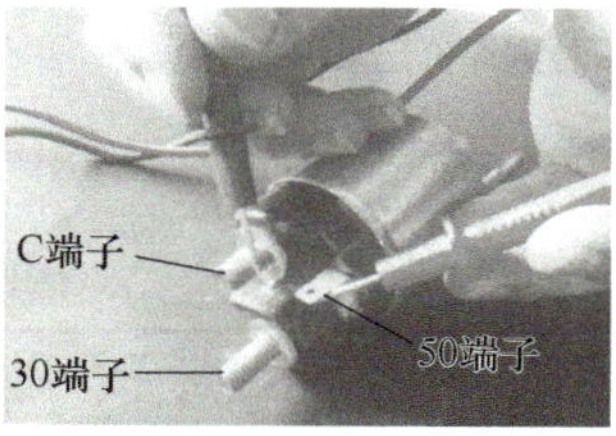	3）检测电磁线圈 用万用表欧姆档检测 50 端子（与起动开关连接）与电磁开关至电动机供电缆线接线柱之间导通性（正常 <1Ω） 记录检测结果

（续）

示 例 图	操作步骤及方法
4. 装复	
	1）按与拆卸相反顺序装复起动机 2）安装后起动机转动正常
5. 装复后检测	
	朝着电枢方向移动小齿轮，使之松动，测量齿轮端面与锁止环之间的间隙 标准间隙：1～5mm 记录检测结果 以上检测不正常，更换起动机
6. 起动机总成车上安装	
	1）按与拆卸相反顺序将起动机总成安装到车上 2）按规定转矩拧紧螺栓 3）降下车辆，连接蓄电池负极
7. 车辆恢复	
	打开点火开关起动档，检查起动机工作情况 整理清洁，填写检测评价记录

检测评价

质量检测		
项　　目	完 成 情 况	解 释 说 明
1）按照规定要求完成起动机的拆卸	是□　　否□	
2）按照规定步骤完成起动机的分解	是□　　否□	
3）按要求进行部件的检测并记录	是□　　否□	
4）按与拆卸相反顺序完成起动机的装复并检测	是□　　否□	
5）按照规定要求完成起动机的安装	是□　　否□	
6）进行质量检查	是□　　否□	
7）进行车辆恢复，工具整理，卫生清洁，填写检测评价记录	是□　　否□	
小组综合评价		
学生自我评价		
教师评价		

考核练习

一、理论知识

1. 起动机由＿＿＿＿＿＿、＿＿＿＿＿＿和＿＿＿＿＿＿三部分组成。

2. 下列不属于起动机控制装置作用的是（　　）。

A. 使活动铁心移动，带动拨叉，使驱动齿轮和飞轮啮合或脱离

B. 使活动铁心移动，带动接触盘，使起动机的两个主接线柱接触或分开

C. 产生电磁力，使起动机旋转

3. 起动机传动机构主要由＿＿＿＿＿＿和＿＿＿＿＿＿构成。

4. 永磁式起动机都附加有齿轮减速机构，其目的是＿＿＿＿＿＿。

二、实训操作

起动机检测过程中所需要检测的部件都有哪些？需要怎么检测？

三、社会实践

走访汽车销售服务公司（4S 店）售后维修部门，向技术服务顾问了解：

现代先进轿车通过电子控制模块（电脑）控制的起动系统知识，并了解在哪些轿车上应用。请简单写出来。

项目八

空调系统的结构与拆装

项 目 描 述

汽车空调系统是对车厢内空气进行制冷或加热、内外空气交换和空气净化的装置。人的无感温度在23.5℃左右，处于这个温度范围工作或学习最舒服，不容易产生疲劳。四季的变化使环境温度发生变化，要求汽车空调系统应具备采暖和制冷两种功能，并对车厢内空气的温度、湿度进行调节。空调系统的组成如图8-1所示。

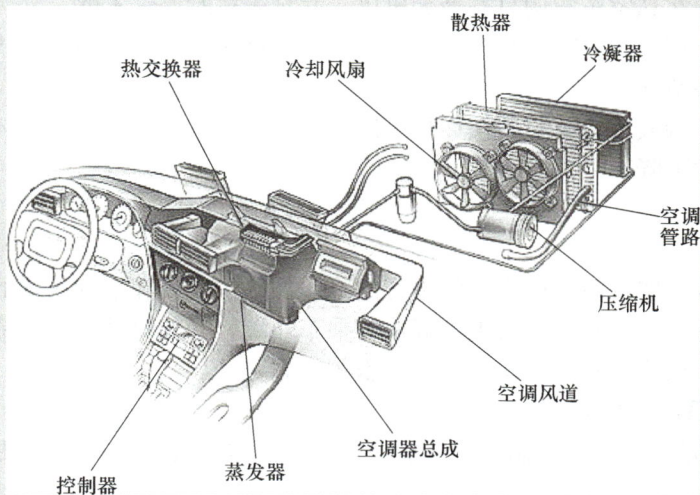

图 8-1 汽车空调系统的组成

本项目由三个任务构成，通过任务学习和实践你会学到汽车空调系统的相关知识以及如何进行基本的空调系统维护及检修，并且懂得安全操作常识。

```
                    项目八 空调系统的结构与拆装
        ┌──────────────────┬──────────────────┬──────────────────┐
   制冷系统检漏及鼓风机          制冷剂的回收          车内温度传感器和
   电阻器的更换                与充注             自动温度控制总成的更换
```

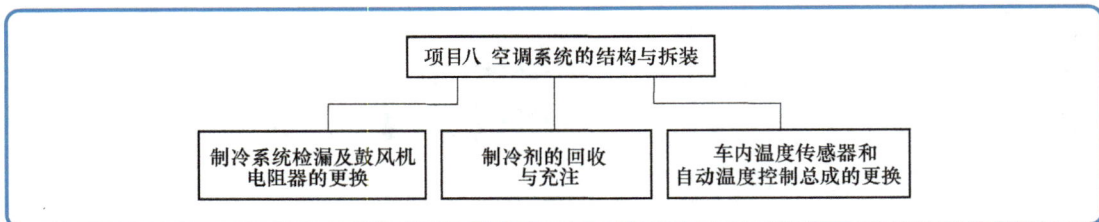

任务一　　制冷系统检漏及鼓风机电阻器的更换

任务目标

1. 知识目标

1）了解汽车空调系统的功能、类型及组成。

2）了解制冷系统工作原理及渗漏检测仪器。

3）识读空调系统控制电路。

2. 技能目标

1）能够正确使用空调。

2）掌握制冷系统鼓风机电阻器的更换及渗漏检测。

任务描述

顾客报修：顾客私家车空调只有最大出风，并且天热时冷气不够。

接车检查：车型：别克凯越轿车；生产年代：2011 年；检查结果：鼓风机电阻器损坏，检查制冷系统泄漏情况。

任务说明：空调鼓风机电阻器损坏将无法对出风量进行调节。制冷循环系统内制冷剂不足将导致制冷能力下降。

知识储备

汽车空调系统是实现对车厢内空气进行制冷、加热、换气和空气净化的装置，其效果图如图 8-2 所示。它可以为乘车人员提供舒适的乘车环境，降低驾驶人的疲劳强度，提高行车安全。空调装置已成为衡量汽车功能是否齐全的标志之一。

1. 汽车空调系统的功能

1）空调器能控制车厢内的温度，既能加热空气，也能冷却空气，以便把车厢内温度控制到舒适的水平。

2）空调器能够排出空气中的湿气，而使干燥空气吸收人体汗液，营造更舒适的车内环境。

3）空调器可吸入车外空气，具有通风功能。

4）空调器可过滤空气，排除车内空气中的灰尘和花粉。

2. 汽车空调系统的类型

1）按驱动方式分为独立式（专用一台发动机驱动压缩机，制冷量大，工作稳定，但成

图 8-2　汽车空调效果图

本高，体积及重量大，多用于大、中型客车）和非独立式（空调压缩机由汽车发动机驱动，制冷性能受发动机工作影响较大，稳定性差，多用于小型客车和轿车）。

2）按空调性能分为单一功能型（将制冷、供暖、通风系统各自安装，单独操作，互不干涉，多用于大型客车和载货汽车上）和冷暖一体式（制冷、供暖、通风共用鼓风机和风道，在同一控制板上进行控制，工作时可分为冷暖风分别工作的组合式和冷暖风同时工作的混合调温式，轿车多用混合调温式）。

3）按控制方式分为手动式（拨动控制板上的功能键对温度、风速、风向进行控制）、自动式（利用计算比较电路，通过传感器信号及预调信号控制调节机构工作，自动调节温度和风量）和微机控制式（以微机为控制中心，具有记忆储存、故障诊断功能，能实现对车内空气环境进行全方位、多功能的最佳控制和调节）。

3. 汽车空调系统的组成

现代汽车空调系统由制冷系统、供暖系统、送风和空气净化装置及控制系统组成。

（1）空调系统的布置　不同类型的空调系统的布置方式有所不同。轿车广泛采用的是冷暖一体式空调系统。其布置形式是将蒸发器、暖风加热器、离心式鼓风机和操纵机构等组装在一起，称为空调器总成，如图 8-3所示。

（2）空调控制面板　空调控制面板是使用者通过其控制空调操纵机构及控制系统实现空调各种功能的面板。使用者通过空调控制面板上设置的按键（或调节旋钮）进行操作，控制面板上有空调开关（A/C）、循环模式、后窗加热（除雾、霜）键以及功能选择（自动式）、温度调节、风量调节、出风位置调节键（旋钮）等，如图 8-4 所示。

（3）通风和空气净化装置　通风和空气净化装置由电动鼓风机、送风管路、温度及出风位置控制（各风门控制）机构、

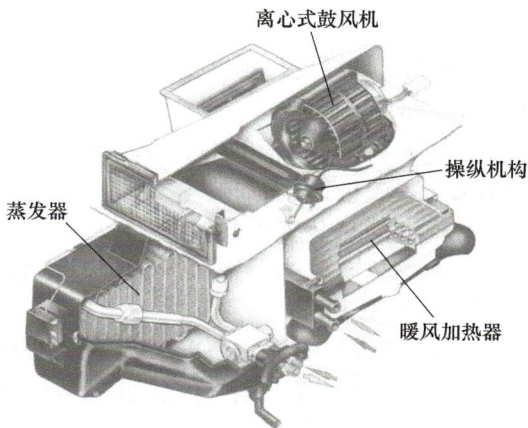

图 8-3　空调器总成

内外循环（进气风门）控制机构、出风口调节格栅（图8-2中A）和空气花粉过滤器等组成，如图8-5所示。

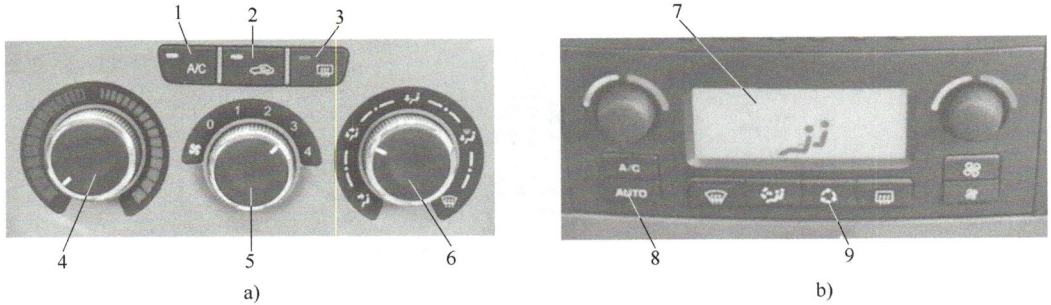

图 8-4　手动空调和自动空调控制面板

a）手动空调控制面板　b）自动空调控制面板

1—空调开关　2—循环模式　3—后窗加热（除雾、霜）键　4—温度调节　5—出风量调节

6—出风位置调节　7—多功能显示屏　8—自动调节键　9—模式开关

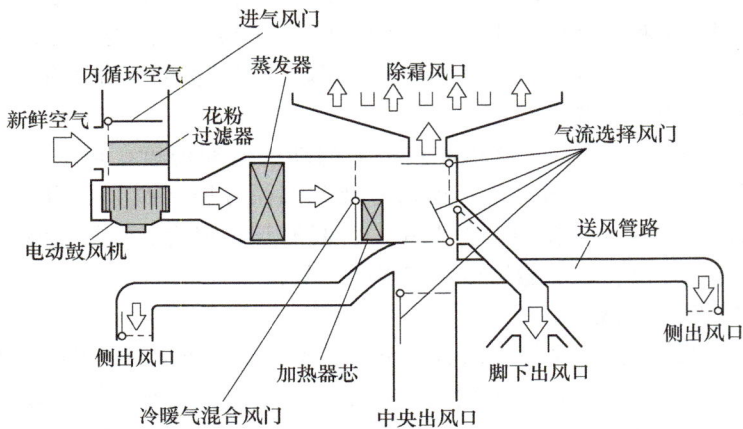

图 8-5　通风装置构成示意图

通风和空气净化装置主要是将冷气或暖气进行调节、并送至车厢内所需位置，同时对车厢内空气进行过滤净化。温度及出风位置控制风门机构有手动操纵调式式（通过拉线调节控制风门）和自动调节式（通过风门调节控制电动机等）及全自动式三种。

（4）供暖系统　汽车的供暖系统由加热装置和暖风机组成，加热器有燃油加热和利用发动机冷却系统循环热水加热等方式，一般轿车和汽车大都采用发动机冷却系统循环热水加热方式，加热装置由热交换器（加热器芯）和鼓风机组成。工作时用鼓风机将热交换器周围的热空气通过通风和空气净化装置送入车厢内，如图8-6所示。

（5）制冷系统

1）组成。制冷系统是空调系统中最重要的组成部分，主要用于夏季的车内空气降温与除湿。由机械循环部分和电气控制部分两部分组成，机械循环部分包括压缩机、冷凝器、散热风扇、鼓风机、蒸发器和管路等，如图8-7所示。电气控制部分包括压缩机电磁离合器、冷凝器风扇电动机、鼓风机电动机、压力开关、空调（A/C）开关及导线线路等。

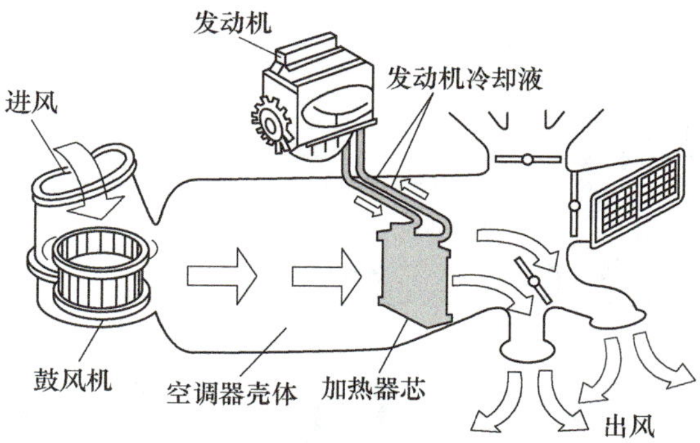

图 8-6　利用冷却系统循环热水加热的供暖系统

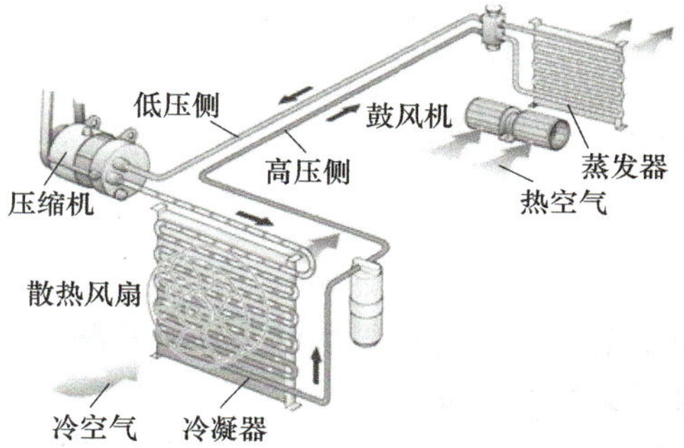

图 8-7　制冷系统部件及在汽车上的位置

2）制冷原理。制冷系统的制冷过程就是利用制冷剂由液态转化为气态需要吸收热量从而降低车厢内温度的原理工作的。由于制冷剂吸收的热量需要及时散发出去，从而使制冷工作循环下去，需要有动力源强制使制冷剂循环并进行散热。

3）制冷系统工作原理。如图 8-8 所示，制冷系统启动后，压缩机强制使管路内的制冷剂流动，制冷剂经节流阀（膨胀阀或孔管）限流，使得制冷剂在压缩机至膨胀阀和膨胀阀至压缩机两个区间形成了高压和低压两个部分。低压的液体制冷剂在蒸发器中吸收热量之后，汽化成低温低压的蒸气，然后被压缩机吸入，再压缩成高温高压的蒸气后进入冷凝器，在冷凝器中向外放热，冷凝为高压液体，再经膨胀阀节流，形成低温低压的制冷剂后再次进入蒸发器吸热汽化，达到循环制冷的目的。这样，制冷剂在系统中经过蒸发、压缩、冷凝、节流四个基本过程完成一个制冷循环。

4. 检漏仪

由于汽车制冷系统不是全封闭的（通过各工作部件通过接头与管路连接），如图 8-9 所示，所以存在渗漏的可能性。每当所执行的维修操作影响到管路或接头时，也应执行渗漏测试。如果制冷剂渗漏，将造成制冷性能下降，因此，在汽车空调检修过程中，制冷剂渗漏检测是常见的维修工作。

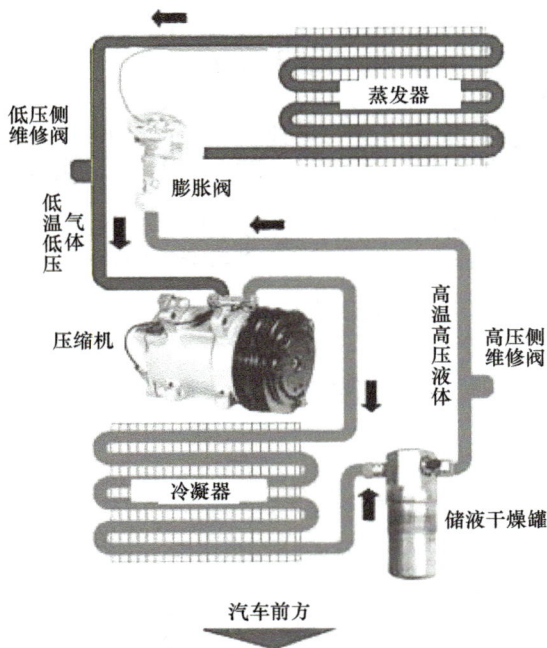

图 8-8　制冷系统工作原理示意图

　　制冷系统的检漏方法很多，有简单的外观观察及肥皂泡检漏法以及染料检漏、卤素灯检漏、电子卤素检漏仪检漏等，其中电子检漏仪是最好的检漏方法。

　　电子检漏仪是一种可靠的检漏仪，用来检测空调和制冷系统中的制冷剂的泄漏。它具有灵敏度高、质量轻、体积小、检测范围广等优点，可以检测微量泄漏和不易检测的部位。主要由功能选择键、传感器（探头）、可视渗漏指示、内置电源（电池）等组成。图 8-10 为一种电子检漏仪外观。

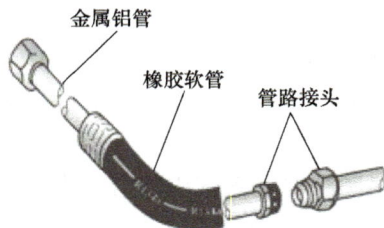

图 8-9　管路的接头

图 8-10　电子检漏仪外观

　　注意：电子检漏仪对风窗玻璃洗涤液、溶剂和清洗剂及某些车辆黏结剂敏感。必须将表面擦干净，以免读数不准。确保所有表面干燥，以免损坏检漏器。

5. 鼓风机控制电路的识读

　　鼓风机是空调系统中重要的电气设备,由叶轮及电动机等组成。车厢空气循环主要依靠鼓风机进行。鼓风机总成如图 8-11 所示。鼓风机根据出风强弱需要设有几个不同的档位,手动空调需要通过几个串联电阻控制电动机的转速,其电路如图 8-12 所示;自动空调通过鼓风机电子控制模块控制,其电路如图 8-13 所示。鼓风机控制电路如下:

图 8-11　空调鼓风机总成

　　(1) 电路特征　位于发动机罩下熔丝盒内 EF3 熔丝和仪表板熔丝盒内 F18 熔丝为鼓风机电动机供电,鼓风机电动机最高转速档通过继电器供电。

　　(2) 电流路径

　　1) 当鼓风机开关(出风量选择开关)位于低速档时,电流路径:

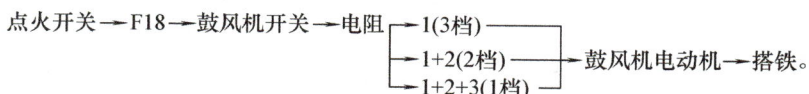

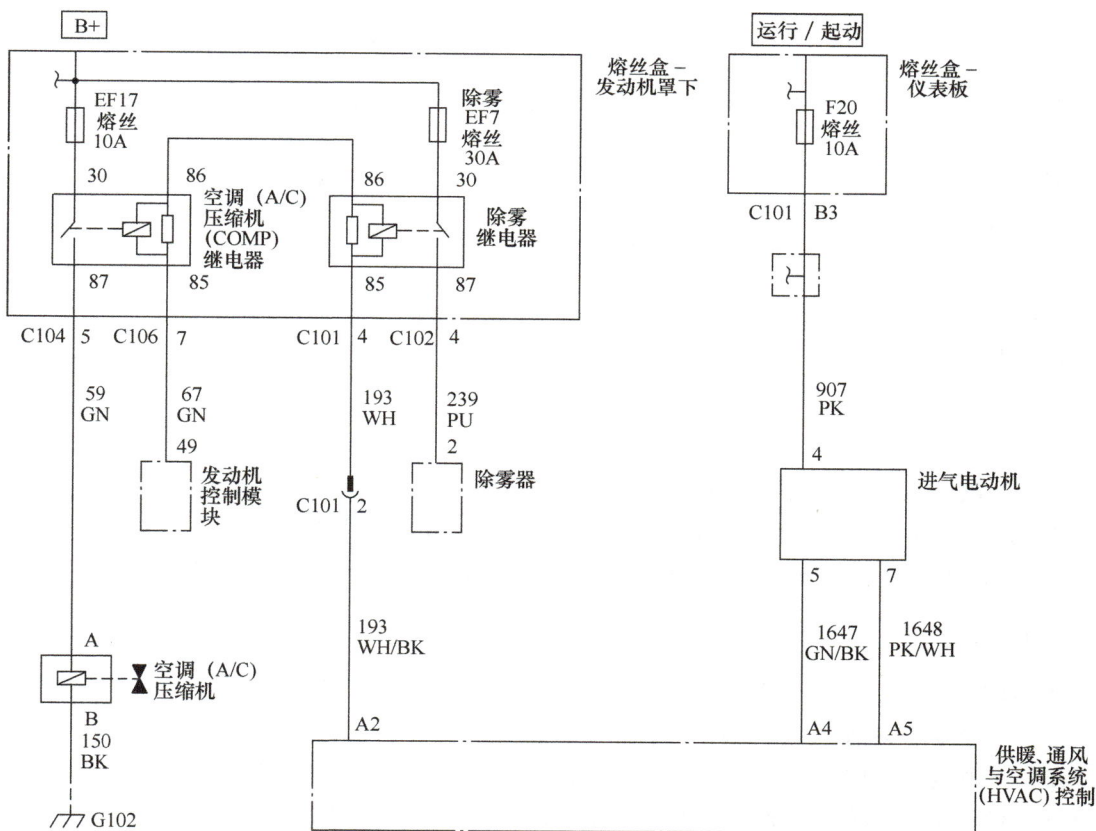

点火开关 → F18 → 鼓风机开关 → 电阻 ┬ 1(3档) ───┐
　　　　　　　　　　　　　　　　　　├ 1+2(2档) ──┼→ 鼓风机电动机 → 搭铁。
　　　　　　　　　　　　　　　　　　└ 1+2+3(1档) ┘

图 8-12　手动空调压缩机控制(别克凯越轿车)电路图

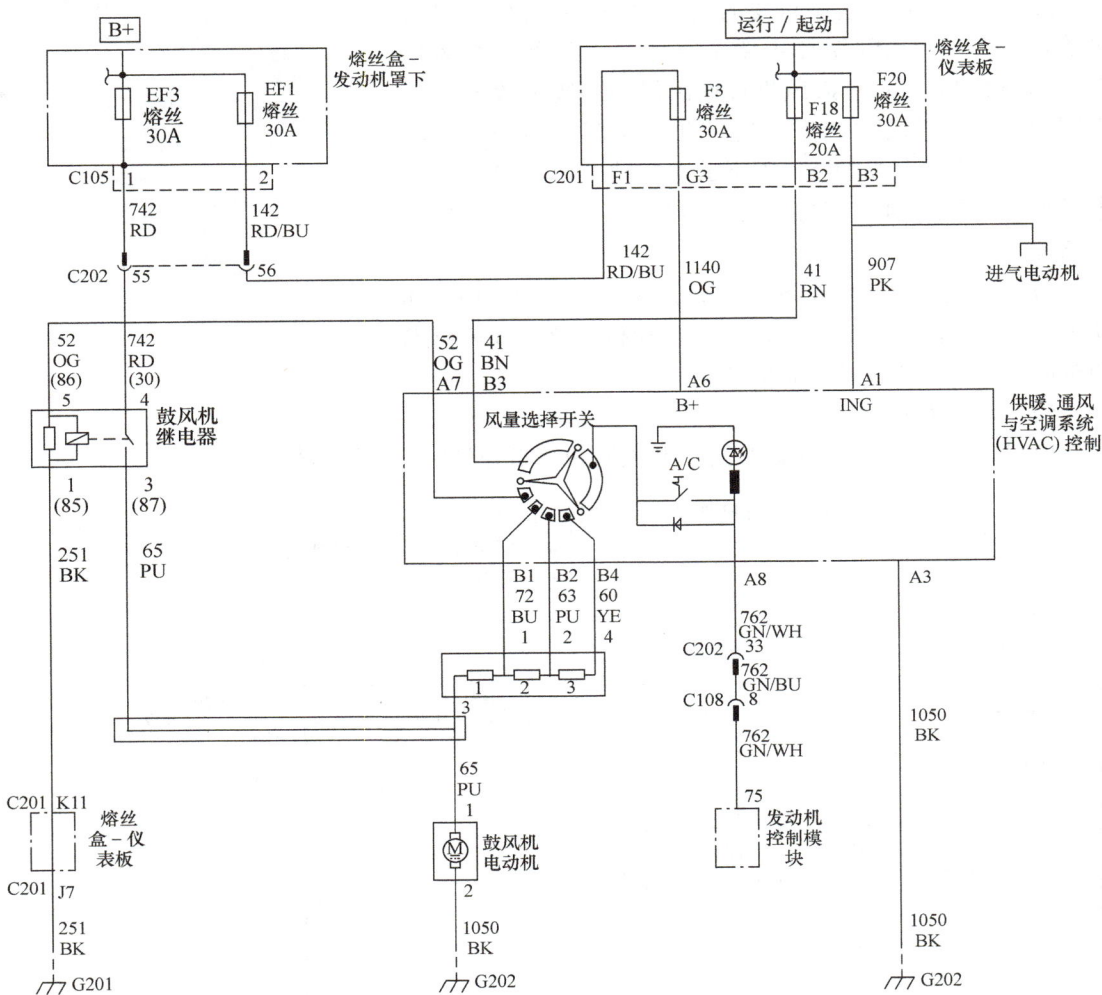

图 8-13 鼓风机控制（别克凯越轿车）电路图

2）当鼓风机开关（出风量选择开关）位于高速档（4 档）时，电流路径有两条：

① 控制电流：点火开关→F18→鼓风机开关→鼓风机继电器线圈→G201 搭铁。

② 工作电流：蓄电池正极 B + →熔丝 EF3→鼓风机继电器触点→鼓风机电动机→搭铁。

任务实施

1. 准备工作

1）工装穿着整洁，戴好工作手套。

2）车辆进入工位并可靠停驻，检查变速杆位于空档位（自动变速器位于"P"位）。

3）打开发动机舱盖，铺好发动机舱周围车身及驾驶人座位防护套。

4）准备好工具器材和检测设备，见表 8-1。

表 8-1　工具器材和检测设备

名　　称	规格或型号
检漏仪	电子式
螺钉旋具	十字
护目镜	
温度计	电子式

5）准备好相关维修信息资料并预习。待维修车辆（本任务示例轿车别克凯越轿车 2012 年款）的维修手册或已打印好的在电子版车辆维修手册中查询到的空调系统相关维修信息。

2. 技术规范及标准

1）在规定时间内完成工作。

2）正确拆装相关功能元件及内饰件。

3）故障排除后鼓风机应工作正常。

3. 操作步骤

示　例　图	操作步骤及方法
1. 空调控制面板的认知	
	认知空调开关、循环模式开关、温度调节旋钮、出风位置选择旋钮、鼓风机控制开关
2. 拆卸空调鼓风机电阻器	
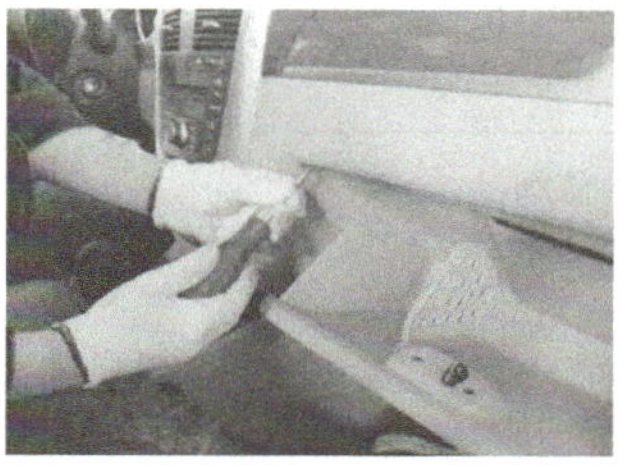	1）断开蓄电池负极电缆
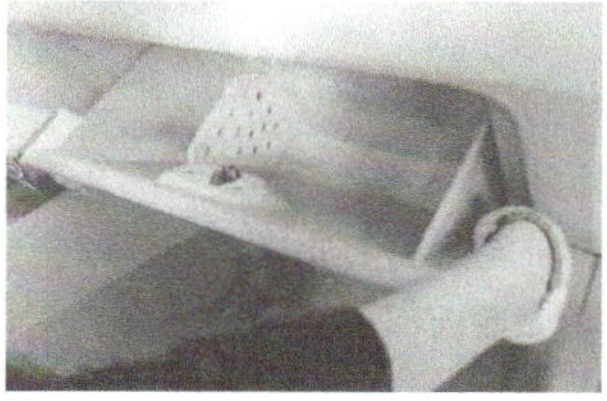	2）拆卸杂物箱 拆下杂物箱支架固定螺钉，拆卸杂物箱

（续）

示 例 图	操作步骤及方法
	3）断开电阻器电气插接器 4）从电阻器上拆卸安装螺钉，向下轻拔电阻器，从加热器/空气分配器壳体上拆卸电阻器

3. 安装空调鼓风机电阻器

	1）按与拆卸相反顺序安装电阻器 2）检查鼓风机各档工作情况

4. 制冷系统渗漏检测

	1）对电子检漏仪进行校准 2）环绕各接头测试一整圈，每秒 25~50mm，探头尖部距离表面 6mm 3）如果检测到渗漏，声音报警将从每秒 1~2 次咔嗒声变为连续警告声。调节平衡控制，将警告声保持在每秒 1~2 次咔嗒声
	4）检测部位 ① 蒸发器入口和出口 ② 储液干燥器入口和出口 ③ 冷凝器入口和出口
	④ 维修孔口/检修阀 ⑤ 所有接头 ⑥ 铜焊和电焊部位 ⑦ 损坏部位 ⑧ 软管接头 ⑨ 测试制冷剂循环的整条路线
	⑩ 压缩机后盖 ⑪ 测试压缩机轴封 在压缩机离合器/带轮的前后吹送车间压缩空气至少 15s，等待 1~2min，探测带轮前部

（续）

示 例 图	操作步骤及方法
	⑫ 测试蒸发器芯 将鼓风机风扇转速设在最大位置，至少运行 15min 关闭鼓风机，等候 10min 拆卸鼓风机电动机电阻器，插入测漏器探头
5. 质量检查	
	开启空调运行，检查制冷效果 1）发动机转速 2000r/min，打开所有车门，将鼓风机开启到最大档位 2）打开空调，温度调节到最低温度。使用温度计检查出风口温度。与维修手册标准参数对照，是否在规定范围内
6. 车辆恢复	
	整理清洁，填写检测评价记录

检测评价

质 量 检 查		
项　目	完 成 情 况	解 释 说 明
1）对空调控制面板进行操作	是□　否□	
2）按要求完成鼓风机电阻器的拆装	是□　否□	
3）对电子测漏器进行校准	是□　否□	
4）按要求使用电子检漏仪进行检漏	是□　否□	
5）按要求完成所有部位的检漏	是□　否□	
6）按要求开启空调运行，检查制冷效果	是□　否□	
7）是否进行车辆整理，工具清点，卫生清洁，填写检测评价记录	是□　否□	
小组综合评价		
学生自我评价		
教师评价		

注：1. 每项工作完成后在"是"后面□内打√，未做或未完成在"否"后面□内打√。

　　2. 如果项目未做或未完成在"解释说明"中说明原因。

考核练习

一、理论知识

1. 汽车空调制冷系统分为高压和低压两个部分，制冷剂在制冷系统中进行循环，每一次循环可分为四个工作过程，顺序是（　　　）。

　　A. 压缩、冷凝、节流、蒸发　　　　　B. 压缩、节流、蒸发、冷凝

　　C. 蒸发、冷凝、压缩、节流　　　　　D. 蒸发、压缩、节流、冷凝

2. 汽车空调系统是实现对车厢内空气进行＿＿＿＿＿、＿＿＿＿＿、＿＿＿＿＿和空气净化的装置。

3. 现代汽车空调系统由制冷系统、＿＿＿＿＿、＿＿＿＿＿和空气净化装置及＿＿＿＿＿组成。

4. 简述制冷系统的主要组成部件。

二、实训操作

如何用电子检漏仪进行空调系统的测试？

任务二　制冷剂的回收与充注

任务目标

1. 知识目标

1）了解制冷剂的特性。

2）了解制冷循环系统主要部件的构成。

3）了解制冷系统主要的维修设备。

2. 技能目标

能够使用冷媒处理机对制冷剂进行回收、抽真空、保压检查及充注。

任务描述

顾客报修：顾客私家车天热时冷气不足。

接车检查：车型：别克凯越轿车；出厂年份：2011年；检查结果：空调系统中制冷剂加注量过多，需重新回收并充注制冷剂。

任务说明：空调系统中制冷剂的更换及补充都是空调维修的常见工作，是空调维修技术工人的基本操作技能。

知识储备

1. 制冷剂

制冷剂是在制冷系统中不断循环并通过其本身的状态变化来实现制冷的工作物质，用 R 表示。现代汽车空调制冷系统广泛使用的制冷剂主要是 HFC- 134a（R134a，一种氟的化合物，如图 8-14所示）。由于汽车制冷系统不是全封闭的（通过管路接头连接），所以存在渗漏的可能性，又由于维修时的排放甚至交通事故等因素，均可能导致制冷剂泄漏，因此制冷剂必须是无毒、阻燃、环保的，而 HFC-134a 具有以上优点且价格便宜，因此是当前世界绝大多数国家认可并推荐使用的汽车空调制冷剂。

图 8-14　R134a 制冷剂

2. 制冷系统工作部件

汽车空调制冷系统的构成如图 8-15 所示。

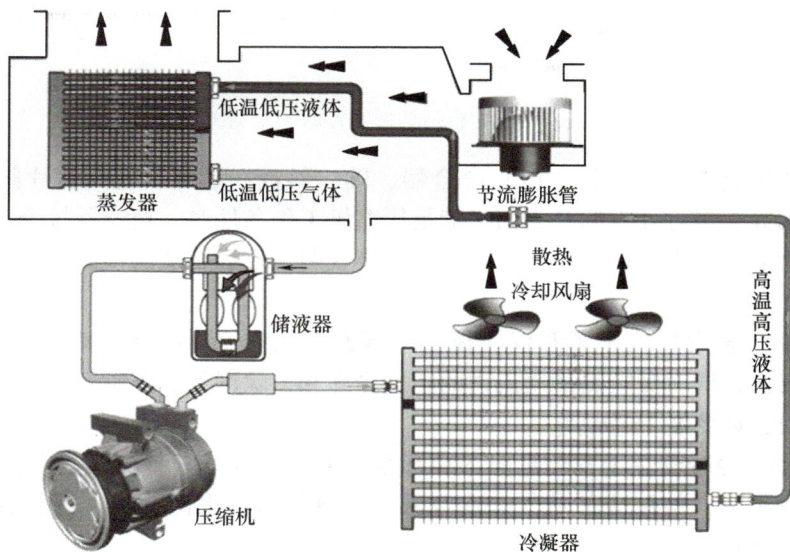

图 8-15　汽车空调制冷系统

（1）压缩机　压缩机是制冷系统工作的核心部件，使制冷剂完成压缩循环实现热交换的过程。压缩机安装在发动机前部，通过带传动接受发动机的动力，如图 8-16 所示。

压缩机分为固定排量和可变排量两种类型。每转一圈排出的制冷剂量是固定的称为固定排量压缩机，每转一圈排出的制冷剂量是可变的称为可变排量压缩机。定排量压缩机的排气量随着发动机转速的提高而成比例的提高，它不能根据制冷的需求而自动改变排量，这种制冷系统通过采集蒸发器

图 8-16　压缩机及安装位置

出风口的温度，当温度达到设定的温度，压缩机电磁离合器松开，压缩机停止工作；当温度升高后，电磁离合器结合，压缩机开始工作。定排量压缩机同时也受空调系统压力的控制，当管路内压力过高时，压缩机停止工作。对发动机油耗的影响比较大。可变排量压缩机可不用采集蒸发器出风口的温度信号，而是根据空调管路内压力的变化信号调节来控制制冷强度。在制冷过程中，压缩机始终是工作的。

压缩机的结构及工作原理如图 8-17 所示。

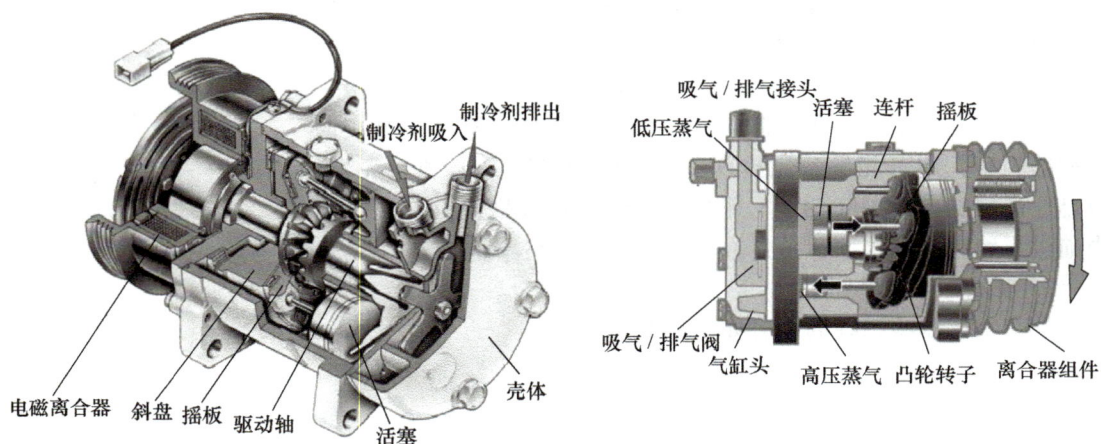

图 8-17　压缩机结构及工作原理示意图

压缩机主要组成部件有壳体、电磁离合器、轴、斜盘、活塞、进气簧片阀和排气簧片阀、压力安全阀等。当打开空调开关同时满足压缩机工作条件时，离合器接合，驱动轴带动斜盘运动，推动活塞产生往复运动，产生吸气和排气两个过程，从而使制冷剂吸入并以一定的压力排出。

（2）蒸发器　蒸发器位于车厢仪表板下空调器总成内，制冷剂在蒸发器内完成蒸发，从液态转变为气态，同时吸收热量使流过的空气冷却和去除湿气。蒸发器由进出管道、螺旋管、散热片组成，如图 8-18 所示。

（3）冷凝器　冷凝器位于发动机前部冷却系统散热器前面。冷凝器的作用是把制冷剂吸收的热量散发出去，使制冷剂从气态变到液态。冷凝器由进出管道、螺旋管、散热片组成，如图 8-19 所示。

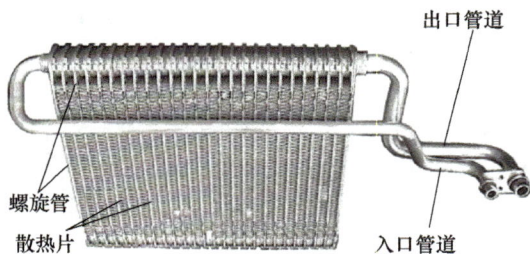

图 8-18　蒸发器

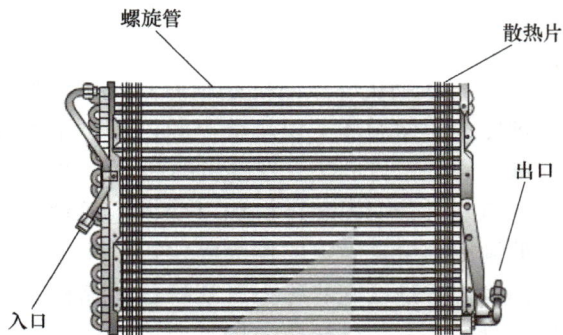

图 8-19　冷凝器

（4）节流装置　节流装置是一个很细的孔，使制冷剂流过时被限制而使制冷系统形成高压和低压两个部分。节流装置有膨胀阀和节流管（孔管）两种类型，膨胀阀有恒温式（毛细管式）和H形两种，如图8-20所示。

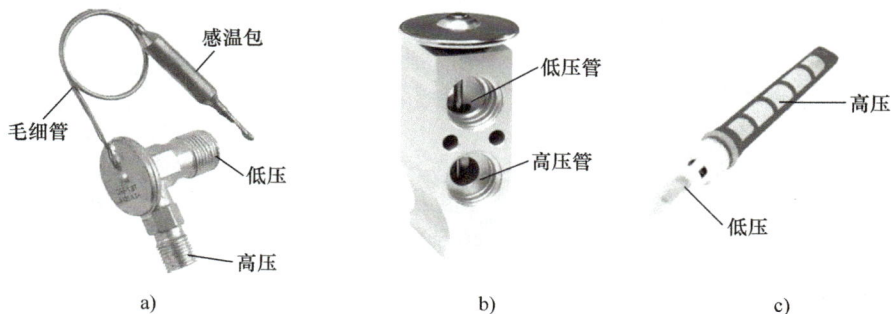

图8-20　三种类型节流装置

a）恒温式膨胀阀　b）H形膨胀阀　c）节流管

膨胀阀内的节流孔通过感知蒸发器出口温度来调节孔径大小。

（5）储液干燥罐和收集干燥罐　用于储存系统中的制冷剂和润滑油，过滤掉颗粒物，使用干燥剂去除制冷剂内进入的湿气。储液干燥罐位于高压侧，在冷凝器和膨胀阀之间，主要用于储存制冷剂；收集干燥罐位于低压侧，在蒸发器和压缩机之间，称为收集干燥罐。在蒸发器出口的制冷剂气液混合体进入收集干燥罐，流入底部，气化上升到顶部回到压缩机。制冷的液体在收集干燥罐的底部渐渐气化，然后回到压缩机中。从而防止液态制冷剂进入压缩机，用于节流管式制冷系统中。储液干燥罐和收集干燥罐的结构如图8-21所示。

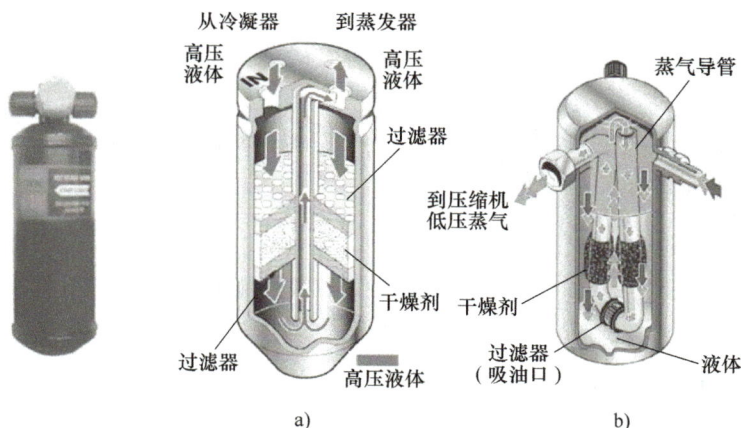

图8-21　储液干燥罐和收集干燥罐

a）储液干燥罐　b）收集干燥罐

（6）管路、观察窗和维修阀　输送制冷剂从一个部件到另外一个部件，分高压管和低压管。一般是铝管，在振动较大的地方使用橡胶软管。

有的制冷系统管路或储液罐上有观察窗，可以通过观察窗观察管路内制冷剂的流动情况来判断制冷剂的工作情况。如果有大量气泡流过说明制冷剂不足。维修阀大部分位于管路上，用于检测和制冷回收和加注，如图8-22所示。

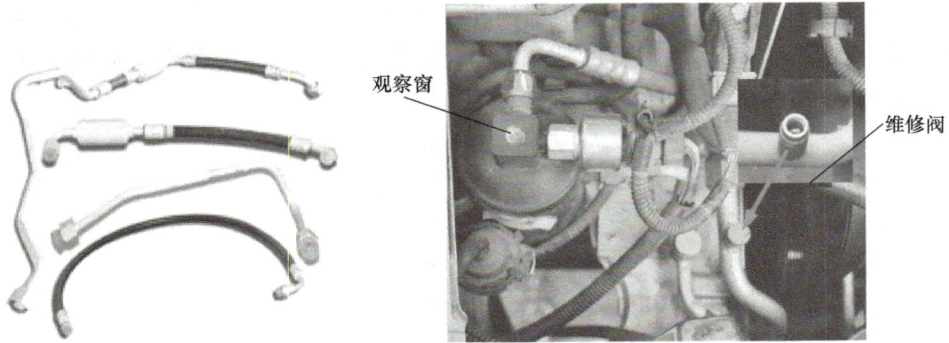

图 8-22　管路、观察窗和维修阀

3. 冷冻机油

冷冻机油用于润滑压缩机和膨胀阀的运动部件，与制冷剂结合在一起分布于系统中。

4. 冷媒处理机

汽车空调冷媒处理机是制冷系统重要的维修设备，具有系统压力检测、泄露检测、制冷剂回收、再生、充注等功能。同时具有数据库数据存储功能，内部存储着世界上大多数车型的制冷系统维护信息，利用这些信息可方便地为车辆制冷系统进行维修工作。图 8-23 为全自动冷媒处理机及控制面板结构。

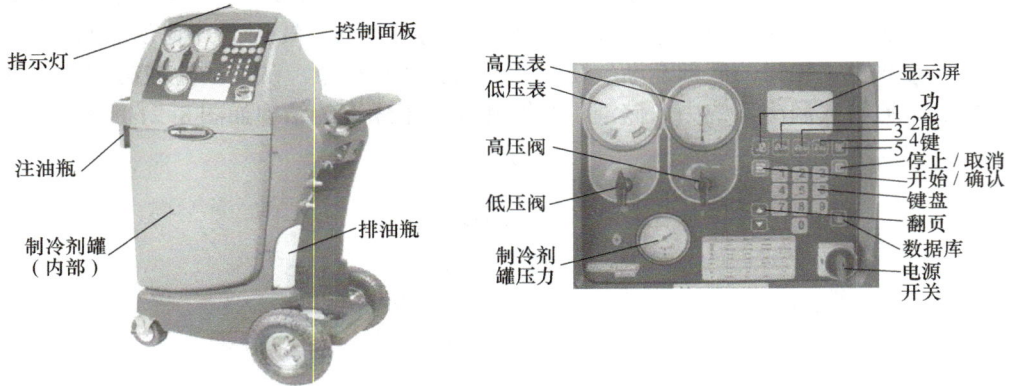

图 8-23　全自动冷媒处理机及控制面板结构
1—排气　2—回收　3—抽真空　4—充注　5—菜单

主电源开关：主电源开关向控制面板供电；显示屏：显示各种输入信息及相关参数；低压量表：显示制冷系统低压侧压力；高压量表：显示制冷系统高压侧压力；低压阀：用于连接空调系统低压侧与加注站（设备内制冷剂罐系统）；高压阀：用于连接空调系统高压侧与加注站。

维修注意：
1）维修空调系统或补充制冷剂时应戴上防护眼镜。
2）应在通风良好的地方维修汽车空调制冷系统。
3）禁止在空调维修现场进行焊接操作或吸烟。
4）在加注制冷剂 R134a 时，需要遮住维修车辆的车身表面。

任务实施

1. 准备工作

1）工装穿着整洁，戴好专用工作手套，防护眼镜。

2）车辆进入工位并可靠停驻，检查变速杆位于空档位（自动变速器位于"P"位）。

3）打开发动机舱盖，铺好发动机舱周围车身及驾驶人座位防护套。

4）准备好工具器材和检测设备，见表8-2。

表8-2　工具器材和检测设备

名　　称	规格或型号
冷媒处理机	AC350C
制冷剂	R134a
冷冻机油	Union Carbide 488 聚醚类机油

5）准备好相关维修信息资料并预习。待维修车辆（本任务示例轿车别克凯越 2012 年款）的维修手册或已打印好的在电子版车辆维修手册中查询到的空调制冷系统相关维修信息。

2. 技术规范及标准

1）在规定时间内完成工作。

2）正确拆装相关功能元件及内饰件。

3）故障排除后制冷系统应工作正常。

3. 操作步骤

示　例　图	操作步骤及方法
1. 回收制冷剂	
	1）连接电源，打开开关，指示灯亮 2）将带快速断开式接头的高压侧软管（红色）连接到汽车空调系统高压侧维修接口阀上 3）将带快速断开式接头的低压侧软管（蓝色）连接到汽车空调系统低压侧维修接口阀 4）顺时针旋入顶开高、低压维修接口阀
	5）打开高压侧和低压侧阀 6）检查加注站控制面板上的高压侧和低压侧量表，确保空调系统有压力 重要注意事项：如果系统中没有制冷剂，应立即停止回收操作，否则会将空气吸入回收罐

（续）

示　例　图	操作步骤及方法
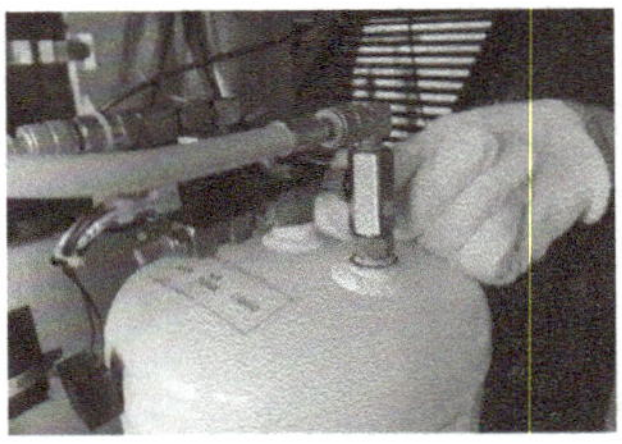	7）打开设备前盖板，打开制冷剂罐上的阀门
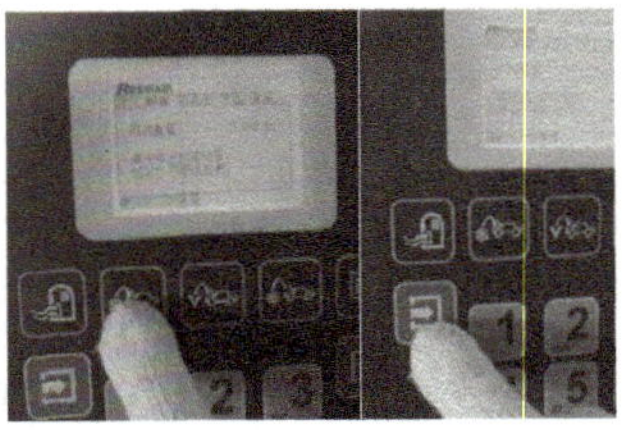	8）按"回收"键 9）通过数字键设定所需的回收量，按"开始"键，设备自动清理管路1min，然后开始回收
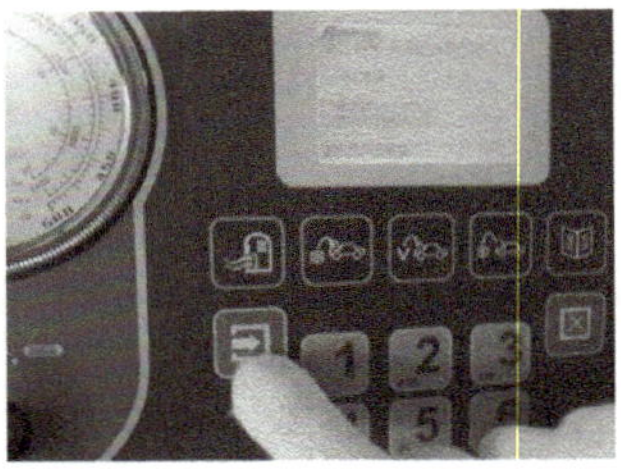	10）回收完成后，显示屏显示回收完成并显示回收数量 11）按"开始"键，进行排油程序。记录排出冷冻油量，排油完成后，显示屏显示已排油量 提示：如果工作罐容量不足，应清除一部分制冷剂到其他制冷剂罐中
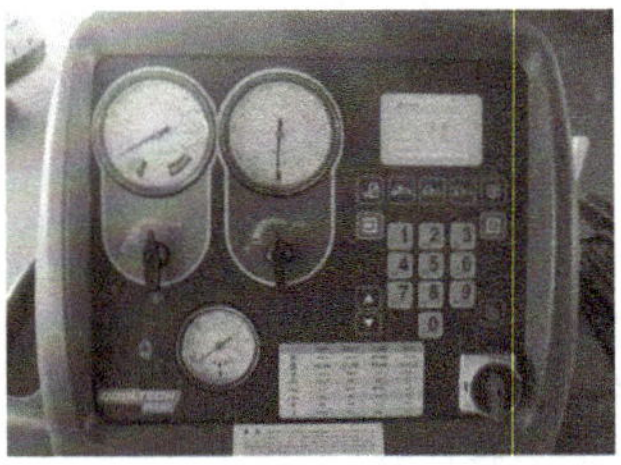	12）等待5min，然后检查控制面板低压侧压力表。如果空调系统能保持真空，则回收完毕 如果低压侧压力从零开始升高，则系统中还有制冷剂。回收剩余的制冷剂。重复本步骤，直到系统能保持真空2min为止

2. 抽真空

| 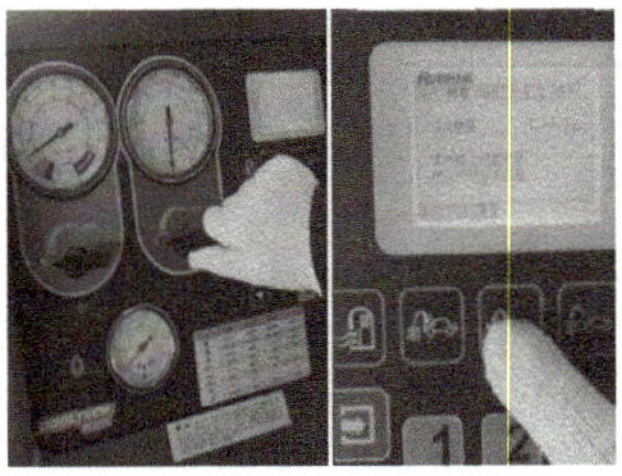 | 1）打开加注站控制面板上的高压侧和低压侧阀，按下"抽真空"键
2）屏幕显示15min，如果要自设时间，当光标在"15：00"字符闪动时，输入自设时间。按"确认"键，设备开始抽真空操作 |

（续）

示 例 图	操作步骤及方法
	3）抽真空完成后，按"确认"键，屏幕显示"保压3min"，3min后观察压力表是否回升，不变进行下一步，改变查找渗漏处 注意：抽真空前压力表必须低于0kPa，否则先运行回收功能再进行抽真空

3. 加注冷冻机油

	1）按"确认"键，根据排出油量记录，确定加油量 2）按"确认"键加注，同时观察加油瓶刻度，当到达加注量时按"确认"键暂停加注，不够按"确认"键继续，够量按"停止"键结束

4. 充注制冷剂

	1）关闭控制面板上的低压侧阀，从高压侧充注，按"充注"键，根据屏幕提示在数据库中查找该车加注量（按"数据库"及"翻页"键查找，找到后按"确认"键），输入查询后的制冷剂加注量
	2）也可通过数字键输入要充注的制冷剂数量，按"确认"键充注 设定充注量充完后停止充注，屏幕显示充注量
	3）关闭冷媒机控制面板上的高压侧阀。两个阀都应关闭。起动车辆和空调系统，运行一段时间，直到高低压力表读数稳定 4）将读数与制冷系统标准比较，确定正常与否，检查制冷效果

237

（续）

示　例　图	操作步骤及方法
5. 结束并清理管路	
	1）顺时针旋回快速断开式接头上的旋钮，使高、低压维修接口阀关闭，取下高、低压侧快速断开式接头 2）按清理空调加注软管流程进行管路清理
6. 车辆恢复	
	整理清洁，填写检测评价记录

检测评价

质量检测		
项　目	完成情况	解释说明
1）连接电源，打开开关	是□　否□	
2）正确连接带快速断开式接头的软管与空调维修阀	是□　否□	
3）正确进行回收程序操作	是□　否□	
4）正确进行排油操作并记录	是□　否□	
5）正确进行抽真空操作并做保压检查	是□　否□	
6）完成冷冻机油的加注	是□　否□	
7）按规定完成制冷剂充注操作	是□　否□	
8）进行制冷效果检查，结束操作并进行管路清理	是□　否□	
9）车辆整理，工具整理，卫生清洁，填写检测评价记录		
小组综合评价		
学生自我评价		
教师评价		

注：1. 每项工作完成后在"是"后面□内打√，未做或未完成在"否"后面□内打√。
　　2. 如果项目未做或未完成在"解释说明"中说明原因。

考核练习

一、理论知识

1. 在讨论有关空调压缩机的知识时，修理工小李说固定排量和可变排量压缩机的区别是，固定排量压缩机曲轴每转一圈排出的制冷剂量是固定的，而变排量压缩机每转一圈排出的制冷剂量是可变的；修理工小张说无论固定排量压缩机还是可变排量压缩机，在制冷过程中，压缩机始终是工作的。他们谁的说法正确？（　　　）

A. 小李正确　　B. 小张正确　　　C. 两人均正确　　　　D. 两人均不正确

2. 空调系统中蒸发器的作用是（　　　）。

A. 控制制冷剂流量　　　　　　　　B. 其中的制冷剂吸收车厢中的热量

C. 将制冷剂携带的热量散发至大气中　D. 以上都不是

3. 现代汽车空调制冷系统广泛使用的制冷剂主要是_____。

4. 节流装置有_____和_____两种类型。

二、实训操作

如何确定制冷剂充注过程中需添加的冷冻油量？

任务三　车内温度传感器和自动温度控制总成的更换

任务目标

1. 知识目标

1）了解自动空调控制原理知识。

2）了解自动空调电路组成部件。

3）了解自动空调的故障码及其读取。

2. 技能目标

能够独立完成车内温度传感器和自动温度控制总成的更换。

任务描述

顾客报修：顾客的私家车空调不能自动调节温度。

接车检查：车型：别克凯越高配车型；出厂年份：2011 年；检查结果：自动温度控制器故障，更换。

任务说明：在自动空调系统中，由于车内温度传感器或自动温度控制器故障都将导致空调系统无法自动调节车厢内的温度。

知识储备

1. 自动空调及控制原理

自动空调系统的构成与手动空调基本相同，其主要不同在于其控制系统采用计算机控制模块进行自动温度控制，实现了更佳的舒适性能，同时还具有一定的故障诊断功能。

（1）制冷系统　现代轿车自动空调系统的制冷系统循环部分一般均采用可变压缩机循环系统。

（2）加热及通风、空气净化系统　现代轿车自动空调系统的加热系统仍然以发动机冷却液的温度加热为主，鼓风机采用计算机模块控制。

通风系统的风门采用真空执行器或电动机控制，现在采用电动机控制应用更广泛。

空气净化系统除了空气过滤器，一些高档轿车还增加了电子集尘器或紫外线杀菌器和阴离子发生器等，使空气更清洁。

（3）控制系统　自动空调系统的最大特点是控制系统采用了计算机模块进行温度的自动调节控制，而且可以根据需要调节风速和风量，从而简化了操作。除此之外还具有输入记忆储存和一定的故障诊断能力。

汽车自动空调控制系统主要由传感器、计算机控制模块（空调器控制 ECU）、执行器和显示屏组成。传感器将信号传送至空调器控制 ECU，ECU 根据在其中预置的程序，识别这些信号，从而控制各个相应的执行器，图 8-24 为帕萨特 B5 轿车自动空调控制系统组成。

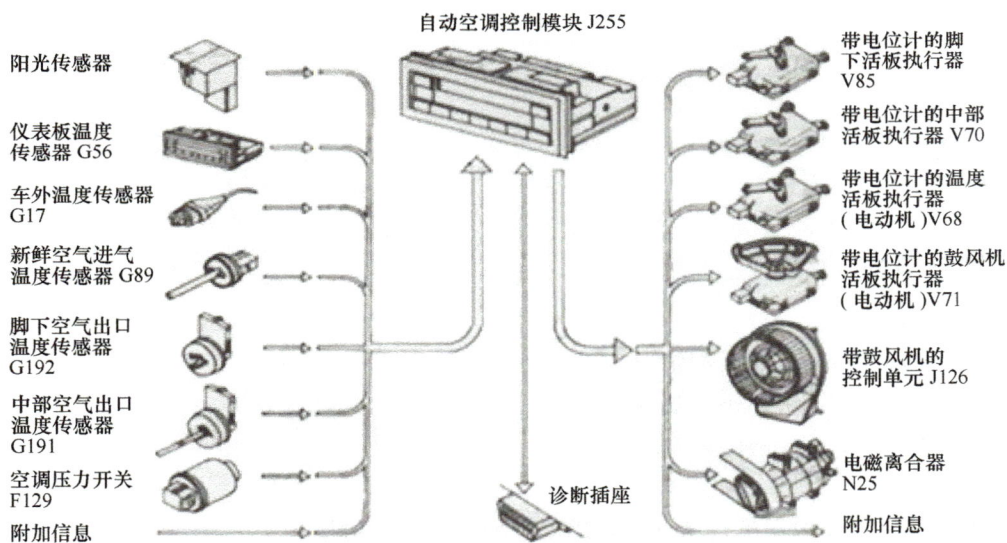

图 8-24　上海帕萨特 B5 轿车自动空调控制系统组成

1）传感器。传感器主要有车内温度传感器、车外环境温度传感器、出风口温度传感器、阳光传感器和蒸发器温度传感器等，安装位置如图 8-25 所示。

① 车内温度传感器。车内温度传感器是一个具有负温度系数的热敏电阻。一般安装在仪表盘下方，并以空气管连接到空调通风管上，当气流迅速通过时，产生的真空将空气引经车内温度传感器。热敏电阻的阻值改变，从而向空调 ECU 输送车内温度信号。

② 车外环境温度传感器。车外环境温度传感器安装在前保险杠下端，它也是一个热敏电阻，向空调 ECU 输送车外温度信号。

③ 出风口温度传感器。该传感器安装在出风口附近，用以检测出风口附近的温度变化。当温度发生变化时，传感器电阻的阻值也随之改变，并向空调 ECU 输出电信号。

④ 阳光传感器。它是一个光敏二极管，安装在汽车前风窗玻璃下面。利用光电效应，该传感器将阳光辐射程度转变成电信号，并输送给空调 ECU。

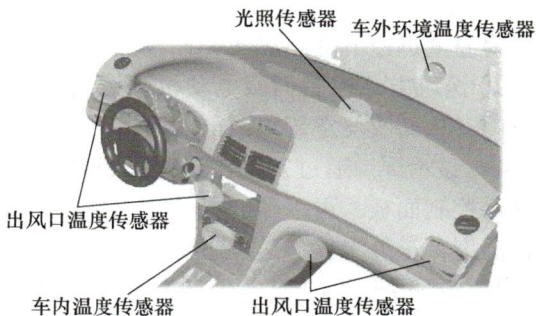

图 8-25　传感器安装位置

⑤ 蒸发器温度传感器。一般安装在蒸发器翼片上，感应蒸发器的表面温度，同样采用热敏电阻制造，具有负温度系数特性。

2）计算机控制模块。计算机控制模块与操纵面板制成一体，它对输入的各种信号进行计算、分析、比较后，发出指令，接通所需的电路并指令伺服电动机转动，按照功能选择键的输入指令，打开所需的出风口风门、调节出风温度；按照输入的预设温度，控制温度风门的位置；按照输入气源门的空气来源，指令气源门伺服电动机工作等。

3）执行器。风门控制执行器有空气混合伺服电动机、送风方式控制伺服电动机、进风控制伺服电动机、冷凝器电动机、送风电动机（鼓风机）和压缩机电磁离合器。

伺服电动机内装有一个电位计，随电动机转动，并向空调 ECU 反馈电动机的位置情况，如图 8-26 所示。

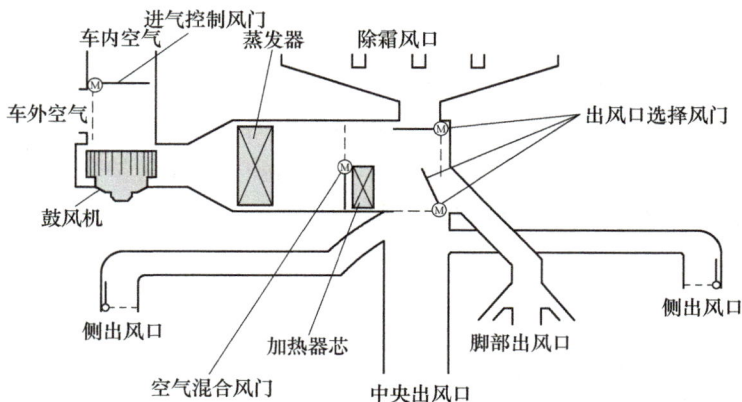

图 8-26　风门控制执行器位置

① 空气混合伺服电动机。根据驾驶人设定的温度，自动控制混合空气风门的位置，以控制车内温度。

例如，当驾驶人设定温度为 22℃ 时，而车厢内温度低于 22℃ 时，空调控制模块 ECU 发送指令给电动机，混合空气风门关闭蒸发器侧通道，并打开从暖气热交换器一侧来的通道，使车内温度迅速升高到 22℃；当驾驶人设定温度为 22℃ 时，而车厢内温度高于 22℃ 时，空调控制 ECU 发送指令给电动机，混合空气阀打开从蒸发器一侧来的通道，并关闭暖气热交换器一侧的通道，并使鼓风机电动机高速运转，使车内温度迅速下降到22℃。

② 送风方式控制伺服电动机。控制出风口选择风门，从而改变空调不同出风通道。

4）显示屏。通过安置在空调控制总成上的空调显示控制面板，可以随时显示当时的设置温度、车内温度、车外温度、送风速度、回风和送风口状态以及空调系统运行方式等信息，如图8-27所示。

图 8-27　自动空调控制面板

2. 自动空调的故障码及读取

电控单元通过自诊断系统可以对系统的状态进行检测，并设置故障码。通过空调控制面板的按键操作或诊断仪可读取故障信息，作为故障维修的参考依据。

别克凯越轿车自动空调的故障码读取方法如下：

1）接通点火开关。

2）将温度控制设定为26℃。

3）在3s内，同时按"AUTO（自动）"和"OFF（关闭）"开关3次以上。

4）计算温度指示灯屏幕闪烁的次数。

5）如果未设置故障码，屏幕将不闪烁。当控制器指示有故障码时，从该代码表开始诊断。

6）按"OFF（关闭）"按钮，使控制器恢复正常功能。

将记录的故障码查询维修手册，依据诊断流程进行检查维修。

任务实施

1. 准备工作

1）工装穿着整洁，戴好工作手套。

2）车辆进入工位并可靠停驻，检查变速杆位于空档位（自动变速器位于"P"位）。

3）打开发动机舱盖，铺好发动机舱周围车身及驾驶人座位防护套。

4）准备好工具器材和检测设备，见表8-3。

表8-3　工具器材和检测设备

名　　称	规格或型号
内饰拆卸工具	
组合工具箱	图8-28

图 8-28　组合工具箱（参考）

5）准备好相关维修信息资料。待维修车辆（本教材示例轿车别克凯越2012年款）的维修手册或已打印好的在电子版车辆维修手册中查询到的自动空调系统相关维修信息。

2. 技术规范及标准

1）在规定时间内完成工作。

2）正确拆装相关功能元件及内饰件。

3）故障排除后自动空调系统应工作正常。

3. 操作步骤

示　例　图	操作步骤及方法
1. 拆卸车内温度传感器	
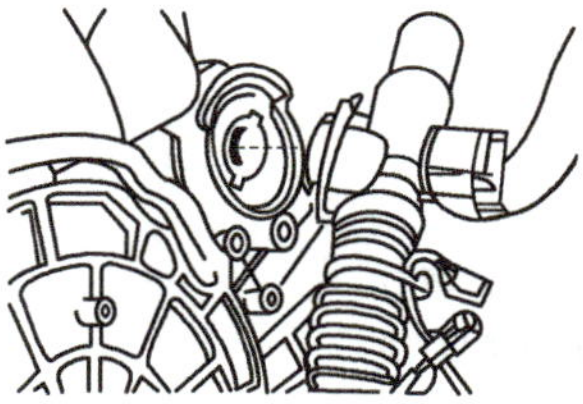	1）断开蓄电池负极电缆 2）拆卸仪表板下盖 3）断开电气插接器 4）沿顺时针方向拧下管子
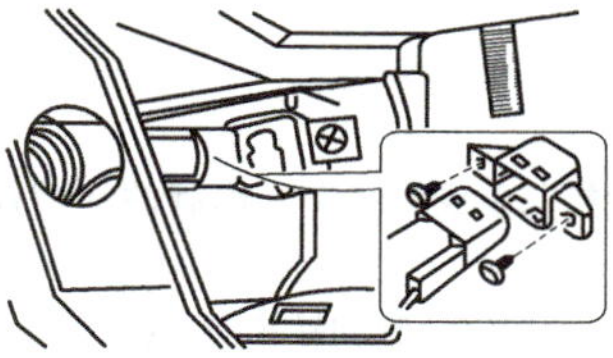	5）拆卸连接螺钉 6）拆卸车内传感器及管子
2. 安装车内温度传感器	
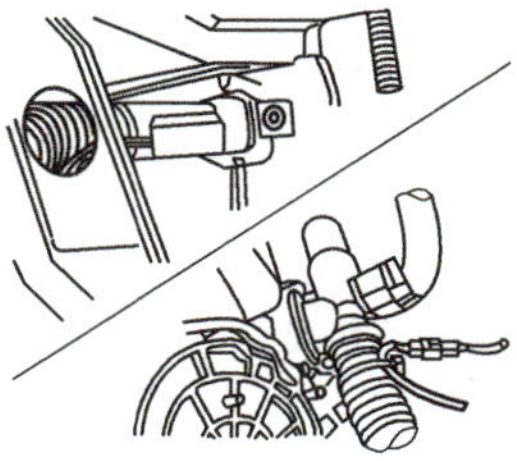	1）安装车内传感器 2）安装车内传感器固定螺钉并紧固 3）安装进气管并连接电气插接器 4）安装仪表板下盖 5）连接蓄电池负极电缆
3. 拆卸自动温度控制总成	
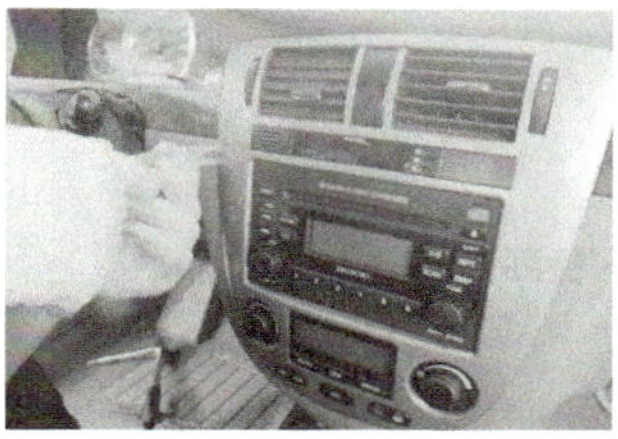	1）断开蓄电池负极电缆 2）拆卸中心模制件（前面板）总成

（续）

示 例 图	操作步骤及方法
	3）拔出该装置，以便能接触到后部 4）断开电气插接器 5）从仪表板上拆卸中心模制件（前面板）总成
	6）拆卸控制总成固定螺钉 7）拆卸自动温度控制总成
4. 安装自动温度控制总成	
	1）将自动温度控制总成放在中心模制件（前面板）上并安装固定 紧固控制总成固定螺钉的紧固转矩至2N·m 2）连接电气插接器 3）连接蓄电池负极电缆
5. 质量检查	
	起动空调，检查空调运行情况
6. 车辆恢复	
	整理清洁，填写检测评价记录

检测评价

质量检测		
项　目	完 成 情 况	解 释 说 明
1）按要求完成车内温度传感器的拆装	是□　　否□	
2）按要求完成自动温度控制总成的拆装	是□　　否□	
3）进行质量检查	是□　　否□	
4）进行车辆恢复，工具整理，卫生清洁，填写检测评价记录	是□　　否□	
小组综合评价		
学生自我评价		
教师评价		

注：1. 每项工作完成后在"是"后面□内打√，未做或未完成在"否"后面□内打√。

　　2. 如果项目未做或未完成在"解释说明"中说明原因。

考核练习

一、理论知识

1. 汽车空调控制按键"AUTO"表示（　　　）。

A. 自动控制　　B. 停止　　C. 风速　　D. 温度控制

2. 下述（　　　）不是提供输入信号给自动空调控制系统的传感器。

A. 氧传感器　　　　　　　　B. 车外温度传感器

C. 阳光传感器　　　　　　　D. 车内温度传感器

3. 车内温度传感器是一个具有＿＿＿＿＿＿系数的热敏电阻。

4. 自动空调系统的特点是控制系统采用了＿＿＿＿＿＿模块进行温度的自动调节控制。

5. 简述别克凯越轿车自动空调的故障码读取方法。

二、实训操作

简述车内温度传感器的拆装程序。

三、社会实践

走访汽车销售服务公司（4S 店）售后维修部门，向技术服务顾问了解：

汽车空调系统的常见故障及对空调故障的诊断流程。

附录

理论学习及实训质量检查考核成绩单

班 级：_____　　姓 名：_____　　　　　　　　_____学年_____学期

项　目	工　作　任　务	理论知识成绩	实训操作成绩	总　成　绩	等　级
一	任务一　汽车电路的认知识别				
	任务二　检修工具与仪表的使用				
二	任务一　蓄电池的拆装及充电				
	任务二　发电机的检查更换				
	任务三　发电机的解体检查				
三	任务一　前照灯不亮的检查				
	任务二　前照灯灯泡的更换及调整				
	任务三　转向灯不工作的检修				
四	任务一　燃油表不工作的检修				
	任务二　车门未关警告灯不亮的检修				
	任务三　喇叭不响的检修				
	任务四　刮水器电动机总成的更换				
五	任务一　电动车窗升降电动机的更换				
	任务二　电动后视镜电动机及开关的更换				
	任务三　中控门锁电动机总成的更换				
	任务四　防盗模块的更换和钥匙的编码				
	任务五　安全气囊转向盘模块螺旋电缆的更换				
	任务六　音响总成的更换				
六	任务一　点火系统的检修				
	任务二　凸轮轴位置传感器的更换				
七	任务一　起动机不工作电路的检修				
	任务二　起动机的拆装与解体检查				

（续）

项　　目	工作任务	理论知识成绩	实训操作成绩	总　成　绩	等　　级
八	任务一　制冷系统检漏及鼓风机电阻器的更换				
	任务二　制冷剂的回收与充注				
	任务三　车内温度传感器和自动温度控制总成的更换				
综合评价等级					

附注：考核成绩给分标准（仅作参考）

理论知识成绩＝理论知识作业题成绩＋课堂回答问题成绩；

实训操作成绩＝教材中的"检测评价"成绩＋实训操作训练题成绩；

总成绩（100%）＝理论知识成绩＋实训操作成绩。

给分标准（仅参考，老师可自行制定标准）：理论知识成绩50%；实训操作成绩50%。

等级（仅参考，老师可自行制定标准）：

90～100分：A级；75～89分：B级；60～74分：C级；59分以下：D级。

综合评价等级（仅参考，老师可自行制定标准）：

高级：任务等级全部为A；

中级：任务等级为A或B；

初级：任务等级为B或C。

参 考 文 献

［1］冀旺年. 汽车车身电气设备系统及附属电气设备［M］. 北京：电子工业出版社，2011.

［2］于明进，于光明. 汽车电气设备构造与维修［M］. 北京：高等教育出版社，2007.

［3］周建平. 车身电气实训教材［M］. 北京：人民交通出版社，2009.

［4］Wilffried Staudt. 汽车机电技术（一）［M］. 华晨宝马汽车有限公司，译. 北京：机械工业出版社，2009.